Susanne Bickel-Sandkötter (Hrsg.)

Computer, Internet & Co. im Biologie-Unterricht

Neue Medien
im Fachunterricht

Susanne Bickel-Sandkötter (Hrsg.)

Computer, Internet & Co. im Biologie-Unterricht

Cornelsen SCRIPTOR

Die in diesem Werk angegebenen Internetadressen haben wir überprüft (Redaktionsschluss Juni 2003). Dennoch können wir nicht ausschließen, dass unter einer solchen Adresse inzwischen ein ganz anderer Inhalt angeboten wird. Deshalb empfehlen wir Ihnen dringend, die Adressen vor der Nutzung im Unterricht selbst noch einmal zu überprüfen.

Cornelsen online http://www.cornelsen.de

Gedruckt auf chlorfrei gebleichtem Papier
ohne Dioxinbelastung der Gewässer.

Bibliografische Information
Die Deutsche Bibliothek verzeichnet diese Publikation in der Deutschen Nationalbibliografie; detaillierte bibliografische Daten sind im Internet über http://dnb.ddb.de abrufbar.

Dieses Werk berücksichtigt die Regeln der reformierten Rechtschreibung und Zeichensetzung.

5. 4. 3. 2. 1. Die letzten Ziffern bezeichnen
07 06 05 04 03 Zahl und Jahr der Auflage.

Redaktion: Maria Bley, Baldham
Herstellung: Julia Walch, Bad Soden
Umschlagentwurf: Dagmar und Torsten Lemme, Berlin
Druck und Bindung: Clausen & Bosse, Leck
Printed in Germany
ISBN 3-589-21808-8
Bestellnummer 218088

Inhalt

Lehrmedien auf CD-ROM und im Internet

Informationsrecherchen im Internet

Arbeiten mit Internetprojekten

Vorwort

Warum gerade dieses Buch? Unsere Erfahrungen in der Schule beim Einsatz von Projekten und beim Testen von Lernsoftware haben gezeigt, dass die Nutzung neuer Medien im Unterricht immer noch in den Kinderschuhen steckt, obgleich doch fast alle Schulen am Netz sind und häufig sogar ein gut ausgestatteter Medienraum existiert. Was fehlt also? Ist es der gute Wille oder die Zeit zum Einsatz?
Nein! Viel mehr ist ein ausgewogenes und umfassendes Potenzial an brauchbar aufbereitetem Material, also an Inhalten, Mangelware. Außerdem fehlt zu dem Wenigen, das wirklich brauchbar ist, meist eine gute „Gebrauchsanweisung“, nicht im technischen, sondern im methodischen Sinne. Neue Medien erfordern neue Unterrichtsformen: Schülerinnen und Schüler sollen aktiv mitarbeiten und nicht am PC vereinsamen; Interaktivität soll nicht nur per Mausklick ablaufen, sondern zwischen Schüler, Computer, praktischen Tätigkeiten sowie den gewohnten Medien Buch und Tafel.
Beides, aufbereitete Inhalte und Anleitungen sie zu nutzen, haben wir zu bieten. Wir, das ist die Projektgruppe der Fachdidaktik Biologie der Heinrich-Heine-Universität Düsseldorf in Zusammenarbeit mit dem Studienseminar Mönchengladbach. Zahlreiche „Projekte“ liegen bereits auf unserem Server, die Adressen erfahren Sie im vorliegenden Buch. Diese „Projekte“ sind nichts anderes als aufbereitetes Material zu fest umrissenen Themen; erarbeitet von Studierenden im Hauptstudium, Referendaren und (mehr oder weniger) jungen Lehrern mit Idealismus, Einsatz und Eifer.
Die Gebrauchsanweisung für diese Inhalte und für weitere bereits eingesetzte und in verschiedenen Schulen getestete Software sowie zahlreiche Hinweise zum Auffinden von brauchbaren Materialien liefert das Autorenteam im vorliegenden Buch. Denn die Suche nach aufbereiteten Materialien ist eine Hürde, die den spontanen Einsatz von Medieneinheiten im Unterricht verhindert.

Es gibt zwar zunehmend Server und Arbeitsgruppen wie „Zentrale für Unterrichtsmedien" (www.zum.de), „Schulen ans Netz" (www.san-ev.de), Deutscher Bildungsserver (www.bildungsserver.de), learn:line (www.learn-line.nrw.de), Bildung online (www.b-o.de), die online Materialien sammeln und anbieten – aber im Großen und Ganzen sind passende Materialien immer noch rar. Wir hoffen, einen brauchbaren Schritt in die richtige Richtung getan zu haben, um den Einsatz von Multimedia zum Vorteil der Schülerinnen und Schüler zu ermöglichen und damit ihre Medienkompetenz, die sie im Alltag dringend brauchen, erweitern und fördern zu können.
Der Einsatz der „Neuen Medien" allein kreiert aber noch keinen neuen oder gar besseren Unterricht. Dazu ist eine Auseinandersetzung der Lehrenden mit neuen Unterrichtsmethoden zu den neuen Techniken unabdingbar. Daher widmet sich dieses Buch nicht nur dem technischen Einsatz von Multimedia, sondern auch den Methoden des eigenständigen, aktiven und interaktiven Lernens.

Susanne Bickel-Sandkötter (Hrsg.)

Computergestützter Biologieunterricht – Ziele und Möglichkeiten

Susanne Bickel-Sandkötter

1 Digitale Medien im Unterricht

Medienkompetenz

Medienkompetenz und medienpädagogische Kompetenz werden für Lehrerinnen und Lehrer aller Schularten und Schulstufen immer wichtiger. Unsere Gesellschaft hat sich in den letzten Jahren von der Industrie- zur Informationsgesellschaft gewandelt. Dabei ist zwar der Informationsaustausch schneller geworden, aber die Informationsbeschaffung findet vermehrt über technische Geräte und weniger über persönliche Kommunikation statt. Medienlandschaften und Kommunikationstechnologien haben sich in den letzten Jahren im rasanten Tempo geändert. Lehren und Lernen müssen im Zusammenhang mit diesen Veränderungen gesehen werden, und zwar auf allen Ebenen, in Schule, Hochschule und im Lehrerseminar.

Insbesondere Kinder sind von diesen gesellschaftlichen Veränderungen betroffen, denn sie wachsen heute weitgehend in einer von Computer und Fernsehgerät geprägten Umwelt und mit einer Fülle von Medien auf. Das hat zur Folge, dass ein Teil der Jugendlichen ab der 8. oder 9. Klasse ihren Lehrerinnen und Lehrern im selbstverständlichen Umgang mit Hard- und Software bereits haushoch überlegen ist. Damit sich die Schere hier nicht noch weiter auseinander bewegt, sollten möglichst viele Lehrerinnen und Lehrer die Möglichkeit erhalten, diesen technischen Vorsprung ihrer Schüler aufzuholen, damit sie dann andererseits ihren Schülern die Kompetenz vermitteln können, mit den Medieninhalten bewusst umzugehen und diese richtig zu beurteilen. Die Erfahrungen in der Schule haben gezeigt, dass das gemeinsame Lernen von Lehrern und Schülern für beide Seiten positive Ergebnisse und Erfahrungen bringt.

Medienpädagogische Kompetenz

Kinder und Jugendliche bringen außerschulische Medienerfahrungen mit in den Unterricht. Diese sollten verarbeitet und in den Unterricht einbezogen werden. Entscheidend ist, dass Schülerinnen und Schüler von kompetenten Lehrpersonen erfahren, wie man zwischen Information und Manipulation, Weltanschauung und Ideologie, Fiktion und Realität unterscheidet. Dieses wird mit Zunahme der Angebote immer schwieriger – nicht ohne Grund sind Begriffe aus der virtuellen Welt heute üblich: Wir sind im Besitz einer *virtuellen Bibliothek,* wir benutzen einen *virtuellen Einkaufswagen,* wir tauchen ab in die *virtuelle Realität* von Spielen und Filmen, wir gehen in einen *virtuellen Klassenraum.* Schließlich ist auch der fast allen Schülern bekannte „Chatroom" ein virtueller Raum, in dem man sich trifft, um miteinander zu kommunizieren und Gleichgesinnte zu finden. Die Unterschiede zwischen Fiktion und Wirklichkeit sehen zu lernen und das weltweite Informationssystem zur eigenen Bildung und Fortbildung nutzen zu können, ohne sich manipulieren zu lassen oder sich im Wust der Ideen und Informationen zu verlieren, das ist eines der neuen, modernen Lernziele. Diese Anforderung hat für die Lehrenden besondere Konsequenzen, denn sie müssen den selbstverständlichen Umgang mit den neuen Technologien lernen, Inhalte kritisch bewerten und auf sachliche Richtigkeit prüfen sowie die methodische und didaktische Einsatzfähigkeit neuer Medien evaluieren können.

Vor dem Hintergrund dieser Überlegungen geht es in der Schule also hauptsächlich darum, die Medienkompetenz der Schülerinnen und Schüler weiterzuentwickeln. Wann immer eine Lehrerin oder ein Lehrer es schafft, trotz aller noch vorhandener Widerstände eine entsprechende Lernumgebung zu schaffen, so können wir von medienpädagogischer Kompetenz sprechen. Hierfür ist die Medienkompetenz des Lehrers natürlich eine wichtige Voraussetzung.

Vorteile des Computers im Biologieunterricht

Immer dann, wenn Informationen und Daten besonders aktuell sein müssen (beispielsweise bei Themen wie Humangenetik, Biotechnologie und Gentechnik), bekommt das Arbeiten mit den neuen Medien einen Mehrwert gegenüber dem konventionellen Buch. Quellen, die sonst für die schulische Nutzung verschlossen bleiben, können über das Internet in den Unterricht einbezogen werden. Vorteile liegen aber nicht nur in der Aktualität, sondern auch – gerade in der Biologie – in der größeren Anschaulichkeit des Materials im Vergleich zum Printmedium. Abläufe wie beispielsweise die kompetitive Hemmung eines Enzyms können im animierten Modell auf dem Bildschirm wesentlich besser vermittelt werden als durch Zeichnungen und Blockdiagramme in einem Buch. Auch virtuelle Experimente, beispielsweise mit Bakterien, mit denen in der Schule nicht gearbeitet werden darf, oder mit Blut (Blutgruppenbestimmung), sind möglich und vermitteln so immerhin einen brauchbaren Eindruck von dem, was im Labor wirklich geschieht. Darüber hinaus ist es mit Hilfe des Internets leichter möglich, ein Thema aus verschiedensten Blickwinkeln fächer- und fachübergreifend zu bearbeiten als mit konventionellen Methoden. So können auch Schülerinteressen, die nicht dem obligatorischen Lehrbuchmaterial entsprechen, berücksichtigt werden. Letztendlich bedeutet diese Möglichkeit eine Öffnung des schulischen Unterrichts für Mehrperspektivität und Meinungsvielfalt.

Von Bedeutung ist auch die schneller mögliche Kontaktaufnahme mit öffentlichen Institutionen, der Industrie, Dienstleistern und außerschulischen Lernorten (Zoos, Museen) über E-Mails oder das Internet. Außerschulische Lernorte und -angebote können so mit in die Unterrichtspraxis integriert werden („Öffnung von Schule").

Nicht zuletzt kann die Möglichkeit, selbst Ergebnisse zu einer Präsentation zu verarbeiten oder gar Webseiten zu erstellen und einer breiteren Öffentlichkeit zugänglich zu machen, Schüler sehr motivieren. Die Auswertungen von Fragebögen zu Internetprojekten (s. Kapitel 12 bis 16) zeigen, dass Schülerinnen und Schüler durch diese Möglichkeit das Gefühl bekommen, etwas Bedeutsames selbst geschaffen zu haben. Das Erarbeitete bekommt so einen Sinn über den Unterricht hinaus und verstärkt Kreativität, Produktivität und nicht zuletzt das Selbstbewusstsein der Schüler.

Woran scheitert der spontane Einsatz des Computers im Unterricht häufig?

Zwar sind die Schulen in Deutschland heute dank staatlicher und privater Förderungen weitgehend vernetzt, aber die Situation an den Schulen ist im Durchschnitt noch nicht ausreichend, um den multimedialen Unterricht einfach und problemlos in den Schulalltag einbinden zu können. Häufig gibt es noch Widerstände im Kollegium gegen den Einsatz neuer Medien – obgleich diese ja nun längst nicht mehr so neu sind. Auch technische Schwierigkeiten wegen der mangelhaften Ausrüstung der Schulen sind nicht selten. Dazu kommen fehlende Erfahrungen und Unsicherheiten im Umgang mit dem Computer und vor allem die Ablehnung zusätzlichen zeitlichen Aufwands. In vielen Schulen sind vorhandene Computer immer noch verbannt in den „Informatikraum", der vom Informatiklehrer als seine Ressource verteidigt wird. Unter diesen Umständen muss der Unterricht mit dem Computer eigens abgesprochen werden, der Raum muss frei sein, der Schlüssel besorgt werden, die räumlichen Gegebenheiten müssen bekannt sein (Beispiel: Wo befindet sich der Sicherungskasten?) und die Computer müssen kollegenfreundlich eingerichtet und vernetzt sein, damit der Plan nicht schon beim ersten Versuch scheitert.

Aus einer Studie des Dortmunder Instituts für Schulentwicklungsforschung (IFS, 1999) ergab sich, dass etwa zwei Drittel der befragten Lehrer keine Computer im Unterricht einsetzen, obwohl ihre Einstellungen der neuen Technologie gegenüber grundsätzlich positiv sind. Nur 3 bis 15 Prozent der befragten Lehrer nutzen das Internet im Unterricht, während ein Drittel aller befragten Lehrer das Internet zu Hause für die Unterrichtsvorbereitung nutzt. Die Erfahrung zeigt aber, dass immer dort, wo eine einzige Lehrperson Pionierarbeit leistet (z. B. mit Unterrichtsprojekten oder einer Schulhomepage), bald auch andere nachziehen. Auf Seiten der Schüler ist die Meinung über den Einsatz von Computer und Internet im Schulunterricht recht eindeutig: Nahezu alle Schüler wünschen sich einen häufigeren Einsatz der neuen Medien in den verschiedenen Fächern und einen freien Zugang zu Computern auch außerhalb der Unterrichtszeiten.

Unsere Erfahrungen mit Schülerinnen und Schülern bezüglich Internetprojekten und computerunterstütztem Unterricht sind durchweg positiv. Engagierte Lehrer werden unterstützt und Schüler entwickeln mit viel Spaß eigene Ideen. Dabei kommt der klassische Unterricht durchaus nicht zu kurz. Auch die viel gefürchtete „Vereinsamung am Bildschirm" ist eher ein Schreckensszenario der Ängstlichen. Es gibt längst Konzepte für den computergestützten Unterricht, die außer dem eigenständigen Lernen und der Medienkompetenz auch die soziale Kompetenz der Schüler fördern. Hierzu werden in den nachfolgenden Kapiteln etliche Beispiele aufgeführt.

Susanne Bickel-Sandkötter

2 Didaktische und methodische Aspekte des Einsatzes digitaler Medien

Medienkompetenz im „Huckepackverfahren“

Bei der Integration des Internets in den Fachunterricht sollte man darauf achten, dass es weder als Motivationsdroge missbraucht noch für rein medienpädagogische Lernziele eingesetzt wird. Die Vermittlung von internetspezifischer Medienkompetenz und Medienkompetenz überhaupt ist eines der Lernziele; aber die fachlichen Lerninhalte sollten im Mittelpunkt stehen.

Eine erfolgreiche Strategie ist dabei, die für die Erarbeitung der fachlichen Inhalte erforderliche Medienkompetenz im „Huckepackverfahren“, also durch die Einbindung von Medien in eben diese fachlichen Inhalte, zu vermitteln. Ein ganz entscheidender Vorteil dieses Verfahrens liegt in der Förderung der Handlungsbereitschaft bei Schülerinnen und Schülern – und zwar unabhängig vom Geschlecht. Steht nicht die Technologie im Vordergrund, sondern die Erarbeitung von fachlichen Inhalten mit Hilfe des neuen Mediums, zeigen technikscheue Schülerinnen und Schüler weniger Berührungsängste gegenüber dem Medium als beim klassischen Informatikunterricht. Dieses Huckepackverfahren wird in mehreren der in diesem Buch beschriebenen Unterrichtsvorschläge angewendet und in Kapitel 11 näher beschrieben (s. S. 103).

Eine neue Interpretation des Begriffs „Interaktivität“

Der Begriff „interaktiv“ bedeutet in der Regel, dass das Anklicken eines bestimmten Objektes auf einer Webseite zu einer vernetzten Seite oder einer weiteren Adresse führt. Auch das Starten einer Animation oder einer Filmsequenz durch ein Klicken wird in diesem Sinne interpretiert. Diese Art Interaktivität genügt aber zum Lernen und Umsetzen des Gelernten keinesfalls. Verhaltensänderungen – z. B. in Richtung gesunder Ernährung (s. das Projekt „Unsere Nahrung macht uns stark“, Kapitel 12) – lassen sich mit dem Computer genauso wenig erzwingen wie mit Büchern. Die in diesem Buch vorgestellten Internetprojekte (s. Kapitel 12 bis 16) enthalten daher Vorschläge für Schüleraktivitäten, die im Unterricht von einzelnen Gruppen durchgeführt werden können. Dem Internetprojekt entnehmen die Schüler also Anregungen, die in Aktivität umgesetzt werden (z. B. gemeinsames Einkaufen auf dem Markt, gemeinsames Kochen und Essen). Ideen, Erfahrungen und neue Vorschläge, die bei diesen gemeinsamen Handlungen entstehen, können wieder ins Netz gestellt werden und andere Schülerinnen und Schüler anregen. An diesem Beispiel wird klar, was Interaktivität im medienpädagogischen Sinn bedeuten kann: weg vom Computer, hin zu anderen Aktivitäten, um dann eventuell zum Computer zurückzukommen und das Erarbeitete für Mitschüler zu präsentieren.

Sicherung des sozialen Lernens beim Einsatz neuer Medien

In der kontroversen Diskussion um die Nutzung der neuen Medien in der Schule hat man oft den Eindruck, dass soziale Komponenten aus dem Lernprozess ausgeblendet werden und die Vorstellung eines isoliert-individuellen Lernens zugrunde liegt. Dieses ist mit Blick auf die zunehmende Individualisierung unserer Gesellschaft und die geringer werdenden Gruppenerlebnisse unserer Schüler im privaten Bereich nicht wünschenswert. Um diesen Trend nicht zu verstärken, sollte man bei der Nutzung des Computers in der Schule darauf achten, dass individuelle und soziale Lernphasen in angemessener Weise aufeinander bezogen sind. Neben der Einzel- oder Partnerarbeit am Computer müssen also auch Gruppenarbeitsphasen feste Bestandteile der Unterrichtsreihe sein.
Um die Förderung sozialen Lernens in einer computergestützten Unterrichtsreihe sicherzustellen, kann die Puzzle-Methode (Gruppenpuzzle) angewendet werden. Hierbei erarbeiten die Schülerinnen und Schüler die jeweiligen Inhalte unabhängig von der Art des Mediums (CD-ROM, Intra- oder Internet und andere, konventionelle Medien) in Kleingruppen gemeinsam.

Die Puzzle-Methode – Förderung von Schlüsselqualifikationen

Die Puzzle-Methode (Gruppenpuzzle) ermöglicht sowohl die selbstständige Erarbeitung verschiedener Themen in Kleingruppen als auch die eigenverantwortliche Präsentation der Ergebnisse durch die Schülerinnen und Schüler. Das selbstständige Arbeiten in Gruppen stärkt soziale und kooperative Kompetenzen wie z. B. Planungsfähigkeit, Arbeitsteilung, Kritikfähigkeit, Respekt und Verantwortungsgefühl. Bei dieser Methode ist jeder Schüler für die Vermittlung seines Spezialthemas an seine Mitschüler verantwortlich. Die grundsätzliche Vorgehensweise wird in Kapitel 11 genauer beschrieben (s. S. 113 ff.).

Neue Lehrer- und Schülerrollen

Die Lehrperson hat bei der gemeinsamen Arbeit am oder mit dem Computer im Unterricht nicht die traditionelle Rolle des Wissensvermittlers, sondern sie organisiert die Lernerfahrungen durch genaue Arbeitsanweisungen und gibt den Schülern bei Bedarf Hilfestellung – mit anderen Worten, sie wird zum Moderator. Das hat auch zur Folge, dass der Lehrende nicht mehr sichtbar im Mittelpunkt steht. Trotzdem muss er die Fäden des Ablaufs in der Hand behalten, darf die Übersicht nicht verlieren und muss eventuell rechtzeitig eingreifen, um ein Abdriften vom Unterrichtsziel zu korrigieren und die Aufgabenverteilung und ihre Erledigung zu kontrollieren. Zudem muss der Lehrende einen Weg finden, die Leistungen des einzelnen Schülers bei seiner Arbeit in der Gruppe in den einzelnen Phasen beurteilen zu können.

Die Rolle des Schülers ändert sich nicht minder: vom beschulten Objekt (Lehrobjekt) wird er zum Lernsubjekt. Das bedeutet, dass der Schüler seine Lernart selbst bestimmt und seinen Lernfortschritt im Rahmen des Projekts individuell gestaltet. Dies erfordert mehr Selbstständigkeit und Eigenverantwortung. Im Verlauf der Gruppenarbeit und bei der Präsentation von Ergebnissen übernehmen die Lernenden Verantwortung und erwerben didaktische Kompetenz, die im konventionellen Unterricht nur dem Lehrer zukommt.

Martin Lindner-Effland

3 Voraussetzungen für den Einsatz des Computers

Persönliche Voraussetzungen

Der Einsatz des Computers verlangt von Lehrerinnen und Lehrern ein neues Rollenverständnis. Denn es ist aufgrund der rasanten technologischen Entwicklung nahezu unmöglich, als Lehrperson im Umgang mit den neuen Medien so kompetent zu sein, wie man es vom Umgang mit Fachinhalten der Biologie bisher gewohnt ist. Dieser Verlust der Kompetenz ist allgemein bekannt und dürfte noch viele Kolleginnen und Kollegen davon abhalten, den Computer zu nutzen. Es empfiehlt sich aber, diesen Mangel als Chance zu begreifen und sich zusammen mit den Schülerinnen und Schülern als Lernende bzw. Lernender zu begreifen.

Kein Zweifel, der Einsatz von Computern im Unterricht erfordert einen hohen, meist ungewohnten Vorbereitungsaufwand. Dies gilt aber auch für andere neue Methoden wie etwa das Lernen an Stationen oder weitere Formen des selbstbestimmten Lernens. Wenn die Stunden dann jedoch „stehen", bleibt wiederum Zeit, die Schüler zu beobachten und individuell zu beraten. Dadurch ist eine Binnendifferenzierung unterschiedlich zusammengesetzter Lerngruppen möglich. Es ist also auch aus didaktischen Gründen sinnvoll, den zunächst erhöhten Arbeitsaufwand auf sich zu nehmen.

Hilfreich ist es hierbei, die Unterstützung erfahrener Mitstreiter im Kollegium zu suchen. Vielleicht können aber auch routinierte Schüler, in Universitätsstädten Studenten (oder ehemalige Schüler in den Semesterferien) gegen ein kleines Honorar hilfreich zur Seite stehen. Schließlich sollte man auch nicht vergessen, dass für alle großen Programme Kurse angeboten werden (z. B. von Lehrmittelfirmen).

Viele Lehrerinnen und Lehrer arbeiten sich auch als Einzelkämpfer erfolgreich in Computerprogramme und Computertechnik ein, zumal die Programme umfassende Erläuterungen anbieten. Es ist aber wesentlich erfreulicher, mit den Kolleginnen und Kollegen zusammen die vielfältigen Möglichkeiten zu entdecken und die Schwierigkeiten bewältigen zu lernen. Der gemeinsame Erfolg vermittelt eine ganz neue Erfahrung von Kollegialität.

Schließlich muss bedacht werden, dass bei den meisten Computeranwendungen das Trial-and-Error-Prinzip wesentlich stärker im Vordergrund steht als die in Mitteleuropa verbreitete und durch die akademische Sozialisation trainierte analytische Herangehensweise im Lehreralltag. Dadurch wird es Jugendlichen leicht gemacht, in einer unvoreingenommenen Weise auch komplizierte Programme zu durchschauen, was aber auf Dauer ebenso zielführend ist. Für Erwachsene unterstreicht diese Struktur den Anspruch an lebenslanges Lernen in einer vitaleren und unmittelbareren Art. Lassen Sie sich darauf ein, Erfolgserlebnisse kommen rasch!

Computersprache

Die Sprache der Computerfreaks ist auch ein Abgrenzungsmerkmal wie das Fachchinesisch von Ärzten, Automechanikern oder anderen In-Groups. Sie wirkt für Außenstehende manchmal etwas schwer verständlich und ist von Anglizismen geprägt, die Insiderwissen vortäuschen. Im Grunde ist aber der *Administrator,* der alle *Menüs* kennt, zur Not noch *Dokumente* oder *Programmtools* mit seinem *Browser downloaded* – natürlich über *ADSL* – eine Sprachkarrikatur. Eine gewisse Bereitschaft, sich auf die nicht immer logisch erscheinenden Begriffe einzulassen, muss jedoch vorausgesetzt werden, um die Programmbedienung zu verstehen. Bei Bedarf lassen sich die Fachbegriffe und Abkürzungen der „Computersprache" schnell über ein Online-Glossar erschließen (z. B. www.commando.de/glossar).

Organisatorische Voraussetzungen

Es ist heute an unseren Schulen üblich, dass in Computerräumen vernetzte Rechner stehen, die von einem Spezialisten aus dem Kollegium gewartet werden. Dies hat den Vorteil, dass die Nutzung meist nicht durch technische Probleme eingeschränkt wird. Allerdings sind zeitlich Vorgaben zu berücksichtigen und an manchen Schulen braucht man auch einen „guten Draht" zu dem betreuenden Kollegen, dem Administrator. Gerade bei vernetzten Rechnern im Computerraum ist es notwendig, sich an Nachmittagen in der Schule mit Fachkollegen oder anderen Spezialisten zu treffen und die Programme gemeinsam zu installieren bzw. selbst kennen zu lernen.
Dies ist natürlich auch unumgänglich, wenn an den Computer weitere Geräte (z. B. Messgeräte) angeschlossen werden sollen (s. Kapitel 20). Der Vorbereitungsaufwand sollte nicht unterschätzt werden, selbst wenn man den betreffenden Versuch bereits häufiger durchgeführt hat. Die Zusammenstellung aller Zubehörteile bis hin zur letzten Kabelverbindung benötigt eben ihre Zeit. Auch hier können Schülerinnen und Schüler in die Vorbereitungen einbezogen werden.

Der veränderte Unterricht bringt aber erfahrungsgemäß ein derart hohes Maß an Zufriedenheit auf beiden Seiten, bei Schülern und Lehrern, dass der Einsatz sich lohnt. Und rückblickend wird wohl jeder, der diesen Aufwand auf sich genommen hat, ihn als weit weniger gravierend empfinden als vorher angenommen.

Technische Voraussetzungen

In den vergangenen Jahren haben sich die technischen Voraussetzungen an Schulen drastisch verbessert. Inzwischen sind auch die Klagen über veraltete Rechner oder mangelhafte Software deutlich leiser geworden. Dies ist einerseits ein Verdienst der Bildungsadministration und von Sponsoren, andererseits aber auch das Resultat einer unermüdlichen Schar von Pionieren in den Kollegien. Die Betreuer der Computerräume oder Schulnetzwerke haben oft weit über die gewährten Entlastungsstunden hinaus auch in ihrer Freizeit eine enorme Arbeit geleistet. Die Schulleitungen haben das Ihrige dazu beigetragen, dass die Ausrüstungen verbessert wurden (beispielsweise durch das Ansprechen möglicher Sponsoren). Die meisten Schulen haben heute einen oder auch mehrere Computerräume mit fest installierten, vernetzten Computern. Von einem zentralen Rechner (Server) aus werden die Programme installiert, gewartet und der Internetzugang kontrolliert. Für Anwender ist es nicht notwendig, sich um die genaue Funktionsweise der Vernetzung zu kümmern. Es ist lediglich erforderlich, die für den Unterricht vorgesehene Software vom Netzwerkadministrator installieren zu lassen und zu wissen, wo man sie nach dem Anschalten des Netzwerkes findet.
Der Computer lässt sich wesentlich eleganter in den Unterricht integrieren, wenn nicht erst ein Computerraum aufgesucht werden muss, sondern Laptops zur Verfügung stehen, die durch ein lokales Funknetz im Schulgebäude (sog. LAN = local administrated network) vernetzt sind. Wenn eine Schule die Einrichtung von Computerräumen plant, so sollte diese Lösung unbedingt in Betracht gezogen werden. Die Kosten sind wegen der nicht notwendigen Verkabelung meist kaum höher als bei der Einrichtung eines speziellen Raumes, zumal dieser dann für andere Zwecke zur Verfügung steht.
In Fachräumen gibt es häufig weitere, vom Schulnetz unabhängige Computer, meist aber in geringerer Zahl. Sie sind dafür geeignet, der Klasse oder einer Teilgruppe fachspezifische Programme zunächst vorzuführen, Unter-

richtssoftware einzusetzen oder während der Stunde im Internet zu recherchieren. Schüler können in der Freizeit oder im Rahmen einer Projektarbeit (etwa für „Jugend forscht") an diesen Rechnern arbeiten. Um die Darstellungen des Einzelrechners der gesamten Lerngruppe zugänglich zu machen oder auch für Präsentationen ist ein *Beamer* erforderlich, mit dem die Bildschirmansicht an die Wand projiziert werden kann.

Finanzielle Voraussetzungen

Die Ausstattung eines Computerraumes kostet in der Regel – je nach Anzahl der Arbeitsplätze und Umfang der erforderlichen Software – zwischen 15 000 und 30 000 Euro. Im Rahmen bundesweiter Bildungsinitiativen wie „Info-Schul" oder „Schulen ans Netz" wurden von der Computerindustrie Zuschüsse zur Hardware-Ausstattung gewährt oder verbilligte Rechner angeboten.

Kosten lassen sich auch durch die Anschaffung von Geräten der zweitneuesten Generation sparen, etwa bei Laptops, die fabrikneu und mit Garantie im Internet zu beziehen sind (z. B. bei www.eBay.de). Viele Schulen profitieren auch von der Großzügigkeit einiger Unternehmen, die abgeschriebene Rechner verschenken. Für viele Schul-Anwendungen sind diese ausreichend. Darüber hinaus sollte man berücksichtigen, dass Computer meist erst durch die umfangreiche Software von Spielen, Filmverarbeitung und Musik an ihre Grenzen stoßen.

Bei allen Einrichtungsvarianten muss bedacht werden, dass Computer und Netzwerke störanfällig sind. Ein verbindlicher Service oder ein Wartungsvertrag sollte deshalb einkalkuliert werden. In einigen Gemeinden und Städten steht den Schulen auch ein kommunaler Wartungsservice zur Verfügung.

Martin Lindner-Effland

4 Computernutzung im Biologieunterricht – ein Überblick

Grundsätzlich lassen sich Computeranwendungen unterteilen in einen Bereich der Informationsdarbietung und einen Experimentalbereich. Im Idealfall lassen sich beide Bereiche verknüpfen und gewinnen dadurch eine hohe Attraktivität und neue didaktische Bedeutung. Die Informationsmedien werden von den Zauberworten „interaktiv" und „multimedial" umschwirrt, die aber eher einen Marketingaspekt als eine klare Bedeutung transportieren.

Als *interaktive* Informationsangebote bezeichnet man solche, die sich entsprechend den Wünschen des Benutzers entfalten. Sie sollen möglichst angepasst an den Lernstand des Anwenders reagieren, indem sie auf Antworten der Benutzer entsprechende Rückmeldungen geben. Um es gleich vorweg zu sagen: Bei den meisten Medien ist dies noch unvollkommen verwirklicht, die Antwortmöglichkeiten sind starr und schematisch. Interaktiv sind beispielsweise auch sämtliche Computerspiele, weil sie auf die Eingabe des Spielers reagieren und diese in bestimmte Bildsequenzen umsetzen, die dann auf dem Bildschirm erscheinen.

Unter einem *multimedialen* Lernprogramm versteht man die Verknüpfung verschiedener Medien (Informationstexte, Bilder, Filmsequenzen und Tondokumente), die durch „Links" (Verknüpfungen) im Programm miteinander verbunden sind. Im Idealfall ergänzen sie sich in der Zusammenstellung und ermöglichen dem Benutzer einen umfassenden Einblick, bei dem er selbstbestimmt zwischen den verschiedenen Darstellungen hin- und herschalten kann. Die Bezeichnung ist allerdings zu hinterfragen, da ja alle Darstellungen, auch dreidimensionale, auf dem zweidimensionalen Bildschirm abgebildet werden – höchstens unterstützt durch Wiedergabe von Tönen und Klängen. Auch hier sind natürlich Grenzen gesetzt, die durch die Programmierung und das begrenzte Fassungs- und Darstellungsvermögen des Computers bedingt sind.

CD-ROMs als Nachschlagewerke

Die einfachste Nutzung des Computers als Informationsmedium bieten Bücher auf CD-ROM. Nach dem Einlegen und einer kurzen Installation kann der Benutzer die entsprechenden Seiten lesen bzw. die Abbildungen betrachten. In der Regel sind diese „Bücher“ reine 1 : 1-Ausgaben der gedruckten Werke. Vorteile bestehen in einer schnellen Schlagwortsuche und im kleinen Format der CD-ROMs. Untersuchungen haben aber gezeigt, dass das Lesen am Bildschirm eine längere Verarbeitungszeit benötigt als das Lesen gedruckter Bücher – im Durchschnitt ergab sich eine bis zu zehn Prozent längere Lesezeit. Deshalb drucken viele Computernutzer Texte aus, um sie zu lesen.

Interaktive Lehr- und Lernmedien

Im konventionellen Verständnis erlauben interaktive Lehr- und Lernmedien einen individualisierten Lernprozess, indem der Computer die Möglichkeit eröffnet, die Lernergebnisse zu überprüfen. Meist geschieht dies dadurch, dass der Lernende nach einer bestimmten Informationseinheit abgefragt wird. Er kann dann oft unter drei oder vier Antworten wählen und wird bei falscher Antwort zu dem Informationsblock zurückgeführt, der offenbar nicht verstanden wurde. Bei Programmen für jüngere Schülerinnen und Schüler wird auch über ein Punktesystem ein Anreiz geschaffen, möglichst sorgfältig zu arbeiten, indem sich ab einem bestimmten Punktestand eine Spielmöglichkeit eröffnet.
Eine Ergänzung, teilweise auch einen Ersatz für aufwändige Versuche oder Untersuchungen bieten Simulationsprogramme (s. Kapitel 6 und 7).
Die Zahl der interaktiven Lehr- und Lernmedien hat in den letzten Jahren nicht in dem Maße zugenommen, wie es denkbar gewesen wäre. Insgesamt bleibt die Anzahl der von Schulbuchverlagen in diesem Bereich angebotenen Medien überschaubar. Der große Aufwand für die Erstellung solcher Medien und die daraus resultierenden hohen Kosten machen solche Projekte bislang noch zu den Außenseitern gegenüber Büchern und Foliensammlungen. Eine weitere Schwierigkeit bei der Entwicklung interaktiver Lehr- und Lernmedien sind die unklaren Anforderungsprofile der Benutzer sowohl in technischer als auch in didaktischer Hinsicht. Auch die leichte Kopierbarkeit dieser (teuren) Medien macht eine Entwicklung für Hersteller nicht gerade lukrativ. Zwei Beispiele für interaktive Lernprogramme werden in Kapitel 8 vorgestellt.
Über die Verwendung von vorhandenen Lernprogrammen hinaus ist es auch möglich, mit bestimmten Computerprogrammen selbst Lernprogramme zu entwickeln bzw. für die jeweilige Lerngruppe anzupassen. Beispiele hierfür finden sich in Kapitel 5.

Der Computer als Messinstrument

Beim Einsatz als Messinstrument erhält der Computer eine neue, im Unterricht bislang nicht gegebene Experimentalfunktion. So können einige Messungen beim Menschen (z. B. die Aufzeichnung des Elektrokardiogramms), die sonst nur mit teuren medizinischen Geräten möglich sind, mit Hilfe erschwinglicher Computerprogramme auch im schulischen Unterricht durchgeführt werden. Die Funktion als Messinstrument (in geringem Umfang auch zur Steuerung von Prozessen) ist besonders ergiebig in der Neuro- und Muskelphysiologie sowie bei Experimenten zur Gehirnfunktion (Reaktionstests). Weitere Messverfahren betreffen die Aufnahme von Messwerten bei lang dauernden Versuchen im Bereich der Ökophysiologie. Auch im Bereich der Verhaltenskunde sind computergestützte Versuchsmöglichkeiten gegeben (z. B. Steuerung einer Skinner-Box). Beispiele für die Nutzung des Computers als Messinstrument finden sich in Kapitel 20.

Internetnutzung

Das Internet besitzt zwei grundsätzlich verschiedene Funktionen, die sich auch für den Unterricht nutzen lassen: Es ist ein Informations- und auch ein Kommunikationsmedium.
Für die Beschaffung von *Informationen* stellt das Internet eine recht bequeme, schnelle und meist auch befriedigend ergiebige Möglichkeit dar. Die Eingabe eines Suchbegriffes in eine Suchmaschine wie „Google“ oder „MetaGer“ ergibt meist einige Hundert bis Zigtausend Internetadressen, aus denen sich mit eingrenzenden Suchstrategien Ergebnisseiten gezielt auswählen lassen. Allerdings stößt man sehr schnell an die Grenzen dieser scheinbar unbegrenzten Plattform der Informationsgesellschaft: die Zuverlässigkeit und die Treffsicherheit der Suchergebnisse sind nicht gewährleistet. Das merkwürdige Gefühl, das den Internetbenutzer auf der Suche nach Antworten umfängt, ist gut zusammengefasst mit dem Ausspruch „Uns dürstet nach Wissen – aber wir ertrinken in Informationen“ (nach John Nasbitt). Zuverlässige Informationen werden im Internet durch die Expertennetze vermittelt, die durch einen Stab von Mitarbeitern aktualisiert und auf ihre Zuverlässigkeit überprüft werden. Der Zugang zu diesen Netzen ist aber meist mit höheren Kosten verbunden und lohnt sich wegen der wissenschaftlichen Ausprägung für Schulen kaum. Einen Kompromiss stellen die von den Landesbildungsservern angebotenen Informationsmöglichkeiten dar. Sie werden von eigens hierzu angestellten Mitarbeitern (meist abge-

ordnete Lehrer) gesammelt, überprüft und aktuell gehalten. Zu den Bildungsservern der Bundesländer kommt man schnell über den „Deutschen Bildungsserver“ (www.bildungsserver.de). Auch kleinere Zusammenschlüsse von Lehrern, Seminaren und Universitätsinstituten betreiben Informationsseiten, die vom Internet aus angesteuert werden können (z. B. das „Zentrum für Unterrichtsmedien“, www.zum.de). Von diesen Seiten aus führen Links zu weiteren Websites, sodass man schnell zu Ergebnissen gelangt. Hinweise zur Internetnutzung im Biologieunterricht und Unterrichtsvorschläge zu einzelnen biologischen Themen finden sich in den Kapiteln 10 bis 16.

Wer die Möglichkeiten der *Kommunikation* im Internet einmal kennen gelernt hat, möchte darauf nicht mehr verzichten. Das Versenden und Lesen von E-Mails bietet zahlreiche Vorteile: es ist schnell, zeit- und ortsunabhängig möglich, geantwortet werden kann ebenso schnell und mit einer Mail lassen sich mehrere Personen gleichzeitig erreichen. Das Versenden von Materialien ist zudem kostengünstig, da weder Papier noch Porto benötigt werden. Diese Vorteile übertreffen die Nachteile bei weitem. Nachteile der E-Mail-Kommunikation liegen vor allem darin, dass man nicht sicher ist, ob und wann der Empfänger die Mail bekommt und liest. Technische Schwierigkeiten sind in den letzten Jahren zwar sehr in den Hintergrund getreten, es kommt aber immer noch vor, dass eine Mail wochenlang unterwegs ist, weil der Server, der die E-Mail weiterleitet, technische Probleme hat. Eine Möglichkeit, dieser Unsicherheit zu begegnen, besteht darin, den Adressaten um eine Empfangsbestätigung zu bitten.

Präsentationen mit Hilfe des Computers

Die multimedialen Möglichkeiten des Computers lassen sich nicht nur zum Lernen und zur Informationsbeschaffung nutzen, sondern ermöglichen darüber hinaus die Präsentation und Dokumentation von Ergebnissen auf vielfältige und ansprechende Weise. Mit Präsentationsprogrammen (z. B. PowerPoint) lassen sich Bilder, Texte, Film- und Tonsequenzen zusammenführen und per Beamer einer größeren Gruppe vorführen. Die Vorbereitung einer solchen Präsentation ist zwar meist recht zeitaufwändig, vertieft und sichert das Gelernte aber auf sehr effektive Weise. Besonders sinnvoll ist eine solche Präsentation, wenn arbeitsteilige Arbeitsgruppen ihre Ergebnisse der gesamten Lerngruppe vorstellen. Eine von Schülern erstellte Dokumentation wird in Kapitel 19 vorgestellt.

Literatur

Hildebrand, J.: Internet-Ratgeber für Lehrer. Aulis Verlag Deubner, 4. Aufl. Köln 1998

Hinsch, R ./ Schneider, C.: Verändern neue Medien Unterricht und Schule? In: Computer und Unterricht, H. 41, 11/2001, S. 23 ff.

Koch, H. / Neckel, H.: Unterrichten mit Internet & Co. Methodenhandbuch für die Sekundarstufe I und II. Cornelsen Scriptor, Berlin 2001

Landesinstitut für Erziehung und Unterricht Stuttgart: Mädchen, Jungen und Computer. Evaluationsstudie (Auszüge), 2002

Lehmann, J.: Auswirkungen der Computernutzung durch Jugendliche in Schule und Freizeit. In: Zeitschrift für Pädagogik, Jg. 35, 2/1989, S. 241–259

Mayerhofer, M. / Pfligersdorfer, G.: Förderung des systematischen Denkens durch computergestützten Unterricht. In: Bayrhuber, H. et al. (Hrsg.): Biowissenschaften in Schule und Unterricht. Institut für die Pädagogik der Naturwissenschaft, Kiel 2001, S. 90–94

Pfligersdorfer, G. / Weiglhofer, H.: Computer im Biologieunterricht. Basisartikel. In: Unterricht Biologie, H. 221, 1/1997, S. 4–11

Schaumburg, H.: Neues Lernen mit Laptops? Ein Überblick über Forschungsergebnisse zur Nutzung mobiler Computer in der Schule. In: Zeitschrift für Medienpsychologie, Jg. 13, 1/2001, S. 11–21

Scholl, W. / Prasse, D.: Was hemmt die schulische Internet-Nutzung? In: Computer und Unterricht, H. 41, 11/2001, S. 21–23

Seibt, M.: Der Verlust der Wirklichkeit? Audiovisuelle Medien im Biologieunterricht. Medien Impuls. Universität Salzburg 1995, S. 25–31

Unterbruner, U.: Multimedia im Unterricht. In: Bayrhuber, H. et al. (Hrsg.): Biowissenschaften in Schule und Unterricht. Institut für die Pädagogik der Naturwissenschaft, Kiel 2001, S. 86–89

Lehrmedien auf CD-ROM und im Internet

Susanne Bickel-Sandkötter

5 Einbindung von Multimediasequenzen in den Fachunterricht (Sek. I)

Multimedialer Unterricht

Das Schlagwort „Multimedia“ ist nicht exakt definiert, sondern wird im allgemeinen Sprachgebrauch und in der didaktischen Literatur vielfältig interpretiert. So kann „multimedialer Unterricht“ denn auch heißen, dass verschiedene Medien zur selben Zeit nebeneinander eingesetzt werden (z. B. Objekte, Modelle, audiovisuelle Medien und Printmedien); oder man definiert diesen Begriff als Nutzung integrierter Medienvernetzung mit dem Computer als zentraler Steuerungseinheit. Die Medien, die im letzten Fall verknüpft werden, sind 2D- und 3D-Grafik, Ton, Texte, Standbilder und bewegte Bilder (Videoausschnitte und Realfilme). Eine weitere Interpretationsmöglichkeit ist die der Arbeit an vernetzten Computern, wobei sowohl Einzelarbeit als auch Gruppenarbeit gemeint sein kann.
Medien sind im Unterricht schon immer eingesetzt worden: Schulbuch, Tafel, Videorekorder, Filme und Diapositive – alles Medien, die im Unterricht gang und gäbe sind. Was ist so anders oder gar besser am Computer? So gesehen eigentlich nichts. Der technische Aufwand für den Einsatz verschiedener Medien wird allerdings, schöpft man die Möglichkeiten des Computers voll aus, wesentlich geringer. Da sich über das eine Gerät „Computer“ Dias, bewegte Bilder (Animationen), Film- und Videoausschnitte, Ton und Texte abrufen lassen, wird das Heranschaffen von Videorekorder, Dia- und Filmprojektor beispielsweise überflüssig.
Im Folgenden wird unter „multimedialem Unterricht“ immer der Einsatz von einem oder mehreren Computern als Steuereinheiten verstanden.

Grundsätzlich ist der Computer sowohl in Phasen des lehrerzentrierten Frontalunterrichts einsetzbar als auch während der Einzelarbeit oder in der Gruppenarbeit. In diesem Beitrag sollen Beispiele für die verschiedenen Möglichkeiten aufgezeigt werden.

Einsatz im lehrerzentrierten Unterricht

Für den Einsatz im Frontalunterricht ist der Beamer besonders gut geeignet, aber auch Overhead-Displays und große Fernsehbildschirme sind denkbar. Beim Kauf eines Beamers sollte man auf dessen Lichtstärke achten, die der Größe des jeweiligen Klassenraumes entsprechen sollte. Overhead-Displays sind meist lichtschwächer und heute nicht mehr empfehlenswert, da bewegte Bilder den sog. „Nachzieheffekt" aufweisen. Um gemeinsam Inhalte erarbeiten oder Bildinformationen auswerten zu können, müssen alle Schüler, auch die in der letzten Reihe, die Bilder in der notwendigen Größe und Qualität wahrnehmen können. Es gibt allerdings noch recht wenige Programme, die für einen Einsatz im sog. Demonstrationsmodus geeignet sind. Anforderungen an eine solche Software sind spezieller Art, d. h., sie sollte die Qualität einer Präsentationssoftware besitzen. Lehrer müssen ihren Unterricht mit dieser Software vorbereiten können, wie es z. B. mit der „Mediothek" des Klett-Schulbuchverlages möglich ist. Diese CD-ROMs enthalten verschiedene Sammlungen von Dias, Filmen, Videoausschnitten, Transparenten, digitalen Modellen etc., die jeweils in einem geeigneten Kontext zusammengestellt sind. In lehrerzentrierten Unterrichtsformen ersetzen bzw. ergänzen die Inhalte der Mediothek die klassischen Medien.
Es können im lehrerzentrierten Unterricht selbstverständlich auch Inhalte aus dem Internet präsentiert werden. Dies erfordert allerdings ein vorheriges sorgfältiges Auswählen und Zusammenstellen durch die Lehrperson. Damit dann, in der Unterrichtsstunde, durch Ausfall des Netzes oder vorübergehende Nichterreichbarkeit des angesteuerten Servers keine Verzögerungen entstehen, die den Unterricht erschweren oder gar unmöglich machen, sollte man die gefundenen Dateien, Bilder, Animationen herunterladen und für diese Zeit auf dem eigenen Rechner abspeichern.
Im folgenden Beispiel wird vom Einsatz eines einzelnen Rechners plus Beamer oder Display ausgegangen. Selbstverständlich kann man diese Kombination an Geräten auch für Schülerbeiträge (z. B. Referate) nutzen, oder für die Präsentation eigener Inhalte mit Hilfe von PowerPoint-Folien oder ähnlichen Hilfsmitteln.

Beispiel: „Klett Mediothek“

Für die Konzeption und Präsentation ausgewählter Unterrichtseinheiten ist die „Klett Mediothek“, die mittlerweile die vier naturwissenschaftlichen Fächer Biologie, Chemie, Physik und Mathematik umfasst und ständig erweitert wird, besonders gut geeignet. Es handelt sich hierbei um eine Mediensammlung, die inhaltlich aufeinander abgestimmte Bausteine für den Unterricht liefert. Die CD-ROMs „Menschenkunde I“ und „Menschenkunde II“ für die Klassen 5 bis 10 umfassen folgende Themen:

Menschenkunde I
- Skelett des Menschen
- Knochen und Gelenke
- Muskulatur und Bewegung
- Ernährung
- Zähne
- Verdauung
- Atmung
- Herz und Kreislauf
- Blut

Menschenkunde II
- Sehen
- Hören
- Riechen, Schmecken, Fühlen
- Nervensystem
- Hormone

„Radarbildschirm“ zum Thema „Atmung“ (Klett Mediothek „Menschenkunde I“)

Die Anordnung der Medien auf den CD-ROMs ist sehr übersichtlich; man kann die zu einem Thema gehörenden Medien entweder über den Navigator oder über die sog. Radarfunktion (s. die Abbildung S. 29) finden. Ein Doppelklick in ein Bild, dessen Medium man einsehen möchte, führt direkt zur entsprechenden Hauptseite.
Auf dem Radarbildschirm erscheint die vom Benutzer gerade geöffnete Seite als „Thumbnail" (Miniaturbild) im Zentrum, bis zu zwölf verwandte Seiten sind rund um diese Seite angeordnet. Die verschiedenen Medientypen haben jeweils eigene eindeutige Symbole (Diaserien von Realobjekten z. B. einen kleinen Fotoapparat, Glossarseiten ein aufgeschlagenes Buch, Aufbautransparente zwei übereinander liegende Folien etc.). Eine phonetische Suchfunktion ergänzt die Möglichkeiten, Inhalte schnell aufzufinden. Ein wesentliches Hilfsmittel für die Unterrichtsvorbereitung ist der Lektionsmodus der Mediothek. Dieser macht es möglich, einen geplanten Unterrichtsgang z. B. auf Diskette abzuspeichern und dann im Unterricht Schritt für Schritt abzuspielen. Nach und nach kann man so Lektionen zu bestimmten Themen sammeln und auf dem eigenen Rechner oder dem Schulrechner zusammenstellen.

Eine Lektion zum Thema „Atmung"

Im Folgenden möchte ich anhand des Themas „Atmung" zeigen, wie eine Lektion für etwa zwei Unterrichtsstunden mit Hilfe der CD-ROM „Menschenkunde I" aufgebaut werden kann.
Ich klicke zunächst in der unteren Bildschirmleiste in den Lektionsmodus und dort in „Aufzeichnen". Dann gehe ich zurück in den Navigator, klicke in den Karteireiter „Kapitel" und anschließend in das Thema „Atmung". In der rechten Bildhälfte erscheinen nun alle vorhandenen Medien zum Thema „Atmung".
Als Einstieg in dieses Thema wähle ich die motivierenden und Interesse weckenden Realdias „Luft zum Atmen". Drei Bilder von Menschen mit Atemmasken (Taucher unter Wasser, Astronaut, Bergsteiger) fokussieren das Interesse der Schüler auf das Thema „Atemluft" bei verschiedenen Tätigkeiten. Es wird deutlich, dass wir an manchen Orten Technik verwenden müssen, um atmen zu können. Ich vergrößere alle drei Bilder nacheinander und klicke jeweils in die am oberen Bildrand befindliche Uhr, dadurch wird jedes Bild einzeln abgespeichert.
An dieser Stelle könnte im Unterricht zunächst die Frage aufkommen, was Luft eigentlich ist und was wir davon brauchen. Zur Klärung speichere ich

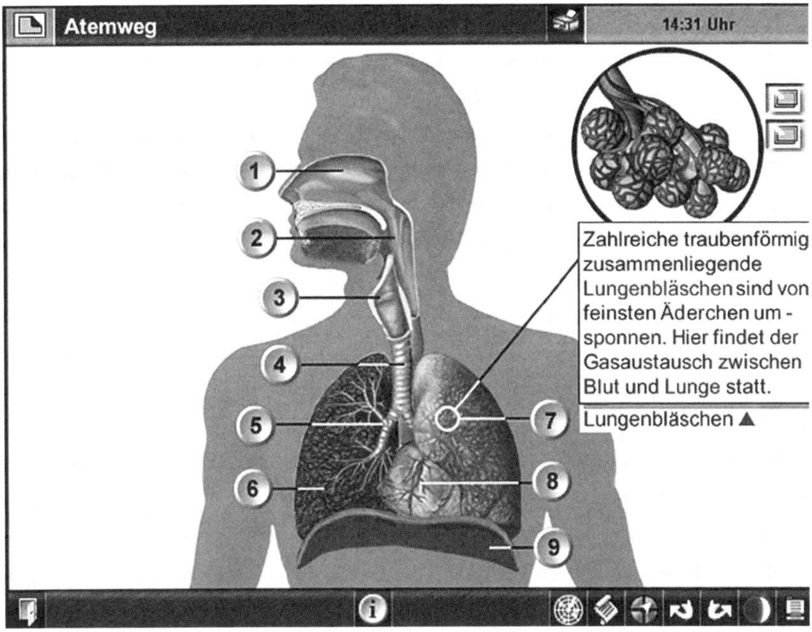

Medium des Typs „Bildinformation“ (Klett Mediothek „Menschenkunde I“)

die Daten-und-Fakten-Seite „Bestandteile der Luft“ ab. Das Ziel der Unterrichtseinheit ist die Klärung der Fragen: „Wozu brauchen wir Sauerstoff?“ (1) und „Wie kommt dieser dahin, wo er gebraucht wird (Muskeln)?“ (2). Um die Schüler zum Nachdenken über Punkt (1) anzuregen, eignet sich das Dia des Schwimmers oder die erste, kurze Filmsequenz vom schwimmenden Jungen, bei dem das Luftholen gut zu sehen ist (Medium „Sauerstoffaufnahme“). Ich speichere das Medium in der Lektion ab.
Ist diese Frage geklärt, habe ich zur Bearbeitung von Frage (2) die Möglichkeit, die Bildinformation „Atemweg“ mit den Schülern Punkt für Punkt durchzuarbeiten. An einem Torso vom Oberkörper wird von der Nasenhöhle bis zu den Kapillaren der Lungenbläschen jedes Detail des Atemwegs gezeigt. Bei den Medien des Typs „Bildinformation“ (s. die Abbildung oben) besteht grundsätzlich die Option, die Bildinfopunkte einzublenden und die Schüler selbst erarbeiten zu lassen, was sich hinter welchem Punkt verbirgt. Alternativ können im Lehrervortrag alle Details abgearbeitet werden (ich würde immer die erste Möglichkeit vorziehen). Die Bildinformationen funk-

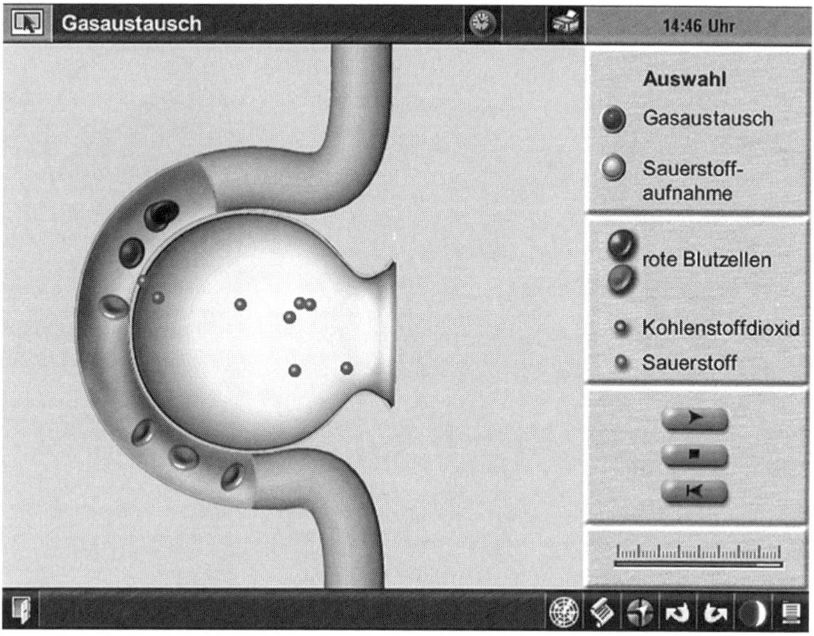

Interaktive Animation „Gasaustausch" (Klett Mediothek „Menschenkunde I")

tionieren im Prinzip wie Aufbautransparente (Overlays) – der Abbildung können die Beschriftungen und eine Kurzinformation zu jedem Atemorgan nacheinander zugefügt werden. Ich speichere die Bildinformation in meiner Lektion ab. Es besteht die Möglichkeit, bei Bedarf noch weitere Medien anzufügen: Die Atemorgane sind im Overlay „Atemorgane" noch einmal detaillierter und größer gezeigt. Die anatomischen Gegebenheiten können durch Realaufnahmen von der Lunge und den Bronchienästen ergänzt werden und es gibt die Animationen „Zwerchfellatmung" und „Bewegung der Flimmerhärchen".

Nachdem der Weg der Atemluft bis in die Lungenbläschen verfolgt werden konnte, entsteht die Frage, wie der Sauerstoff aus der Lunge z. B. in die Muskeln der Arme oder Beine gelangt. Dazu ist es möglich, in einer folgenden Stunde entweder den Videoausschnitt „Sauerstoffaufnahme" und eventuell noch die zweite Sequenz „Kohlenstoffdioxidabgabe" zu zeigen und/oder die Animation „Gasaustausch" (s. die Abbildung oben) zur Hilfe zu nehmen. Hier können sowohl der gesamte Gasaustausch als auch beide Einzelkom-

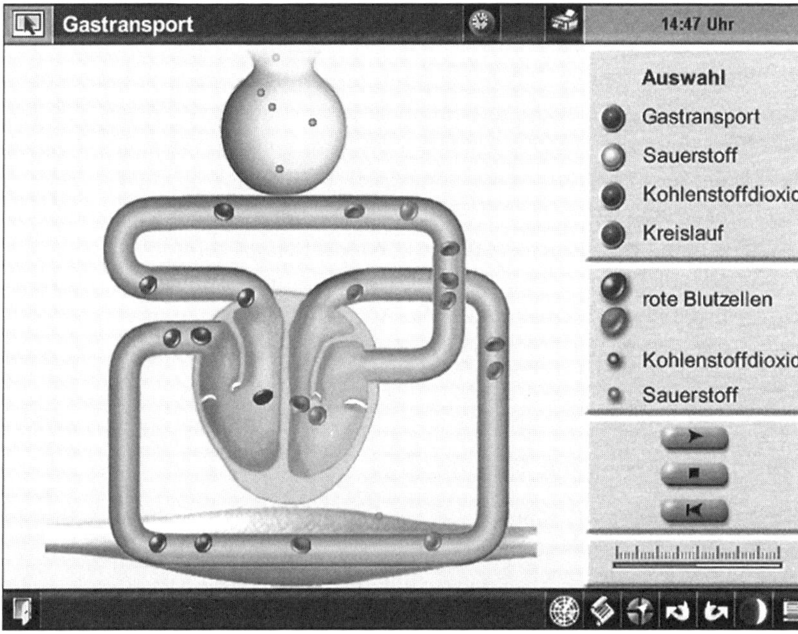

Interaktive Animation „Gastransport" (Klett Mediothek „Menschenkunde I")

ponenten (Sauerstoffaufnahme und Kohlenstoffdioxidabgabe) angesehen werden. Die roten Blutzellen fließen durch die Kapillare und färben sich hellrot, sobald ein Sauerstoffteilchen auftrifft.

Um die Problematik der vorherigen Stunde zu vergegenwärtigen, ließe sich beispielsweise in der Animation „Atemgeräusche und Herztöne" die Lungen- und Bronchienatmung abhören.

Im Kapitel „Kreislauf" gibt es das Medium „Gastransport", das eine grobe Übersicht über den Kreislauf präsentiert. Diese Animation (s. die Abbildung oben) kann zur Hilfe genommen werden, wenn der Transport des Sauerstoffs zur Muskulatur erarbeitet wird. Sie zeigt ein grob schematisiertes Kreislaufmodell mit einem stilisierten Lungenbläschen und einem Muskel. Auch hier können sowohl der komplette Gasaustausch als auch beide Einzelkomponenten (Sauerstoffaufnahme und Kohlenstoffdioxidabgabe) angeklickt werden.

Um aber nicht nur über die Optik und Akustik zu arbeiten, wäre es angebracht, die Schüler zum Abschluss der Einheit anhand eines Modells den

Gastransport nachspielen zu lassen. Man kann ein einfaches Kreislaufmodell (z. B. auf Tapete) stark vergrößert zeichnen (die Schüler ausmalen lassen) und Schiffchen basteln (oder Spielzeugschiffchen verwenden). Schülerinnen und Schüler beladen dann diese Schiffchen mit farbigen Plättchen (rot für Sauerstoff, grau für Kohlenstoffdioxid) und durchfahren den Kreislauf in der jeweils richtigen Richtung. In der Lunge bzw. im Muskel wird das Schiffchen umgeladen.
Zur Festigung des Erlernten und zur Wiederholung befinden sich auf der CD-ROM zum Thema „Atmung“ zwei Arbeitsblätter, die ausgedruckt und zu Hause bearbeitet werden können: das Arbeitsblatt „Lungenpuzzle“, das sich mehr spielerisch mit der Lunge befasst, und „Atmungsorgane des Menschen“.

Einsatz während der Einzelarbeit

Die Einzelarbeit an Computern (eventuell mit Kopfhörern ausgestattet) ist im Prinzip nur für die Nacharbeit bzw. für das Lernen von Vokabeln vorteilhaft. Obwohl dieses in seinen Grundzügen behavioristische Lernkonzept längst überholt ist, wird es durch zahlreiche Lernprogramme unterstützt. Viele Schülerinnen und Schüler arbeiten nachmittags zu Hause am Computer. Für diesen sog. „Nachmittagsmarkt“ gibt es zahlreiche Programme als geführte Einheiten, die zum Wiederholen und Festigen des gelernten Stoffes dienen. Da hierbei – wie bei Vokabeltrainern – der Weg vorkonstruiert ist, der weder Abweichungen noch eigene Ideen zulässt, ist kein kreatives Arbeiten möglich.
Die Einzelarbeit am Computer, während der dem Schüler häppchenweise Wissen präsentiert und dies gleich wieder abgefragt wird, findet zudem hochgradig individualisiert statt, d. h., sie lässt keine sozialen Kontakte und keine Zusammenarbeit zu. Konsequent zu Ende gedacht ist hier auch der Lehrer überflüssig. Er wird nur gelegentlich zum Lösen technischer Probleme gebraucht. Der Computer ist in diesem Zusammenhang die Skinner-Box für das Lernprogramm; problemorientierte Arbeit ist dabei unmöglich. Daher ist diese Art von Software für den Unterricht nicht geeignet. Wenn eine solche Form des Unterrichts dennoch durchgeführt wird, sollte sie mit den Schülern kritisch reflektiert werden.
Gelegentlich ist aber auch im Unterricht Einzelarbeit am Computer notwendig und möglich – nämlich immer dann, wenn der erarbeitete Stoff zur Festigung und zur Kontrolle abgefragt wird. Dazu kann man selber Mög-

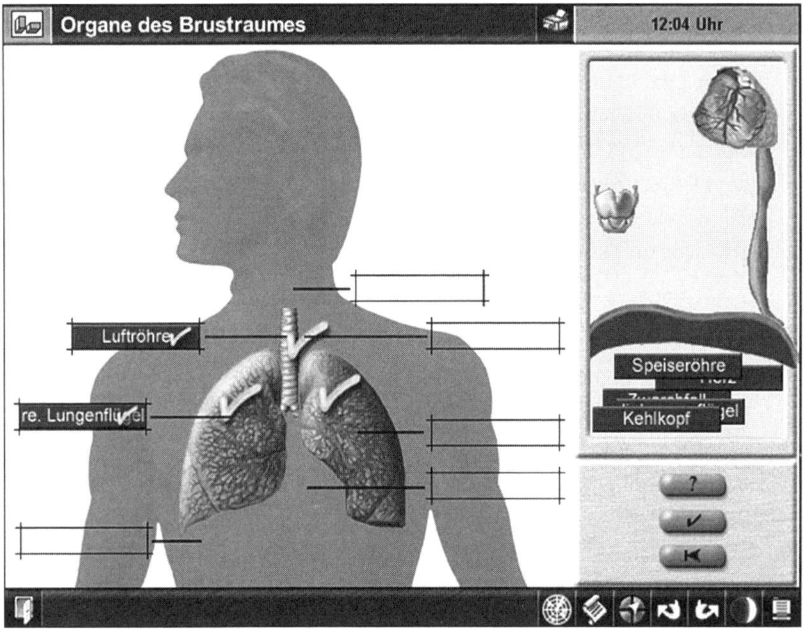

Baukasten aus der Klett Mediothek „Menschenkunde I" zum Thema „Atmung" (Hilfe erhält man in der Bildinformation „Atemweg", s. die Abbildung S. 31)

lichkeiten erstellen, die mehr oder weniger extrem von der Arbeit am Computer abhängig sind. Ich denke da an digitalisierte Arbeitsblätter oder Formulare, die am Computer ausgefüllt werden und – im Extremfall – sogar per E-Mail an den Lehrerrechner geschickt werden. Die meisten Kolleginnen und Kollegen werden aber den Ausdruck und die handschriftliche Bearbeitung immer noch vorziehen.

In der „Klett Mediothek" sind für solche Fälle zwei verschiedene Arbeitsweisen vorgesehen:

- Arbeiten mit „Baukästen", das sind interaktive Bildschirmarbeitsblätter (s. die Abbildung oben), wobei die Schüler Grafiken (z. B. die Ernährungspyramide) richtig beschriften oder Organe an die richtige Stelle des Torso ziehen müssen, wo Körper- und Lungenkreisläufe farbig auszumalen oder die Mitose-(Meiose)-Stadien durch „drag and drop" in die richtige Reihenfolge zu bringen sind und vieles andere mehr. Hilfen erhält man dabei nur durch Einklicken in die entsprechenden Kapitel der CD-ROM.

- Arbeiten mit speziellen Arbeitsblättern aus dem „Material“, und zwar den „Recherchen“. Diese Arbeitsblätter lassen sich ausdrucken und auf Papier bearbeiten, allerdings muss dazu die CD-ROM per Stichwortsuche nach möglichen Lösungen durchgesehen werden. Eine solche Recherche ist also auch zur Unterrichtsvorbereitung oder als Schülerarbeit für einen Unterrichtsabschnitt zu verwenden, im Gegensatz zu den „normalen“ Arbeitsblättern, die ausgedruckt und z. B. als Hausaufgabe bearbeitet werden können.

Einsatz im schülerzentrierten Unterricht

Der Computer eröffnet nicht nur durch E-Mail- und Diskussionsforen neue Formen der Kommunikation. Er bietet auch im Unterricht die Möglichkeit zur gezielten Gruppenarbeit, bei der Schülerinnen und Schüler sich gegenseitig auf verschiedenen Ebenen helfen können. Der Computer im Unterricht darf nicht zu einer sozialen Isolierung führen, sondern soll die Teamfähigkeit und die Fähigkeit zur Übernahme von Verantwortung stärken.
Zum Einsatz im schülerzentrierten Unterricht sind mehrere Rechner, an denen in Gruppen gearbeitet werden kann, notwendig. Unsere Erfahrung hat gezeigt, dass man nicht mehr als vier Schüler an einen Computer setzen sollte – zwei bis drei sind – je nach Schwierigkeitsgrad der Aufgabe und Möglichkeiten zur Arbeitsteilung – optimal bis zufriedenstellend. Die Computer müssen nicht unbedingt vernetzt sein und auch nicht unbedingt am Internet hängen, sofern man Projekte auf CD-ROM verwendet, die vor der Unterrichtseinheit auf jeden einzelnen Rechner geladen werden. Sollen allerdings Recherchen im Internet als Aufgabe dazukommen, so muss zumindest ein Rechner, an dem die Suche durchgeführt wird, an das Internet angeschlossen sein.
Ein Beamer ist in diesem Fall nicht unbedingt notwendig, aber von Vorteil, wenn die Ergebnisse zum Schluss in digitaler Form zusammengefasst und vorgeführt werden sollen. Die Lehrperson sollte sich jedenfalls vorher über die fachbezogenen und medienbezogenen Lehrziele Klarheit verschaffen und es kann auch nicht schaden, die sozialen Lernziele vorher einmal zu formulieren (s. Beispiel).
Der durch die bestimmte Form des Computereinsatzes schülerzentrierte Unterricht erfordert ein verändertes Lehrer-Schüler-Verhältnis. Der Lehrende steht nicht mehr im Zentrum des Geschehens, er muss sich zurücknehmen und trotzdem die Fäden in der Hand behalten. Die Schüler lernen

im verstärkten Maße, ihre Arbeit eigenverantwortlich einzuteilen und untereinander aufzuteilen. Ihre kommunikativen Fähigkeiten werden gefördert, indem sie anderen verständlich mitteilen, wie ihre Ergebnisse bzw. Teilergebnisse aussehen. Im Endeffekt erwerben die Schüler didaktische Fähigkeiten (z. B. bei der Präsentation der Endergebnisse), die im lehrerzentrierten Unterricht so nicht denkbar sind. Durch die Eigenverantwortlichkeit wird in der Regel auch die Motivation für die Arbeit erheblich verstärkt.

Einsatz von Sequenzen aus Internetprojekten

Unter „Internetprojekt" versteht man eine Sammlung miteinander verknüpfter HTML-Seiten zu einem fest umrissenen Thema, die Bild-, Ton-, 3D-Dokumente und Animationen beinhalten können. Dabei kann das Thema projektmäßig (wie für den Projektunterricht) oder auch eng umgrenzt angelegt sein. Im Unterschied zu den nur auf CD-ROM erhältlichen Medien sind Internetprojekte mit Programmiersprachen entwickelt, die eine Wiedergabe über einen Browser möglich machen, was nicht ausschließt, dass man diese Projekte auch auf CD-ROM abspeichern kann.

Beispiel: Internetprojekt „Unsere Nahrung macht uns stark"

Das Internetprojekt „Unsere Nahrung macht uns stark" der Fachdidaktik Biologie der Heinrich-Heine-Universität Düsseldorf enthält zahlreiche Sequenzen zur Nahrung/Ernährung und zu Energieinhalten der Nahrung, die aus dem Gesamtprojekt entnommen und einzeln eingesetzt werden können. Dabei sind Teile enthalten, die für den Unterricht in der 5./6. Klasse eingesetzt werden können, aber auch solche, die von ihrer Komplexität und dem erforderlichen Vorwissen (z. B. Chemie) her besser in die 9./10. Klasse passen. Als Beispiele sollen die Sequenzen „Verdauung" und „Bestandteile der Nahrung" beschrieben werden. Das Projekt ist eingeteilt in folgende Kapitel, die in dem oberen Navigationsrahmen angeklickt werden können:
- Das Projekt
- Gesunde Ernährung
- Nahrung und Energie
- Nahrungspflanzen
- Lexikon

Das Kapitel „Das Projekt" enthält die Projektdokumentation und das Impressum sowie ein dokumentiertes Beispiel für den Einsatz im Unterricht. Klickt man in „Nahrung und Energie", so erhält man folgende Unterpunkte:

- Was ist Energie?
- Nahrung und Energie
- Bestandteile der Nahrung
- Verdauung
- Joule-Detektivspiel

Die Anordnung der Inhalte ist übersichtlich, auch wenn zunächst durch die Konstruktion des Navigationsrahmens über dem Projektfenster etwas Verwirrung entstehen kann; durch Klicken in den roten Paprika (links) kommt man aber leicht zu den übergeordneten Kapiteln zurück.

Unterrichtsstunde zur Verdauung (Klasse 5/6)
Im Kapitel „Nahrung und Energie“ befindet sich die Seite zur Verdauung, die einen Flash-Film zum Prinzip der Verdauung im Modell enthält (s. die Abbildung unten). Er zeigt, dass die Nahrungsmoleküle bei der Verdauung zerkleinert werden, die Grundbausteine die Zellwand passieren und im Blut abtransportiert werden. Man muss das *Plugin* „Shockwave flash“ für den jeweiligen Browser installieren, um den Film ablaufen lassen zu können. Voraussetzung zur Bearbeitung dieser Projektseiten sind Kenntnisse über die Verdauungsorgane.
In der hier beschriebenen Stunde, die in Gruppenarbeit am Rechner stattfindet, erhalten die Schüler die Aufgabe, sich in das installierte Internetprojekt einzuklicken, und zwar in das Thema „Verdauung“.
Hier öffnet sich zunächst eine Seite mit einer kurzen Information und folgenden Aufgaben:

1. Betrachte den Film zum Prinzip der Verdauung. Ordne die Begriffe *Nährstoffe, Nährstoffbausteine, Verdauungssäfte, Darmwand* und *Blut* den Teilen im Film zu.

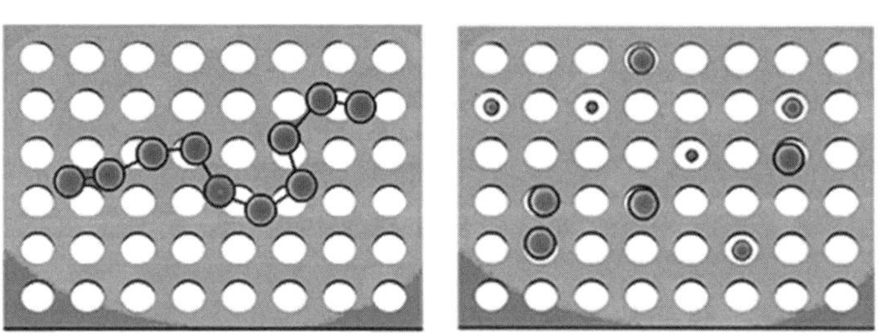

Modell zur Verdauung aus dem Flash-Film im Projekt „Unsere Nahrung macht uns stark“ (links: Molekül vor der Verdauung, rechts: nach der Zerkleinerung)

2. Informiere dich über die genauen Verdauungsvorgänge der jeweiligen Nährstoffe *(Kohlenhydrate, Eiweiße, Fette)* und übertrage sie auf die Modellvorstellung der Verdauung.
3. Wiederhole den Aufbau des Verdauungssystems beim Menschen.

Zu Aufgabe 3 ist ein externer Link angegeben – hier empfiehlt es sich aber, das Schulbuch und/oder Heft zur Hand nehmen zu lassen, da eine externe Recherche in dieser Stunde zu viel Zeit in Anspruch nehmen würde. Setzt man zwei Schüler an jeden Computer, so ist die Arbeitsteilung leicht: Einer liest Aufgabe 1 vor, beide sehen sich den Film an und benennen, was sie sehen; anschließend diktiert der erste und der zweite schreibt ins Heft. Sicherlich wird es Diskussionen geben, wie etwas zugeordnet werden kann, wobei es geschicktere und weniger geschickte Lösungen gibt, die im Anschluss auch besprochen werden sollten.
Aufgabe 2 ist zwar im Projekt im Kapitel „Bestandteile der Nahrung" zu lösen und es gibt einen direkten Link dahin, aber die im Lexikon gegebenen Informationen sind wegen der fehlenden Chemiekenntnisse eher nicht für die Klassenstufe 5/6 geeignet, daher sollte der Lehrende vorher überlegen, ob seine Klasse mit den Zusatzinformationen umgehen kann oder ob doch lieber das Buch zur Hilfe genommen wird.
Die letzten 15 Minuten der Stunde sollten zur Ergebnissicherung dienen: Wichtig ist die Erkenntnis, dass Nahrungsstoffe nur in das Blut gelangen und an die Orte, wo sie gebraucht werden, wenn sie in ihre kleinen Bruchstücke (Grundbausteine) zerlegt werden, und dass dieses Prinzip bei allen Nahrungsstoffen (Eiweiße, Kohlenhydrate, Fette) angewendet wird. Die von den Schülergruppen angefertigten Tabellen oder Listen über die Zuordnung der Modellteile zur Verdauung sollte von einem oder zwei Schülern für alle sichtbar an die Tafel geschrieben werden, wobei alle zur sachlichen Richtigkeit der Erkenntnisse beitragen können.

Unterrichtseinheit zu Karies und Zahnpflege (Klasse 5/6)

In ähnlicher Weise wie im Beispiel Verdauung kann das Thema „Karies und Zahnpflege" in zwei Unterrichtsstunden bearbeitet werden. Auch hierzu findet sich Material im Internetprojekt „Unsere Nahrung macht uns stark", und zwar im Kapitel „Gesunde Ernährung". Durch Klicken auf „Gesunde Zähne" im oberen Navigationsrahmen gelangt man zu den Zahnpflege-Seiten. Die Aufgabenstellungen sind im Projekt enthalten, sie können auch vom Lehrer auf auszufüllende Arbeitsblätter übertragen werden.

1. Informiere dich über die verschiedenen Zähne im Gebiss. Klicke hierzu in den Mund.
Anmerkung: Durch Anklicken des Mundes gelangt man zu Informationen über die verschiedenen Zähne im Gebiss, außerdem ist der Zahnaufbau erklärt, es gibt einen Link zu Kurzinformationen über die Entstehung von Karies (s. Frage 3) und ein externer Link führt zu weiteren Informationen hierüber. Ist Zeit dafür eingeplant, so kann man hier die externe Verknüpfung bearbeiten lassen, da der Inhalt der Seiten verständlich geschrieben wurde.

2. Überprüfe, ob alle drei genannten Möglichkeiten, die Zähne länger leben zu lassen, richtig sind. Informiere dich hierzu auf den zugehörigen Webseiten. Klicke dazu auf die Themen.
Anmerkung: Hier gibt es externe Verknüpfungen zu Fachseiten, die für Kinder schwer zu lesen sind. Wenn Zeit genug vorhanden ist, könnte man sie aber versuchen lassen, die Inhalte zu verstehen und die Schwierigkeiten eventuell gemeinsam lösen.

3. Entschlüsselt das große Geheimnis um „Karies"! Nehmt dazu die Fakten genau unter die Lupe!
Anmerkung: Durch Anklicken der Lupe gelangt man zur oben schon genannten Karies-Seite.

Im Anschluss an die Klärung der Zahnanatomie und der Ursachen für die Entstehung von Karies sollte die Zahnpflege im Experiment (z. B. Selbstversuch der Schüler mit Hilfe der bekannten Zahnfärbetabletten) geübt werden. Ein Stundenverlauf zur handlungsorientierten Erarbeitung einer geeigneten Zahnputzregel ist im Anhang dieses Kapitels zu finden.

Beispiel: Internetprojekt „Überleben in Eis und Schnee"

Das Internetprojekt „Überleben in Eis und Schnee" der Heinrich-Heine-Universität Düsseldorf ist in Zusammenarbeit mit dem Studienseminar Mönchengladbach entstanden und besteht aus einem Sek.-I- und einem Sek-II-Teil. Der Sek.-I-Teil enthält alle gängigen Möglichkeiten des Überwinterns übersichtlich nebeneinander angeordnet. Im Sek.-II-Teil werden einzelne Themen vertieft (z. B. die Isolation bei Säugetieren).

Unterrichtsvorschlag zum Thema „Winterschlaf und Winterruhe“

Beim Thema „Überwintern“ im Rahmen des Themenkreises „Lebensräume“ bietet es sich an, die verschiedenen Möglichkeiten Winterstarre, Winterruhe und Winterschlaf mit Hilfe des Internetprojekts von den Schülern in arbeitsteiliger Gruppenarbeit in etwa zwei Schulstunden ausarbeiten zu lassen. Ist die Klasse groß, empfiehlt es sich, die ebenfalls enthaltenen Themen „Schutz durch Isolation (Fell, Fettgewebe, Federn)“ und „Vogelzug“ dazuzunehmen, womit man dann alle gängigen Möglichkeiten des Überwinterns erfasst hat. Jede der Schülergruppen hat etwa drei Internetseiten (ohne externe Verknüpfungen) zu bearbeiten. Die Fragestellungen sind bereits im Projekt selbst enthalten. Klickt man in dem linken Navigationsrahmen des Sek.-I-Teils in „Tiere“, so erscheint eine Liste der übergeordneten Seiten zu den Themen (s. die Abbildung unten).

Voraussetzung zu dieser Unterrichtseinheit sind grundsätzliche Kenntnisse über den Unterschied zwischen wechselwarmen und gleichwarmen Tieren. Außerdem wäre ein gewecktes Problembewusstsein und Interesse für das Überleben im Winter von Vorteil. Die Gruppen (je drei bis vier Schüler) erhalten die Aufgabe, sich mit Hilfe dieser Seiten des „Winterprojekts“ über ihre Themen zu informieren und ihre Informationen übersichtlich aufzuschrei-

Projektseite zur Winterstarre im Internetprojekt „Überleben in Eis und Schnee“

ben, da sie den anderen Schülern in der nächsten Stunde weitervermittelt werden sollen. Es dürfen immer auch Bücher/Lexika/Schulbuch zur Recherche benutzt werden – vor allem, wenn nicht mit den externen Internetlinks gearbeitet wird. Die Schüler sollten versuchen, die Aufgabenteilung innerhalb der Gruppe selber durchzuführen; die Lehrperson greift allenfalls ein, wenn sichtbar wird, dass die Schüler zu einer solchen offenen Sozialform noch nicht fähig sind. Alle Schüler einer Gruppe müssen die Ergebnisse der gesamten Gruppe am Ende der Stunde in schriftlicher Form vorliegen und möglichst auch verstanden haben.

In der nächsten Unterrichtsstunde werden die Ergebnisse ausgetauscht: Es werden neue Gruppen gebildet, die aus je einem Experten eines jeden Themas bestehen. Jeder Schüler muss in dieser neuen Runde sein Wissen allen anderen der Gruppe darlegen und erklären.

Im Anschluss daran sollten die Ergebnisse von jeder Gruppe in Form eines Posters, eines Papers (geschriebene Seiten mit eingeklebten Bildern) oder als PowerPoint-Präsentation zusammengefasst werden. Diese Präsentationen werden dann von jeweils einem Schüler erklärt und von allen Schülern der Klasse angesehen und diskutiert. Bei einer Diskussion über Form und Inhalte ist es ganz wichtig, den Schülern eine eiserne Grundregel an die Hand zu geben und streng darauf zu achten, dass diese eingehalten wird: Vor einer negativen Kritik muss immer zuerst etwas Positives über das Werk gesagt werden. Diese Grundregel ist schwer einzuhalten und das Bemühen darum führt häufig zu lustigen Situationen, aber es lockert die Atmosphäre und führt zu einer Sensibilisierung der Kinder im Umgang miteinander.

Eine weniger offene und daher auch meist weniger anstrengende Möglichkeit des Abschlusses der Einheit ist es, aus den ersten Recherchegruppen jeweils einen Vortragenden wählen zu lassen oder zu bestimmen und diesen das Gruppenergebnis für alle Mitschüler darstellen zu lassen.

Als Test und zur Festigung des Erlernten kann das im Projekt vorhandene Arbeitsblatt „Netzrecherche: Verhalten im Winter" ausgedruckt und bearbeitet werden. Dieses liegt in einem eigenen Arbeitsblattordner als herunterladbare Datei vor. Netzrecherchen bieten die Möglichkeit, alle Fragen im Arbeitsblatt mit Hilfe einer Recherche im Internetprojekt zu beantworten. Weitere Arbeitsblätter für die Sekundarstufe I gibt es zu diesen Themen:

- Netzrecherche: Eisbär
- Blattfall und Fotosynthese
- Schutz vor Kälte und Verdunstung
- Knospenrätsel

Literatur und Software

Bickel, H. / Bringe, H. / Egerding, M. / Merkle, F. / Wedershoven, B.: Praktischer Unterricht zur Nutzung der Neuen Medien (Zelluläre Phänomene). Klett, Stuttgart 2000

CD-ROMs und Internetprojekte

Klett Mediothek Menschenkunde I und II (Sek. I), Klett, Stuttgart
Internetprojekte der Heinrich-Heine-Universität Düsseldorf, Didaktik der Biologie 2000/2001: „Unsere Nahrung macht uns stark" (Sek. I): www.uni-duesseldorf.de/MathNat/Biologie/Didaktik/Nahrung/index.htm
„Überleben in Eis und Schnee" (Sek. I und II): www.uni-duesseldorf.de/MathNat/Biologie/Didaktik/Winterprojekt/index.htm
Beide Internetprojekte können gegen einen geringen Unkostenbeitrag auch auf CD-ROM bezogen werden (Link: Bestellformular).

MATERIAL

Handlungsorientierte Erarbeitung einer geeigneten Zahnputzregel
(nach einem Unterrichtsentwurf von Stephanie Edel, Studienseminar Mönchengladbach)

Unterrichts-phase	Medien	Aktionsform	Unterrichtsverlauf
Einstieg und Hinführung	Folie mit gepflegten und ungepflegten gefärbten Zähnen/ Zahnfärbetabletten	Unterrichtsgespräch/ Experiment/ Unterrichtsgespräch	1. Die Schüler äußern sich zu den beiden Fotos auf der Folie und stellen Vermutungen zu den Ursachen der Verfärbung an. 2. Zwei Schüler essen ein Stück Brötchen und zerkauen anschließend eine Färbetablette (diese beiden haben ihre eigenen Zahnbürsten für die anschließende Reinigung mitgebracht). 3. Die Mitschüler beschreiben ihre Beobachtungen. 4. Die Problemfrage wird entwickelt.
Problemstellung		Unterrichtsgespräch	„Wie pflege ich meine Zähne richtig?" Das Thema „Zahnpflege" wird an der Tafel notiert.

Unterrichtsphase	Medien	Aktionsform	Unterrichtsverlauf
Problembearbeitung	Arbeitsblatt und -material (Zahnbürsten, zum Erproben der Zahnputztechnik: ein mit Knetgummi verschmutzter Kamm)	Gruppenarbeit	Mit Hilfe des Materials erproben die Schüler eine geeignete Putztechnik. Ihre Beobachtungen halten sie auf dem Arbeitsblatt fest.
Problemlösung und Sicherung	Tafel/ Arbeitsblatt	Unterrichtsgespräch/ Einzelarbeit	Die Schüler schildern ihre Beobachtungen (der Kamm lässt sich mit der Zahnbürste nur durch Putzen nach oben und unten richtig säubern) und leiten gemeinsam eine Regel daraus ab. Die Zahnputzregel wird notiert.
Festigung	Modell	Demonstration durch Schüler/ Unterrichtsgespräch	Ein Schüler führt an einem Gebissmodell die Zahnputztechnik vor. Die beiden Versuchskandidaten wenden diese Zahnputztechnik zur Entfernung der Anfärbungen an.
Auswertung	Gebiss der Versuchspersonen		Es wird ausgewertet, ob die entwickelte Zahnputzregel ausreichend ist.
Hausaufgabe	Arbeitsblatt/ Broschüre vom Gesundheitsamt	Einzelarbeit	Mit Hilfe der Broschüre (oder eines entsprechenden Arbeitsblattes) sollen sich die Schüler weitere wichtige Maßnahmen zur Kariesvorbeugung bewusst machen.

Martin Lindner-Effland

6 Simulationsprogramme

Was sind Simulationsprogramme?

Unter Simulationsprogrammen versteht man Software, die Vorgänge darstellt, dabei aber im Vergleich zu einem Film gewisse Variationen durch den Benutzer zulässt. Mit Simulationsprogrammen lassen sich beispielsweise Versuche darstellen, die in der Schule kaum oder nur mit großem Aufwand durchführbar wären. Bei diesen Versuchen sind die Ausgangsbedingungen veränderbar, sodass unterschiedliche Versuchsergebnisse erzielt werden. Häufig beginnen die Namen solcher Simulationsprogramme mit der Vorsilbe „Sim".

Gerne werden mit Hilfe von Simulationsprogrammen ökologische Zusammenhänge dargestellt, wobei unter veränderbaren Bedingungen unterschiedliche Entwicklungen durchlaufen werden können (s. Kapitel 7). Unter diesen Programmen ist „Ökopoly" von Frederic Vester eines der bekanntesten. Im Prinzip sind auch viele Computerspiele Simulationsprogramme, in denen beispielsweise kriegerische Auseinandersetzungen und historische Szenen simuliert werden. Ziemlich weit entwickelt sind Programme, in denen Stadtentwicklung, Siedlungspolitik und volkswirtschaftliche Zusammenhänge zugleich simuliert werden können. So ist der Spieler bei den Computerspielen „Die Siedler" (Ubi Soft) oder „SimCity" (Electronic Arts) Herr über Wohl und Wehe, Wachstum und Entwicklung seines Volkes bzw. seiner Stadt. In ganz ähnlicher Weise funktioniert das Programm „BioBLAST", das in Kapitel 7 vorgestellt wird.

Modellcharakter der Simulationen

Problematisch an Simulationsprogrammen ist die begrenzte Bandbreite der einstellbaren Optionen. Diese ist zum einen durch den limitierten Speicherplatz und die begrenzten Möglichkeiten der Darstellung von Abläufen und Reaktionen begründet (denn auch Computer neuerer Generation haben ihre technischen Grenzen), zum anderen sind die Autoren von Simulationsprogrammen selber in ihren Antwortmöglichkeiten festgelegt. Letzteres liegt an der Theorie, die dem zu lösenden Problem zugrunde liegt, sowie an festgelegten Erklärungsmustern. Dies sollte stets bedacht und beim Einsatz im Unterricht kritisch hinterfragt werden. In diesem Punkt unter-

scheiden sich Simulationsprogramme nicht von herkömmlichen Modellen im Biologieunterricht.
Relativ viele Simulationsprogramme haben sich im Bereich der Populationsdynamik etabliert. Dies ist verständlich, wenn man berücksichtigt, dass hinter den gängigen populationsökologischen Theorien Rechenmodelle stehen, die überschaubare mathematische Operationen erfordern, wie etwa das grundlegende Beispiel der Räuber-Beute-Beziehung von Volterra verdeutlicht. Komplizierte Rechenoperationen, die mit Bildern verbunden werden können, erfordern einen größeren Programmieraufwand und sind folglich wesentlich aufwändiger und auch teurer. Nur wenige Simulationsprogramme ermöglichen eine Annäherung an die Wirklichkeit oder auch nur eine größere Variation bei den vom Benutzer einzugebenden Optionen. Will man dann möglicherweise noch beides, sowohl Kreativität bei der Gestaltung eines Versuches als auch bei den Lösungsmöglichkeiten, so ist das – jedenfalls im Moment noch – kaum zu finden. Programme können nur auf die von den Entwicklern vorgesehenen Eingaben reagieren, und die sind meist sehr begrenzt. Fehler werden in der Regel nicht zugelassen oder sie führen zu absurden Ergebnissen. Mit anderen Worten, der Erkenntnisprozess des Benutzers wird auf sehr engen Pfaden geführt. Daher können Simulationsprogramme Versuche nie ersetzen, sondern höchstens ergänzen.

Bezug von Simulationsprogrammen

Schulbuchverlage

Speziell für Schulen entwickelte Simulationsprogramme sind zurzeit noch nicht in großer Zahl auf dem Markt. Dies hängt mit den hohen Kosten für die Erstellung anspruchsvoller Lernsoftware zusammen, aber auch mit den sich ständig fortentwickelnden Standards bei den Betriebssystemen und dem damit verbundenen Speicherbedarf. Diese lassen Software rasch veralten und der jeweils fällige „Upgrade“ auf eine neue Version kostet wiederum Geld.
Es gibt aber, z. B. in der „Klett Mediothek Zelluläre Phänomene“ für die Sekundarstufe II, etliche kleinere Simulationssequenzen, die dazu geeignet sind, biologische Zusammenhänge leichter verständlich zu machen. So kann man beispielsweise beim Thema „Diffusion und Osmose“ an einem virtuellen Thermometer unterschiedliche Temperaturen einstellen und erhält dadurch verschiedene Geschwindigkeiten der Teilchenbewegung. Die Temperaturabhängigkeit einer Enzymreaktion ist in ähnlicher Weise simulier-

bar. Betrachten lässt sich das Resultat der vom Schüler vorgenommenen Temperatureinstellung zum einen im modellhaften Ablauf (Animation) und zu anderen in den Punkten, die in einem Diagramm eingetragen und zum Abschluss des Experiments zu einer Kurve ausgewertet werden. Die Bewegung eines künstlichen Ionencarriers durch eine Biomembran ist im virtuellen Experiment simulierbar – und noch vieles andere mehr.

Auch die „Klett Mediothek Menschenkunde I" für die Sekundarstufe I enthält Experiment-Simulationen wie die Blutgruppenbestimmung, bei der man mit Hilfe einer virtuellen Pipette einen Tropfen Serum auf einen Objektträger mit dem Blut einer bestimmten Blutgruppe tropft und das Ergebnis im Bild sowie auf einer zusätzlichen Modellebene betrachten kann.

Genannt sei hier auch das Lernprogramm „Gentechnik" (Cornelsen) für die Sekundarstufe II. In verschiedenen Lernbereichen sind die Aspekte des Themas von der Grundinformation über Anwendungsbereiche bis zur ethischen Dimension aufgearbeitet und durch zahlreiche, abwechslungsreiche Ani-

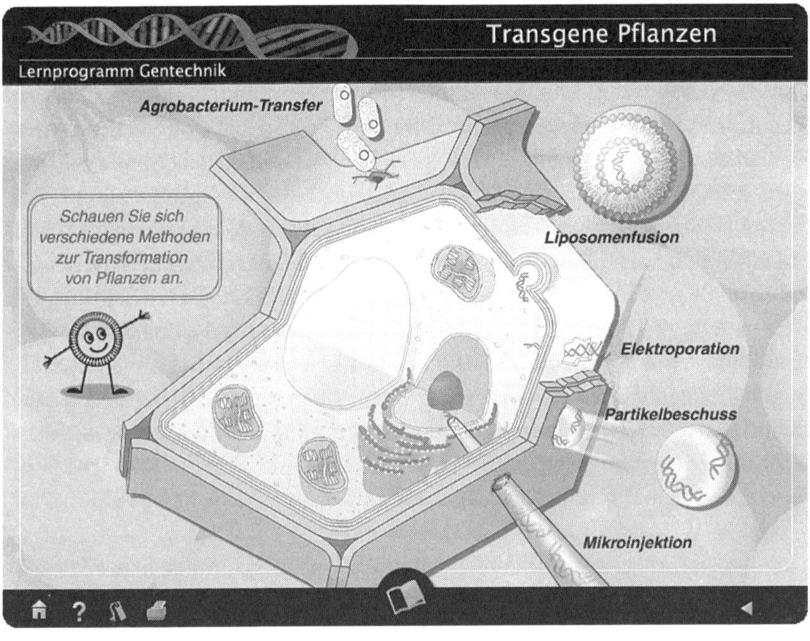

Durch Anklicken lassen sich zu den verschiedenen Methoden der Transformation von Pflanzen Erläuterungen und Simulationssequenzen öffnen. („Lernprogramm Gentechnik", Cornelsen)

mationen und Interaktionsmöglichkeiten in kurze Lernabschnitte unterteilt. Viele dieser Lernabschnitte enthalten kleine Simulationsprogramme, die Versuche wie die Polymerase-Ketten-Reaktion (PCR) oder biochemische Vorgänge des Zellstoffwechsels simulieren. Am Ende eines Lernabschnittes können die Benutzer ihre neu erworbenen Kenntnisse überprüfen. Dieses Lernprogramm entstand in der Zusammenarbeit von Universität, Lehrern und Verlag – somit gewissermaßen in der Praxis. Solche Kooperationen sollten in Zukunft beobachtet werden und man sollte erwägen, selbst erarbeitete Software bei Verlagen vorzustellen.
Im Bereich des *Edutainment* werden spielerische Elemente aus üblichen Computerspielen mit Lerninhalten verbunden. Diese Programme sind für die spielerische Beschäftigung zu Hause gedacht und können den Unterricht höchstens ergänzen. Hierzu gehört beispielsweise das sog. Lernadventure-Programm „Bioscopia“ (Heureka-Klett) – eine bisher noch seltene, aber durchaus empfehlenswerte Erscheinung.

Internet

Im Internet lassen sich zwar zahlreiche Links zu Simulationsprogrammen finden, nur wenige führen aber tatsächlich zu einer vorhandenen und auch lauffähigen Version. Zu bekommen sind zum einen kommerzielle Programme von Verlagen und zum anderen kostenlose Simulationsprogramme von Bildungsservern und -portalen (wie z. B. www.lehrer-online.de). Letztere lassen sich aus dem Internet herunterladen. Es gibt kleinere Programme, die mit typischen Internetwerkzeugen wie dem Programm „Flash“ (Macromedia) erstellt wurden und nicht sehr speicherintensiv sind. Es gibt aber auch umfangreiche Programme mit Spieleinlagen wie den kürzlich erschienenen „Genomic Explorer“ vom Verein zur Förderung der Humangenomforschung e. V., der den Biologieunterricht bereichern soll (www.fvdhgp.de/ge/genomic). Leider ist er für Apple Macintosh-Rechner (kurz: Mac) nicht nutzbar, wie so viele Programme, die zwar an einem Mac mit mactypischer Software produziert, aber anschließend nur für den Windows-Rechner in Umlauf gebracht werden.

Fazit: Insgesamt ist das Angebot an Simulationsprogrammen also noch sehr begrenzt und die qualitativ hochwertigen Programme lassen sich noch in wenigen Dutzend bemessen. Wie in vielen anderen Bereichen ist die Entwicklung in den USA bereits weiter und einige neuere Programme gibt es bisher nur in englischer Sprache (s. „BioBLAST“, Kapitel 7).

Einige Simulationsprogramme

Unterrichtssoftware von Verlagen

- Wald interaktiv, CD-ROM, Springer/IWF
- Abenteuer Wald, CD-ROM, Cornelsen
- ViSeL – Das virtuelle Sequenzierlabor, CD-ROM, Uni Bielefeld u. a. (s. Unterricht Biologie, H. 256, 6/2000, S. 37–41)

Angebote des Bildungsservers Nordrhein-Westfalen: www.learn-line.nrw.de/angebote/modell

- Verschiedene kleinere Simulationsmodelle (z. B. zu Wachstum und Konkurrenz)

Angebote des Lehrerportals www.lehrer-online.de (dort Link zum Fachportal „Biologie“ und „Unterrichtspraxis“)

- Virtual FlyLab – interaktiv von der Mendelgenetik zur Rekombinationskarte (Drosophila-Genetik)
- PedigreeLab – wo liegt das Gen?
- CardioLab – virtuelle Experimente zur Regulation des Blutdrucks

CD-ROMs des Thieme-Verlags (konzipiert für Lehre an Universitäten, auch in der Sek. II einsetzbar)

- Virtual Physiology, deutsche Version (fünf CD-ROMs)
- SimNerv, Simulation des Frosch-Nerven-Versuchs
- SimMuscle, Simulation des Frosch-Muskel-Versuchs
- SimPatch 1.0, Die Patch-Clamp-Methode
- SimHeart, Simulation des Herz-Versuchs (Langendorff)
- SimVessel, Simulation zur Physiologie/Pharmakologie glatter Muskulatur
- Neurotutor, Das Gehirn auf vernetzten Wegen

Simulations-Laboratorien in englischer Sprache

Verschiedene „Biology Labs“ sind erhältlich über: http://biologylab.awlonline.com (California State University system/Benjamin Cummings Publishing Company) – geeignet für Sek. II, teilweise auch für bilingualen Unterrricht in der Sek. I.

- EnzymeLab
- MitochondriaLab
- FlyLab
- TranslationLab
- HemoglobinLab
- PedigreeLab
- EvolutionLab
- LeafLab
- CardioLab
- DemographyLab
- PopulationGeneticsLab
- PopulationEcologyLab

Monika Stührenberg

7 Simulation von Prozessen in Ökosystemen: Beispiel BioBLAST, NASA (Sek. II)

Mit Simulations- bzw. Planspielen kann im Unterricht erworbenes Fachwissen konkret angewendet werden. Die Schülerinnen und Schüler übernehmen dabei die Rolle von Forschern, die Vorgänge untersuchen und Probleme lösen. Mit Programmen wie BioBLAST, die neben den Simulationen auch viele Informationsmaterialien beinhalten, arbeiten die Schüler weitestgehend selbstständig und suchen für ein exemplarisches Problem (Aufgabenstellung) einen Lösungsweg. Sie entwickeln Hypothesen, wählen geeignete Techniken zu deren Überprüfung aus und bewerten anschließend das Ergebnis. Die Schüler vollziehen so den klassischen naturwissenschaftlichen Erkenntnisgang nach. Eingebaute (Spiel-)Elemente wecken Fantasie und Neugier und steigern damit die Motivation.
Das englischsprachige Simulationsprogramm BioBLAST bietet eine futuristisch gestaltete Lernumgebung: In einer virtuellen Mondstation, die grafisch mit vielen liebevollen Details dargestellt ist, schlüpfen die Schüler in die Rolle von Forschern. Mit ihrem im Unterricht erworbenen Wissen über Stoffkreisläufe in Ökosystemen und unter Verwendung von Zusatzinformationen aus dem Programm sollen sie selbst einen Lebensraum für ihre Crew in der Mondstation (Lunar Base 05) einrichten. Dabei müssen die drei Hauptbereiche Ernährung, Abfallaufarbeitung und weitere Lebensnotwendigkeiten (z. B. Sauerstoff oder Trinkwasser) erarbeitet werden. Gleichzeitig sind aber auch die Verflechtungen dieser Bereiche untereinander (z. B. bei Änderungen von Parametern) zu berücksichtigen. Ziel ist es, die Parametereinstellungen so zu wählen, dass die Crew über einen vorgegebenen Zeitraum in der Mondstation überlebt.
Im Folgenden wird die Unterrichtssequenz eines Grundkurses der Jahrgangsstufe 12 vorgestellt und kommentiert, in der das Programm BioBLAST als Abschluss des Themenkomplexes Ökologie eingesetzt wurde.

Theoretisches zum Einsatz von Simulationen

Das Ziel der Arbeit mit Modellen ist für Forscher (und Schüler) der Erkenntnisgewinn über das im Modell abgebildete Realobjekt. Eine Modellbildung in der Biologie ist dann am einfachsten, wenn zwischen den Komponenten des betrachteten Systems eindeutige funktionelle oder quantitative Zusam-

menhänge hergestellt werden können. Solche formal-logischen Modelle mit einem hohen Grad an Exaktheit lassen sich im Biologieunterricht zunehmend in Form von Simulationsprogrammen finden.
Eine eindeutige Trennung zwischen Naturvorgang und Simulation sowie Modell und Wirklichkeit bereitet vielen Schülern Schwierigkeiten. Auf diese Trennung sollten sie darum vor dem Einsatz von Modellen und Simulationsprogrammen vorbereitet werden. Klar sein sollte ihnen auch, dass eine Simulation die Realität nicht vollständig wiedergeben kann (Modellcharakter).

Vorteile von Computersimulationen

Prinzipielle Vorteile der Computersimulation sind der geringere Aufwand, ihre Überschaubarkeit und die beliebige Wiederholbarkeit. Zudem erfolgt keine Beeinträchtigung von Lebewesen. Der Verlauf der Simulation wird durch das Programm meist automatisch dokumentiert. Die Dimensionen der abgebildeten Realität lassen sich abändern. Während einer Simulation wird eine Vielzahl von Faktoren gleichzeitig erfasst. Komplexe Sachverhalte werden veranschaulicht und bieten eine unmittelbare Rückmeldung auf die Eingriffe der Lernenden. Zudem wird die Selbstständigkeit der Schüler während der Problemlösungsphase gefördert.

Die Möglichkeiten des Programms BioBLAST

BioBLAST ist ein Planspiel-Programm, das in Anlehnung an gängige Simulationsspiele entwickelt wurde. Vorteilhaft gegenüber älteren Simulationsprogrammen ist sicherlich die weiterentwickelte Grafik und die Einbindung von Filmmaterial und Tondokumenten.
BioBLAST wurde zum größten Teil von der NASA (National Aeronautics and Space Administration) entwickelt und gesponsert. Im Rahmen des Unterrichtskonzeptes „Classroom of the Future“ (COTF) wird es in den USA im naturwissenschaftlichen Highschool-Unterricht eingesetzt. Die Abkürzung BLAST steht für „Better Learning through Adventure, Simulation and Telecommunications“.
Das Programm versetzt die Schüler in ein futuristisches und zugleich problemorientiertes Szenario: In einer Videosequenz „landet“ eine Rakete auf dem Mond und dockt dort an die Station *Lunar Base 05* an. In dieser virtuellen Umgebung können sich die Schüler bewegen und mit Hilfe von kleineren Simulationsprogrammen und unter Zuhilfenahme von Informationsmaterialien und Literatur ihre Mission erfüllen: Sie sollen ein auf pflanz-

licher Ernährung basierendes Lebenserhaltungssystem (BliSS-System) erstellen, das einer Crew von sechs Personen für einen Zeitraum von sechs Monaten das Überleben in der Mondstation ermöglicht.

Das Programm bietet drei kleine *Simulationstools* für die Bereiche Plant Production (PP), Resource Recycling (RR) und Human Requirements (HR). Die Simulationen für jeden Bereich lassen sich unabhängig voneinander durchführen.

In der *Bibliothek* (Library) finden sich viele Informationen (z. B. Tabellen mit Angaben zum Kalorienbedarf oder zur Gasproduktion verschiedener Pflan-

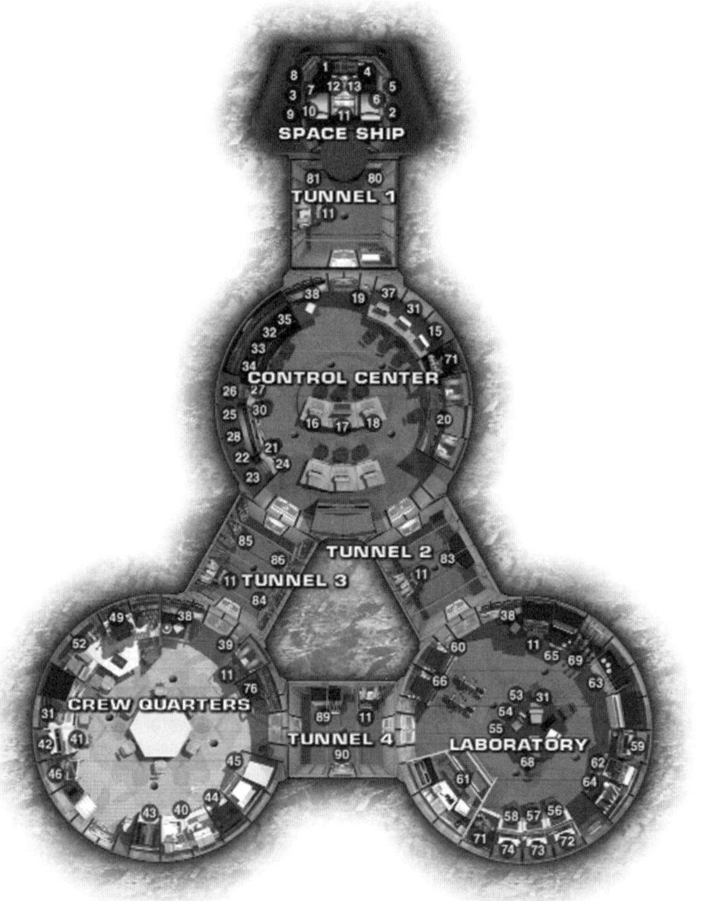

Plan der Mondstation (BioBLAST® images copyright © 1999–2003 Wheeling Jesuit University/NASA Classroom of the Future. Used with permission. All rights reserved. Graphic Designer: R. S. Baro, Center for Educational Technologies ® www.cet.edu)

zen). Neben einer Literaturzusammenstellung finden sich auch Experiment-Beschreibungen und zugehörige Ergebnisse, die in die Überlegungen der Schüler einfließen können.
Durch Kombination der verschiedenen Informationen und das permanente Simulieren soll eine Optimierung der Lebensdauer der Crew für den jeweiligen Bereich erfolgen.
Am Ende der Mission steht die gemeinsame *Großsimulation* (BaBS), in der die Vernetzung der Ergebnisse aus den drei Teilsimulationen erfolgt. In dieser Großsimulation werden die Ergebnisse der jeweiligen Bereiche überprüft. Wie in einem realen Ökosystem beeinflussen sich die drei Bereiche gegenseitig. So kann der Anbau einer bestimmten Pflanzensorte dafür sorgen, dass bei der Abfallaufbereitung mehr Trinkwasser gewonnen werden kann (und somit die Crew länger überlebt). Ebenso kann eine ungünstige Zusammenstellung der Pflanzen im Bereich Ernährung neben Sauerstoffmangel auch Vitaminmangel hervorrufen, was wiederum den verfrühten Tod der Crew herbeiführt.
Das Programm BioBLAST ist in der Lage, am Beispiel einer isolierten Mondstation die Komplexität eines Ökosystems mit den sich gegenseitig beeinflussenden Faktoren zu simulieren. Eine solche Betrachtung der Vernetzungen vieler Faktoren, wie sie das Programm berechnen kann, lässt sich im konventionellen Unterricht nicht durchführen, da hier immer nur einzelne Systeme exemplarisch behandelt werden können (z. B. einzelne Räuber-Beute-Beziehungen oder Ausschnitte aus Stoffkreisläufen).
Durch Verknüpfung von Elementen aus Computerspielen (futuristisches Szenario, Interaktivität, einfache Anwendung) und fachbezogene Arbeitsweisen (Methode der Simulation, hypothetisch-deduktive Erkenntnisgänge in einem problemorientierten Umfeld) wird ein neues, für die Schüler ungewohntes und zugleich motivierendes Lernumfeld geschaffen. Diese Kombination führt zu einer sofortigen Akzeptanz der Situation, einem unbefangenen Umgang mit dem Programm und einer gesteigerten Lernbereitschaft. In unserem Fall zog das Programm die Schüler binnen kurzer Zeit in seinen Bann und sie nahmen ihre „Mission“ in Angriff.
Erwähnt sei auch ein wichtiger fächerübergreifender Aspekt: Das Programm ist in englischer Sprache verfasst (die Videos sind mit englischsprachigen Kommentaren unterlegt) und enthält keine Übersetzungshilfe. Das Sprachniveau hat unseren Schülern der Jahrgangsstufe 12 wenig Schwierigkeiten bereitet. Als Hilfe erhielten sie eine Zusammenstellung von Vokabeln und Abkürzungen (s. Material).

Beschreibung der Unterrichtssequenz (Beispiel)

Bei der Planung der Unterrichtseinheit ist es wichtig, die einzelnen Stufen des Projektes genau auf die jeweilige Lerngruppe abzustimmen, damit die Schüler möglichst selbstständig arbeiten können. Die folgende beispielhafte Unterrichtssequenz (drei Einzelstunden und zwei Doppelstunden) diente als Abschluss des Themenkomplexes Ökologie.
Hier zunächst eine grobe Übersicht über die Stundeninhalte der Unterrichtsreihe:

Stde.	Inhalte	Medien
1.	Einstimmen auf das Projekt Cluster erstellen: „Was wäre euch wichtig, wenn ihr eine Mondstation einrichten solltet?" Schwerpunkte bestimmen vorbereitende Hausaufgabe besprechen	Plakate, Tafel, Folien, Arbeitsmappe (s. Material)
2./3.	Erste Orientierungen im Programm Beginn der Mission (Start der Raumfähre): – Erkunden der virtuellen Mondstation – Testen einzelner Tools – Suchen von Informationsquellen	Programm BioBLAST, vernetzte PCs, Arbeitsmappe
4.	Fragen zur Struktur von BioBLAST klären Simulatoren erklären gemeinsame Überlegungen zum Ablauf der Simulation Expertengruppen einteilen und den Zeitplan für die nächste Stunde gemeinsam erstellen vorbereitende Hausaufgaben besprechen	Arbeitsmappe Tafel, Folien
5./6.	Gruppenpuzzle: – die Experten arbeiten einige Zeit in ihren Bereichen – für die Großsimulation werden die Expertengruppen aufgelöst und gemischt wieder zusammengesetzt Durchführen der Großsimulation	Programm BioBLAST, vernetzte PCs, Arbeitsmappe
7.	Reflexion der durchgeführten Simulation im Plenum Fragebogen zu BioBLAST und zum Umgang mit dem Programm (Evaluation/Feedback)	Folie, Fragebogen

Tabelle 1: Unterrichtssequenz mit dem Programm BioBLAST (Beispiel)

Technische Voraussetzungen

Für die arbeitsteilige Gruppenarbeit sollte nach Möglichkeit jeweils für zwei Schüler ein vernetzter PC zur Verfügung stehen. Als minimale Systemvoraussetzungen sollten vorhanden sein: CPU: 486er oder Pentium I, VGA-Monitor 640*480, 256 Farben (16 Bit oder mehr empfohlen), 32 MB RAM, Festplattenspeicher: 10 MB für Acrobat Reader, 4 MB für QuickTime, optional 1 MB für jedes Schülerjournal, Betriebssystem ab Windows 98, Soundkarte und Lautsprecher. Zusätzliche Option: Internetanschluss, Drucker.
Beim Einsatz des Programms können einige technische Probleme auftreten. In unserem Fall hatte das Programm BioBLAST erhebliche Probleme mit dem auf den PCs vorinstallierten Acrobat Reader, der zum Einsehen der Dateien in der *Library* notwendig ist (wir verwendeten die Version 4.0). Gründe sind sicherlich darin zu suchen, dass er auf einem Server lag, auf den alle anderen PCs zugreifen mussten. Wenn zu viele PCs dies gleichzeitig tun, kann es zu Problemen im Datenfluss kommen. Weiterhin ist es nicht möglich, im laufenden Programm die Fenster zu minimieren, sodass die Schüler ihre aktuellen Einstellungen nicht speichern und danach sofort in die Simulation zurückkehren können. Das Programm muss immer wieder neu gestartet werden, was viel Zeit kostet. Dadurch ist z. B. paralleles Arbeiten mit einem elektronischen Journal oder Notizzettel in einem anderen Programm nicht möglich.

Fachliche Voraussetzungen

Für die Arbeit mit BioBLAST sollten die Grundbegriffe der Ökologie zuvor behandelt worden sein (Ökosystem, Wechselbeziehungen zwischen Lebewesen, Räuber-Beute-Beziehungen, Faktoren der Populationsdynamik ...). Als Abschluss des Themenkomplexes Ökologie eingesetzt, zeigt ein erfolgreicher Ablauf der Simulationen den Schülern ihren eigenen Lernfortschritt. Wenn die wichtigsten ökologischen Fachbegriffe vorausgesetzt werden können, trägt dies auch wesentlich zum Verständnis der englischen Fachbegriffe bei, denn sie lassen sich zum größten Teil auch im Englischen in leicht abgewandelter Form wiederfinden.

Mögliche Unterrichtsformen

Für die Simulationsphase kann als Unterrichtsform die Puzzle-Methode eingesetzt werden (s. Kapitel 11). Dabei werden zuerst Arbeitsgruppen gebildet, die die Aufgabe erhalten, sich über einen der Themenbereiche *(Plant Production, Resource Recycling* und *Human Requirements)* zu informieren.

Die Schüler führen dann mit dem angeeigneten Wissen eine Teilsimulation im Programm durch. Während dieser Unterrichtsphase haben die Schüler selbst die Verantwortung dafür, sich so weit zu informieren, dass sie nachher den Teilnehmern der anderen Arbeitsgruppen ihre Kenntnisse weitergeben können.
Im zweiten Abschnitt des *Gruppenpuzzles,* der Auswertungsphase, werden die Gruppen neu zusammengesetzt, und zwar so, dass in den neuen Gruppen Experten aller drei Bereiche vertreten sind. Dann wird mit Vertretern aller drei Bereiche gemeinsam die Großsimulation im Programm durchgeführt, zu der jeder „Experte" das Wissen für seinen Teilbereich beiträgt und den anderen erläutert. Als Nebeneffekt lernen die Schüler hierbei, das neu erworbene Wissen zu präsentieren.
Eine weitere mögliche Unterrichtsform ist die Arbeit in Kleingruppen, die während des gesamten Projektes bestehen bleiben. Hier werden alle drei Themenbereiche und die anschließende Großsimulation in dieser Gruppe bearbeitet.

Ablauf der Unterrichtssequenz (Beispiel)

1. Stunde: Zu Beginn der ersten Stunde erhalten die Schüler Plakate mit dem Auftrag sich zu überlegen, was für sie alles wichtig wäre, wenn sie in einer Mondstation überleben müssten. In Kleingruppen werden kreative Gedanken gesammelt und in einer Übersicht (z. B. als Mindmap) gebündelt. Im Anschluss werden die Ergebnisse der Gruppen verglichen und gemeinsam einige Bereiche ausgesucht, die unentbehrlich für das Leben in einer Mondstation sind. In unserem Beispiel waren dies: „Lebensnotwendigkeiten", „Nahrung", „Abfall" und „Energie".
Es ist von Vorteil, das Projekt BioBLAST erst jetzt vorzustellen, um den Gedankenfreiraum und die Kreativität der Schüler nicht einzuschränken.
Anschließend erhalten die Schüler eine Mappe mit dem Arbeitsauftrag und weiteren Materialien, die sie als vorbereitende Hausaufgabe durchsehen sollen. Unsere Mappe hatte folgenden Inhalt: eine Karte der Mondstation zur Orientierung, die Aufgabenstellung, Arbeitsblätter für die Expertengruppen und eine Liste der wichtigsten Vokabeln. Diese Mappe dient den Schülern auch als „Laborjournal", in dem sie wichtige Stichworte oder Sachzusammenhänge festhalten können. Alternativ kann im Programm BioBLAST auch ein elektronisches Laborjournal erstellt werden, das aber viel Zeit in Anspruch nimmt. Die Schüler werden im Verlauf ihrer Arbeit mit BioBLAST weitere Materialien sammeln und die Mappe ergänzen.

Lebensnotwendigkeiten
- Sauerstoff
- Wasser
- Messgeräte zur Überprüfung
- Medikamente

Energie
- Solarzellen
- Energieverteilung
- Turbinen

Lunar Base 05

Abfall
- Wasseraufbereitungsanlage

Nahrung
- Pflanzen (Kartoffeln, Mais, Weizen, Soja ...)
- Kultivierungsmöglichkeiten (Steinwolle ...)
- Algen (See: viel O_2)

Schüler-Cluster: Was wäre euch wichtig, wenn ihr eine Mondstation einrichten müsstet? (BioBLAST® images copyright © 1999–2003 Wheeling Jesuit University/NASA Classroom of the Future. Used with permission. All rights reserved. Graphic Designer: R. S. Baro, Center for Educational Technologies ® www.cet.edu)

Es hat sich gezeigt, dass es von Vorteil ist, die Arbeitsaufträge als „Mission" zu formulieren, da die Schüler dann in die Rolle des Forschers schlüpfen und die Motivation zur Lösung der Aufgabe gesteigert wird.

2./3. Stunde: In dieser Doppelstunde erfolgt eine erste Orientierung im Programm. Zu Beginn starten die Schüler mit der Raumfähre und erkunden nach der Landung die Mondstation (Räume, Videosequenzen, *Lunar Base*-Tour, Simulationen, Informationsquellen). Das unbekannte Umfeld, das es zu erforschen gilt, spricht die Neugier der Schüler an und führt zu einer intensiven Beschäftigung mit dem Programm.

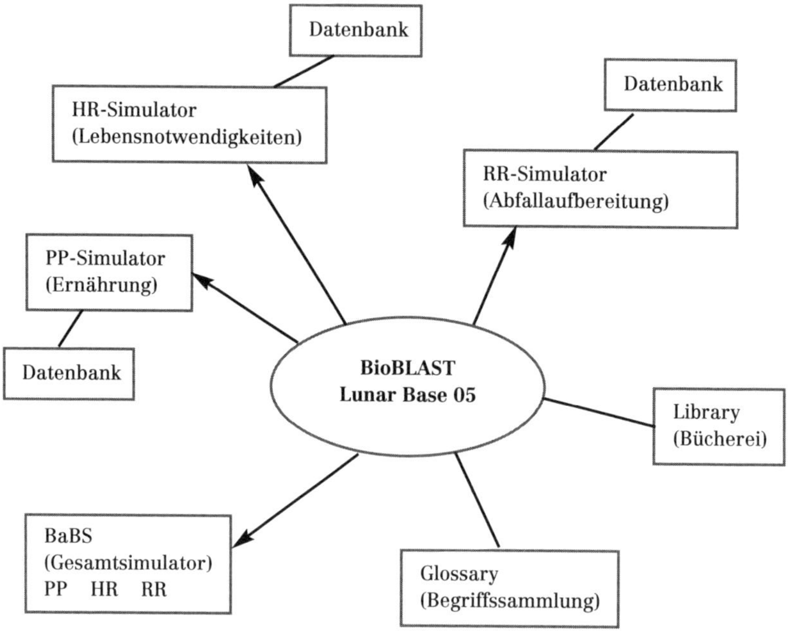

Tafelbild: Schematische Übersicht über die Struktur von BioBLAST

4. Stunde: Nach der Erkundung der Mondstation benötigt man mindestens eine Unterrichtsstunde für ein erstes Feedback der Schüler zum Programm. Seine Struktur mit den Teilsimulatoren (PP, RR, HR), dem Großsimulator (BaBS) und einzelnen Informationsquellen wird nochmals mit Hilfe eines Schemas geklärt. Damit wird der Überblick über das Programm und seine Bestandteile erleichtert.

Im Unterrichtsgespräch lässt sich die grobe Struktur der folgenden Simulationsstunde gemeinsam mit den Schülern planen (Durchführen der Einzelsimulationen, Zusammenfügen der einzelnen Bereiche, Testen des Gesamtsystems). Es empfiehlt sich, einen Zeitplan für die folgende Doppelstunde aufzustellen (s. Tabelle 2). Um eine Grüppchenbildung zu vermeiden, haben wir die Expertenbereiche per Los verteilt. Als vorbereitende Hausaufgabe arbeiten die Schüler die Arbeitsblätter zu ihren Bereichen (s. u.) durch. Diese enthalten die Arbeitsaufträge und gezielte Hilfestellungen, die die Arbeit mit den Einzelsimulatoren so erleichtern, dass die Aufgaben in der zur Verfügung stehenden Zeit auch zu lösen sind.

5./6. Stunde: Nach all diesen Vorbereitungen erfolgt dann in einer Doppelstunde die Durchführung der Simulationen in Form des Gruppenpuzzles. Zunächst arbeiten die Schüler an ihrem Spezialgebiet und werden so zu „Experten“. Als solche informieren sie dann in neuer Gruppenzusammensetzung die Experten der anderen Gruppen über das Ergebnis der Simulation in ihrem Bereich. Es empfiehlt sich, das erworbene Wissen bzw. die erkannten Zusammenhänge von den Schülern unabhängig vom Computer noch einmal darstellen zu lassen (z. B. Plakaterstellung) und auf die realen ökologischen Zusammenhänge zu übertragen.

Phase	Inhalte/didaktische Bemerkungen	Sozialform/Medien
Einstieg (5 Min.)	Klärung bestehender Fragen bezüglich der Arbeitsanweisung und Vorgehensweise.	Unterrichtsgespräch/ Folie
Erarbeitungsphase (60 Min.)	Starten der PCs und des Programms, Beginn der Mission. Die einzelnen Expertengruppen stellen für ihren Bereich Hypothesen auf, die sie in den Teilsimulationen überprüfen und optimieren (hypothetisch-deduktives Arbeiten). Sie machen sich für die anschließende Großsimulation Notizen zur Durchführung ihres Simulationsbereiches.	Partnerarbeit (jew. mehrere Zweiergruppen zu PP, HR und RR) / Arbeitsblätter, PC
Auswertungsphase (30 Min.)	Starten des Großsimulators BaBS. Durchführen der Simulation: Überprüfung der optimierten Teilhypothesen im Gesamtsystem. Jeder „Experte“ ist für seinen Teilbereich zuständig und bearbeitet diesen; die Schüler erkennen, dass die Teilbereiche miteinander verbunden sind und die Variation von Parametern sich auf alle Bereiche auswirken kann (Wechselwirkungen im Beziehungsgefüge ausmachen). Bewertung und Optimierung des Ergebnisses.	Gruppenarbeit (neu zusammengesetzte Gruppen)/ Arbeitsblätter, PC
Sicherungsphase (5 Min.)	Fixieren der Gruppenergebnisse. Beenden der Simulation. Herunterfahren des PCs. (Auswertung der Ergebnisse in der nächsten Stunde.)	Lehreranweisung und Gruppenarbeit/ Arbeitsblätter, PC

Tabelle 2: Verlaufsplan der Simulations-Doppelstunde (PP = Plant Production, HR = Human Requirements, RR = Resource Recycling)

Steht mehr Zeit zur Verfügung, so ist es besser, die Simulationen mehrfach durchzuführen, um das Ergebnis zu optimieren. Dies intensiviert die Arbeit mit dem Programm und führt zu größeren Erfolgserlebnissen. Ein Wettbewerb „Welche Crew überlebt am längsten?“ schafft zusätzlichen Ansporn. (Tatsächlich ist es möglich, drei Jahre Überlebenszeit zu erreichen.)
7. Stunde: In der Abschluss-Stunde findet die Ergebnissicherung und eine gemeinsame Auswertung des Projektes statt.

Einige Beobachtungen zu Problemlösungsstrategien

Die Arbeit mit dem Programm ließ zwei unterschiedliche Strategien zur Lösung des Problems erkennen. Zum einen ist es möglich, zunächst Informationen zu sammeln und aufgrund weiterer Überlegungen dann die Simulationen durchzuführen. Zum anderen kann man empirisch vorgehen und Zahlen und Daten in den Computer eingeben, um dann das Ergebnis im Näherungsverfahren zu erhalten.
Das Programm BioBLAST bewirkt durch seinen problemorientierten Ansatz, dass die Schüler versuchen, durch gezielte Vermutungen und deren Überprüfung zu einem Ergebnis zu gelangen. Im Prinzip bietet sich das hypothetisch-deduktive Verfahren an, allerdings benutzen die Schülerinnen und Schüler diesen Erkenntnisgang meist unbewusst. Die Möglichkeit anderweitig erworbenes Wissen anzuwenden, bedeutet, dass mit dem Programm „echtes“ wissenschaftliches Arbeiten simuliert werden kann. Schüler sind dabei durchaus in der Lage, sich von der Programmumgebung zu lösen und zu abstrahieren. Die Empfindung, sich in einem Spiel zu befinden, die durch die grafische Gestaltung des Programms unterstützt wird, aber trotzdem einen Auftrag zu haben und ein Problem zu lösen, lässt eine gute und fruchtbare Verbindung der beiden Elemente Spiel und Wissensvermittlung erkennen.
Die englische Sprache stellte kein gravierendes Problem dar, denn es fiel den Schülern leicht, die Inhalte aus dem Kontext zu erschließen. Vielmehr hat sich die englische Sprache als zusätzlicher Motivationsfaktor erwiesen. Eventuell ist ein zusätzlich ausgelegtes Lexikon hilfreich.
Der beschriebene Unterrichtsverlauf umfasst die minimal nötige Zeit zur erfolgreichen Arbeit mit diesem Programm. Es ist durchaus möglich, dass – je nach Vorerfahrung mit der Arbeit am Computer – Schülergruppen mehr Zeit zur Einarbeitung und Einstellung auf das Programm benötigen. Eine Verdopplung der Zeit für die Informationssuche und die Teilsimulationen ist sicher von Vorteil.

Literatur und Software

Bickel, H.: Neue Medien: Zelluläre Phänomene. Unterrichtsvorschläge zum Einsatz der Klett Mediothek Biologie 1 und des Internets mit Kopiervorlagen. Klett, Stuttgart 2000
Eschenhagen, D. / Kattmann, U. / Rodi, D.: Fachdidaktik Biologie. Aulis Verlag Deubner, 4. Aufl. Köln 1998
Künzel, R.: Computer im Biologieunterricht. Klett, Stuttgart 1987
Pondorf, P.: „Mendeln" per Computer. In: Unterricht Biologie, H. 221, 1/1997, S. 32
Staeck, L.: Zeitgemäßer Biologieunterricht. Cornelsen, 5. Aufl. Berlin 1995
Vester, F.: Unsere Welt, ein vernetztes System. Klett-Cotta, Stuttgart 1978
Wedekind, J.: Unterrichtsmedium Computersimulation. Lexika-Verlag, Weil der Stadt 1981

Bezug des Programms BioBLAST

NeoSci – www.neosci.com
Weitere Informationen zum Programm über: www.cotf.edu/BioBLAST

MATERIAL

Aufgabenstellung

Eure Mission:

Die Herausforderung!

Sechs Menschen (drei Frauen und drei Männer) sollen für einen Zeitraum von sechs Monaten die *Lunar Base 05* bewohnen.

Richtet euch ein sich selbst erhaltendes Ökosystem ein, mit dem dies gelingt.

Viel Erfolg!

Vokabelliste

Wichtige Vokabeln und Abkürzungen

aquaponics	im Programm eine spezielle Kombination aus Hydrokultur und einem Wassersystem
BaBS	Build a BliSS-System (Bioregenerative Life Support System)
biomass	Biomasse
bioreactor	Bioreaktor
BLiSS	Bioregenerative Life Support System
crew	Mannschaft
crops	Nahrungspflanzen
crop residue	Reste/Überbleibsel der Nahrungspflanzen
exercise	Übung, körperliche Bewegung
food processing	Nahrungsmittelverarbeitung
germination	Keimung
gray water	Brauchwasser
HR	Human Requirements, Lebensnotwendigkeiten
hydroponic	in Hydrokultur
incinerator	Verbrennungsanlage
inedible	ungenießbar, nicht zum Verzehr geeignet
leachate	auslaugen
lettuce	Salat
liquid	flüssig
nutrition	Ernährung
potable water	Trinkwasser
potatoes	Kartoffeln
PP	Plant Production, Pflanzenproduktion (Ernährung)
retention time	Aufenthaltszeit der Abfälle im Bioreaktor
RR	Resource Recycling, Abfallaufbereitung
solid	fest
soybeans	Sojabohnen
storage	Lagerung, Speicherung
waste	Abfall, Müll
wheat	Weizen

Arbeitsblätter

A Plant Production (PP)

Es stehen euch auf *Lunar Base 05* verschiedene Pflanzen zur Verfügung, mit denen ihr eure Crew ernähren könnt.
Hier einige kurze Informationen über diese Pflanzen:

Pflanze	Inhaltsstoffe	Beim Anbau zu beachten
Lettuce (Salat)	viel Vitamin A, Eisen	braucht relativ wenig Licht, wächst schnell, benötigt viel Wasser
Potatoes (Kartoffeln)	Kohlenhydrate	Wuchshöhe, Lichtbedürfnis; produziert viel O_2 und Wasser
Soybeans (Sojabohnen)	Proteine, Fette	Wuchshöhe, Lichtbedürfnis, braucht viel Wasser
Wheat (Weizen)	Kohlenhydrate	braucht viel Licht und Wasser, Wuchshöhe, es lässt sich auch viel Wasser gewinnen

Aufgabe:
Ihr sollt für den Anbau dieser Pflanzen eine Kombination erarbeiten, mit der die Crew mindestens sechs Monate auf *Lunar Base 05* überleben kann.
Viele Informationen, z. B. über Wachstumsdauer, Belichtungszeit (photoperiod) oder auch Sauerstoff- und Wasserproduktion findet ihr in der Labor-Datenbank (database) im PP-Simulator. Als kurze Einführung in die Zusammenhänge bietet sich dort die „Background"-Information an.

Führt einzelne Tests für euren Bereich im Gesamtsimulator (BaBS) durch. Wie sieht es aus mit der Nahrungsmittelverarbeitung (foodprocessing) und der Lagerung (storage) der Nahrungsmittel?

Am Ende soll in Gruppen die Gesamtsimulation aller Teilbereiche im großen BaBS-Simulator erfolgen.

Ihr seid dann die Experten für den Bereich „Plant Production".

B Resource Recycling (RR)

In *Lunar Base 05* werden Abfälle vielfältig weiterverwertet, z. B. über Dehydrierung (Entzug von Wasser) oder Verbrennung zur Wärmeerzeugung.

Das „Resource-Recycling-Center" bietet euch ein ausgeklügeltes System, mit dem diese Recycling-Prozesse durchzuführen sind. Dabei sind viele Parameter zu beachten:

Parameter	Fällt an, wenn ...	Zu beachten
inedible biomass (ungenießbare Biomasse)	zu viele Pflanzen im Anbau oder Probleme bei der Speicherung auftreten (zu wenig Platz)	Lagerplatz; Größe der Lagergefäße
liquid waste (flüssiger Abfall)	Urin ausgeschieden, geduscht und gewaschen wird	Speicherplatz; Größe der Speichergefäße
gray water-storage (Brauchwasser-Speicher)	flüssige Abfälle aufbereitet werden	Speicherplatz; Größe der Speichergefäße; wichtig für Pflanzenanbau
bioreactors	flüssige bzw. feste Abfälle auf bereitet werden; je länger die Verweildauer der Abfälle im Reaktor (retention time), desto besser ist die Verwertung	Anzahl vom Gebrauch abhängig; Nutzung bewirkt Sauerstoff- und Wasser-Verbrauch
solid waste-storage (Lagerung fester Abfälle)	ungenießbare Biomasse, Pflanzenreste und feste Ausscheidungsprodukte anfallen	Lagerplatz; Größe der Lagergefäße
incinerator (Verbrennungsanlage)	feste Abfälle entsorgt werden	O_2- und CO_2-Verbrauch bei Verbrennung; maximales Füllgewicht

Aufgabe:
Ihr sollt eine Kombination dieser Parameter im Recycling-Prozess erarbeiten, mit der die Crew mindestens sechs Monate auf *Lunar Base 05* überleben kann.
Viele Informationen dazu (z. B. über die Füllkapazität der Reaktoren, die Effizienz, den Verbrauch oder auch Wärme- und Wassergewinnung) findet ihr in der Labor-Datenbank (database) im RR-Simulator. Als kurze Einführung in die Zusammenhänge bietet sich dort die „Background"-Information an.

Führt einzelne Tests für euren Bereich im BaBS durch.

Am Ende soll in Gruppen die Gesamtsimulation aller Teilbereiche im großen BaBS-Simulator erfolgen.

Ihr seid dann die Experten für den Bereich „Resource Recycling".

C Human Requirements (HR)

Damit Leben möglich ist, müssen bestimmte Voraussetzungen erfüllt sein. Neben der Versorgung mit Sauerstoff und Wasser muss eine ausgewogene Ernährung sowie körperliche Aktivität gewährleistet sein. In *Lunar Base 05* gibt es im Crew-Quartier einen eigenen Bereich, der sich mit Freizeitaktivitäten befasst.
Hier einige Parameter, die zu beachten sind:

Parameter	Wichtig für ...	Zu beachten
Nutrition (Ernährung)	ausgewogene Ernährung; optimale Versorgung der Crew mit Vitaminen, Nährstoffen usw.	Zusammensetzung der einzelnen Pflanzenarten und Größe der Portionen
Crew-Zusammensetzung	Vorgabe: drei Männer und drei Frauen	Alters- und Geschlechtsunterschiede bedingen einen unterschiedlichen Bedarf an Vitaminen, Nährstoffen usw.

Parameter	Wichtig für ...	Zu beachten
Exercise (körperliche Bewegung)	seelisches Befinden der Crew, Stoffwechsel	Dauer der Aktivitäten
Sauerstoff- und Wasserbedarf	das Überleben	Wie viel braucht ein Mensch am Tag?

Aufgabe:
Ihr sollt euch über die menschlichen Bedürfnisse informieren. Viele Informationen (z. B. über Sauerstoffverbrauch oder Ernährung) findet ihr in der Labor-Datenbank (database) im HR-Simulator. Als kurze Einführung in die Zusammenhänge bietet sich dort die „Background“-Information an.
In der BaBS-Simulation seid ihr zuständig für die Bereiche:
- „Crew setting“ (Angaben zu den Bewohnern)
- „Food processing“ (Wie werden die Pflanzen verarbeitet? Welche Geräte sind nötig?)
- „Food storing“ (Speicher- und Lagerkapazitäten)

Führt einzelne Tests für eure Bereiche im BaBS durch.

Am Ende soll in Gruppen die Gesamtsimulation aller Teilbereiche im großen BaBS-Simulator erfolgen.

Ihr seid dann die Experten für den Bereich „Human Requirements“.

Erwin Graf

8 See und Alpen per Mausklick (Sek. I/II)

Dieser Beitrag befasst sich mit zwei CD-ROMs, die seit mehreren Jahren auf dem Markt sind: „Erlebnisreisen in die Natur: Der See“ (im Folgenden kurz: „Der See“) und „Erlebnisreisen in die Natur: Die Alpen“ (kurz: „Die Alpen“). Diese beiden Angebote werden einer kritisch-konstruktiven medien- und biologiedidaktischen Bewertung unterzogen und es werden Möglichkeiten aufgezeigt, wie diese Software im Unterricht Gewinn bringend eingesetzt werden kann.
Beide CD-ROMs wurden vom Institut für Film und Bild in Wissenschaft und Unterricht (FWU) in Kooperation mit der Zentralstelle für Computer im Unterricht (ZS) erarbeitet und auf den Markt gebracht. Der Erwerb einer Schullizenz ist empfehlenswert, denn so kann man Schülern eine CD-ROM mit nach Hause geben, damit sie beispielsweise eine auf diese bezogene Hausaufgabe erledigen oder die CD-ROM für die Ausarbeitung eines Referates verwenden können.

Systemvoraussetzungen und Installation

Für die beiden CD-ROMs sind folgende Systemvoraussetzungen erforderlich: IBM-kompatibler PC ab 486-Prozessor, möglichst Pentium, Windows ab Version 3.1, mindestens 8 MB Arbeitsspeicher, mindestens 4-fach CD-ROM-Laufwerk, Soundkarte, Grafikkarte.
Der CD-ROM „Der See“ liegen gut verständliche Hinweise zur Installation des Programms bei. Weitere Informationen finden sich auf der Homepage von FWU (www.fwu.de). Das Programm kann problemlos unter Windows 3.1 und neueren Versionen auch im Netzwerk installiert werden.
Das Programm „Die Alpen“ kann auch durch Anklicken des entsprechenden CD-Laufwerks direkt von der CD-ROM aus gestartet werden. Bei der Installation auf der Festplatte werden allerdings nicht alle Dateien, sondern nur die Startdateien auf die Festplatte geladen, d. h., zur Nutzung des Programms muss die CD-ROM im Laufwerk liegen. Um Störungen im Programmablauf zu vermeiden, sollten nach den Erfahrungen in der schulischen Praxis möglichst alle anderen Windows-Anwendungen geschlossen sein. Auf einer Macintosh-Plattform sind die Programme einsehbar, wenn das Programm „Virtual PC“ (Connectix) installiert ist, das die Installation einer Windows-Oberfläche simuliert.

Inhalt der CD-ROM „Der See“

Die Erlebnisreise durch den See beginnt mit einem komplexen Einblick in das Ökosystem. Der Benutzer kann dabei

- mit Hilfe eines fiktiven Fotoapparates auf die Suche nach Tieren im See gehen,
- einen See anlegen und pflegen,
- den See untersuchen
- und auch Belastungen simulieren, die für Seen typisch sind.

Es werden drei Themenbereiche aufgegriffen, die über drei verschiedene Seen auf der Startseite zugänglich sind:

- Themenbereich 1: Zonierung und Pflanzen am See: Bruchwald-, Röhricht-, Schwimmblatt- und Tauchblattgürtel mit den typischen Pflanzen (Weide, Schilfrohr, Weiße Seerose, Wasserpest etc.) sowie Tiere am See (Graureiher, Rohrammer, Große Rohrdommel, Stockente, Wasserfrosch, Wasserläufer, Libellenlarve etc.)

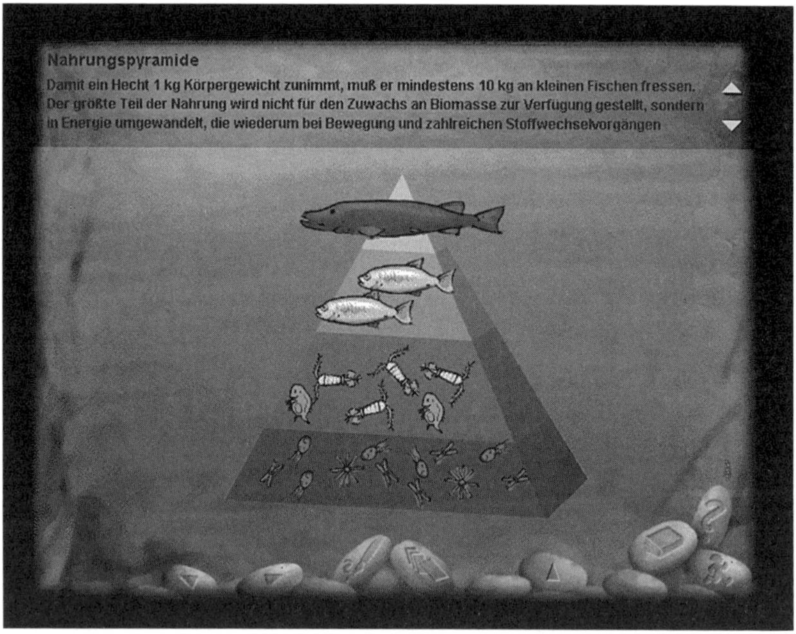

Nahrungspyramide (CD-ROM „Der See“)

- Themenbereich 2: Beziehungen im See (Anleitung zum Mikroskopieren, Nahrungsbeziehungen, Nahrungskette und -netz, Nahrungspyramide etc.)
- Themenbereich 3: Veränderungen im See (See in verschiedenen Jahreszeiten, Kreisläufe, Eutrophierung, Untersuchungsmethoden, Sanierungsmethoden, Methoden der Abwasserreinigung etc.)

Neben einem biologischen Informationsteil über Pflanzen und Tiere im und am See, den Nahrungsbeziehungen im See, dem biologischen Gleichgewicht und den Belastungen eines Sees enthält das Programm auch zahlreiche kurze Simulationen sowie einen für Schüler besonders interessanten und motivationsstarken interaktiven Teil mit Bausteinen wie „Ein Auftrag für den Fotografen“ und „Wie wird ein Gartenteich angelegt?“.
Der CD-ROM liegen ein sehr knapp bemessener Beschreibungstext sowie einige brauchbare Arbeitsblätter als Kopiervorlagen bei.

Ergänzende AV-Medien

Darüber hinaus können folgende über die Bildstellen der Städte und Bundesländer gut zugängliche AV-Medien zur unterrichtlichen Bearbeitung des Themas „Ökosystem See“ ergänzend herangezogen werden:

Diareihen
- Vögel an offenen Gewässern (10 00662)
- Einheimische Süßwasserfische (10 02243)
- Lebensgemeinschaft Kleingewässer (10 02639)
- Leben in der Seeuferzone (10 02305)

VHS-Filme
- Vom Quellwasser zum Abwasser (42 00680)
- Der Hecht (42 01644)
- Der Teich im Park (42 01749)
- Konzert am Tümpel (42 01764)
- Der Wels (42 01874)
- Ökosystem See – mit vier Arbeitsvideos (42 02227)

Disketten
- Der See (61 00220)
- Umweltatlas Wasser (62 00030)

Inhalt der CD-ROM „Die Alpen“

Das Multimedia-Programm „Die Alpen“ beschränkt sich nicht auf biologische Inhalte, sondern kann ebenso gut im Fach Geographie eingesetzt werden. Das Programm bietet sehr viele Wissensbereiche zum Großthema „Alpen“ an.

Hier können sich Lehrende und Lernende über Flora, Fauna, Höhenstufen der Vegetation, Brauchtum, Volkskunst, typische Musikinstrumente der Alpenregion, Topographie, Geologie, Geomorphologie, Klima, Wasserhaushalt, Tourismus, Wirtschaft, Verkehr, Ökologie, Bevölkerung und vieles mehr informieren und vielfältige Zusammenhänge verstehen lernen – und zwar anhand von Bildern, Karten, Texten, Videos, Tabellen, Grafiken, interaktiven Animationen, Planspielen und Simulationen. Mit Hilfe der ins Programm integrierten Medien können beispielsweise für eine Präsentation Inhalte individuell zusammengestellt werden.

Über zwei sehr übersichtlich gestaltete Menüleisten ist das Programm komfortabel bedienbar.

Das Menü umfasst die Buttons „Auswahl“ (damit gelangt man aus jedem Programmteil zurück zum Hauptmenü), „Navigator“ (Überblick über die zur

Hauptmenü der CD-ROM „Die Alpen“

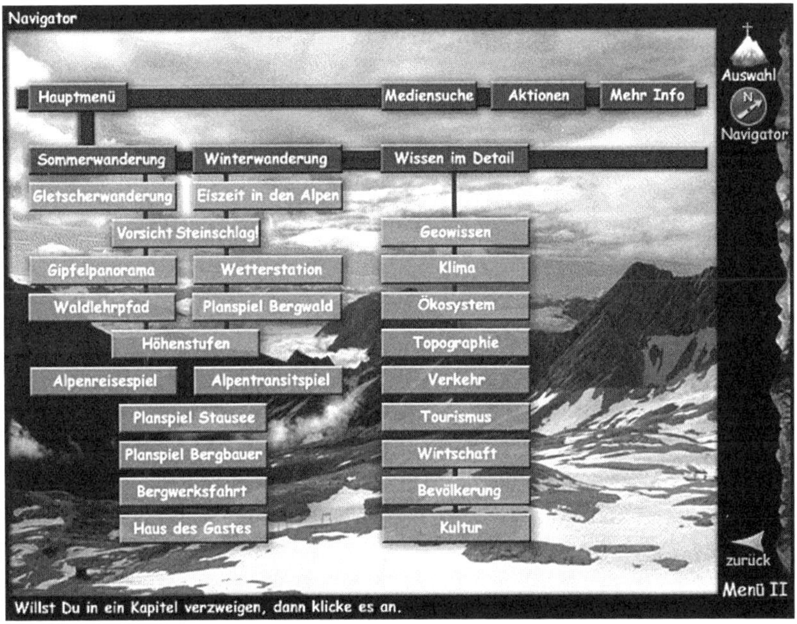

Der Navigator des Programms „Die Alpen“

Verfügung stehenden Programmbereiche), „Zurück“ (führt einen Arbeitsschritt im Programmablauf zurück). Mit dem Button „Ende“ lässt sich das Programm über einen Zwischenschritt beenden: Erst wenn man die Frage „Willst du ‚Die Alpen‘ wirklich verlassen?“ mit Mausklick auf „Ja“ beantwortet, wird das Programm beendet.

Der CD-ROM beigelegt sind eine ausführliche Beschreibung des Inhalts und zahlreiche Vorschläge, wie das Programm im Unterricht oder auch zur Planung eines Urlaubs in den Alpen (z. B. bei der Planung einer Sommerwanderung mit Stationen wie „Gletscherwanderung“ und „Steinschlaggefahr“) genutzt werden kann.

Da das gesamte Programm weitgehend selbsterklärend ist und immer wieder Informationen zu einzelnen Programmteilen und zum Programmablauf vorhanden sind, ist die Navigation recht einfach.

Weitere Merkmale, die einen komfortablen Umgang mit dem Programm ermöglichen:

- Anhand der Überschriftzeile lässt sich sofort erkennen, in welchem Themenbereich man sich im Augenblick befindet.

- In der Fußzeile werden in allen Programmteilen zusätzliche Hinweise und Informationen gegeben.
- Die „Hilfe"-Funktionstaste (Fragezeichen) bietet in fast allen Programmteilen Hilfen in Textform an.
- Über einen „Link"-Button öffnet sich ein Fenster mit verwandten Themen aus anderen Kapiteln.
- Eine „History"-Funktion ermöglicht das Nachvollziehen der bisherigen Arbeitsschritte anhand eines sich öffnenden Fensters, sodass das oft beschriebene „Lost in Hyperspace" auch bei jüngeren Schülern vermieden werden kann.

Beurteilung der Programme

Im Vergleich zum Biologie-Programm „Der See", dem ich aufgrund der nicht einfach zu durchschauenden Bedienung und einer nicht immer guten Bildqualität die Beurteilungsnote Befriedigend gebe, ist das Programm „Die Alpen" sowohl von der Benutzerfreundlichkeit und didaktischen Konzeption als auch vom Informationsgehalt her sehr gut aufbereitet. Diese CD-ROM motiviert sowohl Schüler als auch Erwachsene zu einer intensiven Beschäftigung mit einzelnen Aspekten der Alpen. Das Programm ist im Unterricht für Einzel-, Partner- und Kleingruppenarbeit zu ganz unterschiedlichen Themenbereichen, in unterschiedlichen Arbeits- und Organisationsformen und an verschiedenen didaktischen Orten (Einstieg, Problemstellung, Problemklärung, Zusammenfassung etc.) sehr gut und äußerst variabel einsetzbar. Meine Beurteilungsnote für „Die Alpen": Sehr gut bis Gut.

Unterrichtsziele

Beide Programme eignen sich für den Einsatz in der Sekundarstufe I und II. Aufgrund der übersichtlichen Programmstruktur ist die CD-ROM „Die Alpen" auch schon für Schüler der Klassen 5 und 6 sehr gut verwendbar – ob im Unterricht oder für die häusliche Arbeit. Ohne Einschränkung ist dieses Programm aber auch für die Sekundarstufe II geeignet.
Beide CD-ROMs sind im Unterricht einsetzbar, um Kenntnisse über die Flora und Fauna zu vermitteln, die Angepasstheit einzelner Organismen an ihre Umwelt und die Zusammenhänge und Wechselwirkungen in einem Ökosystem besser zu verstehen. Die Lernenden können erkennen, dass ein Öko-

system unter ganz unterschiedlichen Aspekten (z. B. botanischem, zoologischem, Anpassungs-, Beeinflussungs-, ökonomischem Aspekt etc.) betrachtet und analysiert werden kann.

Die interaktive Gestaltung von Teilen beider CD-ROMs ermöglicht es, dass die Lernenden nicht nur Informationen zu einem Ökosystem erhalten, sondern sich in die Rolle eines „Ökosystemforschers" versetzen. Als solche können sie anhand von vorgegebenen oder selbst gestellten „Forschungsaufträgen" gezielt nach bestimmten Informationen suchen, diese in einen größeren Zusammenhang bringen und beispielsweise für eine Präsentation aufbereiten.

Dadurch können das fachliche biologische Verfügungs-, Orientierungs- und Handlungswissen erweitert, die Ich-Kompetenz gefördert und überfachliche Fähigkeiten wie Sozial-, Methoden- und Medienkompetenz ebenso geschult werden wie die Fähigkeit zum zielorientierten, selbstständigen und eigenverantwortlichen Arbeiten.

Folgende Unterrichtsziele sind dabei von besonderer Bedeutung (Auswahl):

- Förderung der Formen- und Artenkenntnis, exemplarisch für die Bereiche *See* und *Alpen*
- Erkennen der Angepasstheit und Lebensweise ausgewählter Pflanzen und Tiere des betreffenden Lebensraumes
- Erkennen und Verstehen von Nahrungsbeziehungen in der Natur einschließlich möglicher Störungen
- Fördern des Wissens, dass zwischen Produzenten, Konsumenten, Destruenten und der Nahrungspyramide ein enger Zusammenhang besteht
- Sensibilisieren für den Zusammenhang von Ökologie und Ökonomie
- Förderung der Lesekompetenz (selektive Informationsaufnahme, Bewertung von Informationen etc.)
- Fördern des Denkens in Zusammenhängen und des Erkennens von Wechselwirkungen
- Einsehen der Beeinflussungsmöglichkeiten von Ökosystemen durch den Menschen
- Erkennen, dass die verschiedenen Ökosysteme dynamische, nur relativ konstante Gebilde im Sinne von kognitiven Konstrukten sind, die in Wechselwirkung zueinander stehen und in das Meta-Ökosystem „Biosphäre" systemisch eingeordnet sind
- Fördern der Fähigkeit, zunehmend komplexere Aufgabestellungen als persönliche Herausforderung anzusehen
- Entwickeln von mediengestützten Handlungsstrategien

Vorschläge für den Einsatz im Unterricht

„Der See" in der Sekundarstufe I

Die CD-ROM „Der See" ist inhaltlich sehr breit angelegt und kann im Biologieunterricht in allen Jahrgangsstufen der Sekundarstufe I mit gutem Erfolg eingesetzt werden. Allerdings ist zu beachten, dass nicht alle behandelten Themenbereiche für jede Klassenstufe gleich gut geeignet sind. Aufgaben, bei denen die Benutzer mit „Sie" angesprochen werden, sind eher für Schülerinnen und Schüler der Klasse 10 und eventuell auch höher gedacht. Dabei eignet sich das Programm insbesondere für den klassischen, weitgehend lehrergeführten Biologieunterricht. Im Folgenden sollen ausgewählte Beispiele die breiten Einsatzmöglichkeiten verdeutlichen.

Beispiele für die Klasse 5 bis 7

Erstellen von Tier-Steckbriefen

Die Aufgabe für die Schüler kann beispielsweise so formuliert sein: „Erstelle einen Steckbrief für den Hecht. Notiere dazu auch Größe, Gewicht, Nahrung usw. sowie Besonderheiten des Fisches."

In arbeitsgleicher, arbeitsteiliger oder gemischt-arbeitsteiliger Gruppenarbeit können die Schüler anhand der Software Steckbriefe erarbeiten zu Fischen des Sees wie Hecht, Karpfen, Flussbarsch, Wels, Aal, Rotfeder, Rotauge, Schleie etc.

Bestimmen von Insektenlarven

Um sich das nötige Grundwissen über die Nahrungsketten im See anzueignen, können die Schüler anhand des Programms ausgewählte Insektenlarven wie Gelbrandkäferlarve, Zuckmückenlarve, Eintagsfliegenlarve, Köcherfliegenlarve und Libellenlarve bestimmen lernen und sich die Merkmale der einzelnen Larvenarten einprägen. Als Zusatzmaterial lassen sich der FWU-Film „Lebewesen in Fließgewässern" oder die entsprechende DVD gut verwenden.

Anlegen eines Gartenteichs

Die Aufgabe kann hier lauten: „Informiert euch darüber, wo und wie ein Gartenteich sinnvollerweise angelegt wird. Haltet eure Ergebnisse auf einem Plakat fest und bereitet eine kleine Präsentation vor."

Anhand des interaktiven Programmteils „Gartenteich" können sich die Lernenden in Einzel- oder Partnerarbeit über das Thema informieren, die

Ergebnisse aufbereiten, auf einem DIN-A2-Plakat festhalten und anschließend visualisieren. Einzelne oder alle Ergebnisse können der Klasse in einer Poster-Session vorgestellt und ggf. sogar von einer Schüler- bzw. Lehrer-Schüler-Jury prämiert werden. Ausgezeichnet wird dabei z. B. ein Plakat mit hohem fachlichem Anspruch, eines mit hoher Anschaulichkeit, eines mit hoher technischer Perfektion etc. Anhand von transparenten, allgemein anerkannten Kriterien wie sachliche Richtigkeit, Informationsgehalt, Übersichtlichkeit, Anschaulichkeit, ästhetische Gestaltung, Originalität etc. können die Plakate mit der Klasse durchgesprochen werden. Dabei sollten besonders die positiven Gestaltungsgesichtspunkte hervorgehoben, aber auch Hinweise erarbeitet werden, wie die Plakate optimiert werden können.

Beispiele für die Klasse 8 bis 10

Erarbeitung von Nahrungsketten und -netzen

Die Aufgabe für die arbeitsgleiche, gemischt-arbeitsteilige oder arbeitsteilige Partner- oder Kleingruppenarbeit kann hier sein: „Erarbeitet mindestens 3 Nahrungsketten eines Sees sowie ein Nahrungsnetz mit mindestens 15 Organismenarten. Haltet die Ergebnisse in übersichtlicher Form fest." (Zeitbedarf 10 bis 15 Minuten)
Sofern die Lernenden mit dem Präsentationsprogramm „PowerPoint" oder einem anderen geeigneten Programm vertraut sind, können einzelne Gruppen ihre Ergebnisse damit vorstellen. Zur Erstellung der Präsentation muss genügend Unterrichtszeit zur Verfügung gestellt werden. Alternativ kann die Präsentation auch in häuslicher Arbeit erstellt werden.

Erarbeitung der Pflanzengürtel eines Sees

Die Aufgabe für die Schüler in arbeitsgleicher Gruppenarbeit, Partnerarbeit oder an einer Lernstation zum Thema „See" kann lauten:
„Ein natürlicher See weist eine ‚Zonierung' von außen nach innen auf.
a) Notiere die vier Pflanzenzonen eines Sees. b) Nenne jeweils zwei Pflanzenarten einer Zone."

Simulation von ökologischen Vorgängen in einem See

Vertiefung des Begriffs „biologisches Gleichgewicht" und arbeitsgleiche oder -teilige Erarbeitung der Belastung des Wassers eines Sees durch Nitrate und Sulfate inkl. der stattfindenden biologischen Veränderungen.

„Der See“ in der Sekundarstufe II

Für die Sekundarstufe II lässt sich die CD-ROM einsetzen, um in anderen Kontexten erworbene ökologische Kenntnisse am Beispiel See zu vertiefen oder Kenntnisse, die anhand anderer Ökosysteme erworben wurden, zu festigen und das komplex organisierte Wissen transferfähig zu machen. Zudem eignet sich das Programm sehr gut für die selbstständige Erarbeitung bestimmter Inhalte (wie z. B. „Veränderungen in einem See“) etwa für ein Referat oder an einer Lernstation im Rahmen des offenen Kursunterrichts.

Phosphatkreislauf im See

Die Aufgabe für eine Kleingruppe in einer arbeitsteiligen Gruppenarbeit kann folgendermaßen formuliert sein: „Informieren Sie sich über den Phosphatkreislauf im See einschließlich der Einflüsse durch den Menschen. Halten Sie Ihre Ergebnisse in einer Übersichtsskizze fest.“ (Zeitbedarf 20 bis 30 Minuten)

Untersuchungsmethoden am See

Die Aufgabe für eine Kleingruppe beispielsweise beim Stationenlernen kann so formuliert sein: „Informieren Sie sich über die verschiedenen Möglichkeiten, wie man einen See untersuchen kann. Halten Sie Ihre Ergebnisse in einer informativen Mindmap fest.“ (Zeitbedarf ca. 20 bis 30 Minuten):

„Die Alpen“ in der Sekundarstufe I

Die CD-ROM „Die Alpen“ ist fächerübergreifend konzipiert und wird wohl schwerpunktmäßig von Biologie- und Geographielehrern im Unterricht eingesetzt. Gewinn bringend und effektiv können mit ihr u. a. die folgende biologischen Themenbereiche bearbeitet werden:

- Biotop
- Biozönose
- Pflanzen und Tiere in den Alpen
- Ökosystem Bergwald
- Beeinflussung und Veränderung des Ökosystems Alpen durch den Menschen

Themenbereiche anderer Fächern sind:

- Geographie: Topographie, Gletscherentstehung, Tourismus etc.
- Deutsch: alpenländische Literatur, Sprachen im Alpenraum, Vorbereitung von Diskussionsrunden, Auswertung von Texten etc.

- Kunst: Handwerk und Malerei in den Alpen, alpenländische Kunst etc.
- Musik: alpenländische Tänze, Musik und Musikinstrumente etc.
- Geschichte: Besiedlungs- und Wirtschaftsgeschichte der Alpen von der Steinzeit bis heute etc.
- Hauswirtschaft: Rezepte aus dem Alpenraum etc.
- Latein: Übersetzungen lateinischer Texte (z. B. zu Hannibals Zug über die Alpen)

Moderner Biologieunterricht ist gekennzeichnet durch Problem- und Handlungsorientierung, Schulung verschiedener Lern- und Arbeitsformen, Fördern von Team- und Kooperationsfähigkeit sowie Entwickeln der Medienkompetenz. Diese Unterrichtsziele können unter Einsatz der CD-ROM „Die Alpen“ angestrebt werden, ohne dass die fachlichen Ziele des Biologieunterrichts vernachlässigt werden.
Beispielhaft seien einige Möglichkeiten des unterrichtlichen Einsatzes genannt:

- Bei *lehrergeführtem Klassenunterricht* können unter Verwendung eines Beamers in kurzen Vortragssequenzen z. B. folgende Themenbereiche vorgestellt werden: „Gestaltung einer Winterwanderung in den Alpen“, „Pflanzen der Alpen und ihre besonderen Anpassungserscheinungen“, „Ökosystem Bergwald“, „Besiedlungsgeschichte der Alpen“, „Klima in den Alpen“ etc. Der mediengestützte Lehrervortrag kann Ausgangspunkt für eine detaillierte Bearbeitung einzelner Themen in anderen methodischen Organisationsformen (Einzelarbeit, Partnerarbeit, Freiarbeit, Gruppenpuzzle, Stationenlernen, Projekt etc.) sein.
- In *Partner- oder Kleingruppenarbeit* können sich die Schüler im Rahmen des klassischen Biologieunterrichts mit Einzelthemen wie „Steinadler“, „Murmeltier“ und „Steinbock“ auseinander setzen, die Ergebnisse über den Button „Sammeln“ von Menüleiste I in den „Sammelkasten“ (als Zwischenspeicher verwendbar) übertragen und anschließend über den Button „Sammelkasten bearbeiten“ von Menüleiste II weiter aufarbeiten.
- Beim *Stationenlernen* können die Schüler in Kleingruppen einzelne Stationen beispielsweise zu den Themenbereichen „Sommerwanderung“ oder „Winterwanderung“ bearbeiten. Jede der beiden „Wanderungen“ enthält zehn sehr unterschiedlich aufgebaute, motivationsstarke Lernstationen, die – mit bereits vorhandenen besonders anspruchsvollen und interessanten Hotspot-Aufgaben versehen – Grundlage des Lernzirkels sein können.

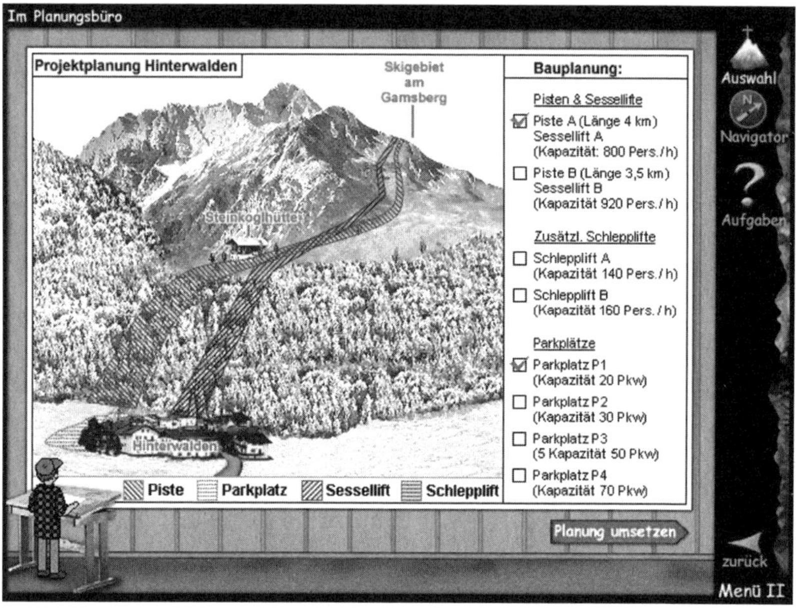

Planspiel Bergwald (CD-ROM „Die Alpen")

- Bei einem *Projekt* zum Thema „Die Alpen" können sich die Schülergruppen anhand der CD-ROM selbstständig mit je einem Unterthema (z. B. „Tourismus in den Alpen" oder „Klima in den Alpen") auseinander setzen. Im Untermenü „Wissen im Detail" sind die fachlichen Inhalte umfassend und dennoch gut verständlich aufbereitet.
- Sollen die Lernenden in Form eines *Planspiels* z. B. Argumentations- und Darstellungsfähigkeit trainieren, so kann die Vorbereitungsarbeit beispielsweise in den Bausteinen Sommer- und Winterwanderung an den Beispielen „Planspiel Stausee" oder „Planspiel Bergwald" geschehen. Auf diese multimediale sachliche Erarbeitung gestützt, können dann in einer simulierten Podiumsdiskussion mit unterschiedlichen Rollenträgern die erarbeiteten Kenntnisse angewandt und in der kommunikativen Situation umgesetzt werden.

„Die Alpen" in der Sekundarstufe II

In der Sekundarstufe II können komplexe Themen im Unterricht vertieft oder in der häuslichen Einzelarbeit gezielt und effektiv bearbeitet werden.

Genannt seien hier nur drei Beispiele:
- Ökonomie und Ökologie am Beispiel der Alpen
- Einfluss des Menschen auf die Alpenregion während der vergangenen Jahrhunderte
- Klimaregionen in den Alpen

Zusammenfassung

Die CD-ROMs „Der See" und „Die Alpen" bieten eine Fülle von Möglichkeiten für den Einsatz im Unterricht – ob im differenzierenden Fachunterricht, im stark von Gruppenarbeit geprägten Unterricht beispielsweise mit Expertengruppen oder bei Projekten.

„Der See": Diese CD-ROM ist deutlich auf den Biologieunterricht ausgerichtet. Für jüngere Schüler in den Klassen 5 bis 7 ist sie nicht immer leicht verständlich, richtet sich doch die Sprache eher an ältere Schüler (Sekundarstufe II) oder Erwachsene. Damit jüngere Schüler mit dem Programm sinnvoll arbeiten können, ist es unumgänglich, die Arbeitsaufgaben sehr genau auszuwählen und klare Anweisungen zu formulieren. Auch die Grafiken und interaktiven Programmphasen entsprechen nicht immer den didaktischen Ansprüchen.

„Die Alpen": Dieses Programm lässt sich sehr gut im Unterricht einsetzen – selbst in den Klassen 5 und 6. Es bietet eine nahezu unbegrenzte Fülle an Einsatzmöglichkeiten für Biologie, Geographie und sogar Deutsch. Die Arbeitsschritte zum Lösen von Aufgaben und für Recherchen sind auch für jüngere Schüler recht gut verständlich. Das Programm bietet nahezu unbegrenzte didaktischen Einsatzmöglichkeiten für differenzierende Gruppenarbeiten, Forschungsaufträge an Schülerexperten und für die Zusammenstellung von Sachinformationen für Alpenwanderungen (botanisch, zoologisch, geographisch, kulturhistorisch, ökologisch etc.) auch in häuslicher Arbeit einzelner Schüler (z. B. zur Vorbereitung von Referaten). Die didaktisch sehr gut gestalteten Grafiken fördern den konstruktiven Aufbau von nachhaltigem Wissen sowie das selbst gesteuerte Lernen und regen zur aktiven Weiterarbeit mit dem Programm an.
Das Programm „Die Alpen" kann ohne Einschränkung für die Anschaffung in der Schule und auch für den Einsatz in der Erwachsenenbildung empfohlen werden.

Literatur und Software

Baumert, J., u. a. (Hrsg.): PISA 2000. Zusammenfassung zentraler Befunde. Max-Planck-Institut für Bildungsforschung, Berlin 2001

Berck, K.-H.: Biologiedidaktik. Grundlagen und Methoden. Quelle & Meyer, Wiebelsheim 1999, S. 140 ff.

Eschenhagen, D. / Kattmann, U. / Rodi, D.: Fachdidaktik Biologie. Aulis Verlag Deubner, 4. Aufl. Köln 1998, S. 364 ff.

Fahrholz, B. / Gabriel, S. / Müller, P. (Hrsg.): Nach dem PISA-Schock. Hoffmann und Campe, Hamburg 2002

Institut für Bildungsmedien (Hrsg.): PISA und die Folgen. Frankfurt 2002

Killermann, W.: Biologieunterricht heute. Auer, 10. Aufl. Donauwörth 1995

Staeck, L.: Zeitgemäßer Biologieunterricht. Cornelsen, 5. Aufl. Berlin 1995

CD-ROMs

Erlebnisreisen in die Natur: Der See – FWU, Best.-Nr. 6600100

Die Alpen – FWU, Best.-Nr. 6600200

Bestelladresse: FWU – Institut für Film und Bild in Wissenschaft und Unterricht, Geiselgasteig, Bavariafilmplatz 3, D-82031 Grünwald,Tel.: 089 / 6497-1, Fax: 089 / 6497-240, E-Mail: info-fwu@t-online.de, Internet: www. fwu.de

Hinweis: Bei FWU erhält man für fast alle Unterrichtsfächer CD-ROMs mit meist guter Qualität und vielfältigen didaktischen Einsatzmöglichkeiten.

Susanne Bickel-Sandkötter

9 Arbeitsblätter und Online-Bibliotheken

Arbeitsblätter

> „Arbeitsblätter sind Medien, die zu einzelnen Stunden oder für spezielle Aufgaben einer Stunde ausgegeben werden. Sie werden am besten von der Lehrperson eigens für den Unterricht entwickelt bzw. aus Vorlagen modifiziert."
> Eschenhagen, Kattmann, Rodi 1998

Um das Entwickeln von Arbeitsblättern zu erleichtern und den Lehrpersonen etwas Arbeit abzunehmen, wurden zahlreiche Arbeitsblattsammlungen von verschiedenen Schulbuchverlagen entwickelt. Was aber ist nun der Vorteil von Arbeitsblättern auf CD-ROM oder auf der Festplatte Ihres Computers gegenüber den in einem Ordner abgehefteten?
Enthalten Arbeitsblätter Lückentexte oder Zeichnungen, die vervollständigt bzw. beschriftet werden sollen, müssen auch elektronisch gespeicherte Arbeitsblätter zunächst ausgedruckt werden, um dann von den Schülern bearbeitet zu werden. Ist man im glücklichen Besitz eines schnellen Druckers und steht genügend Papier zur Verfügung, so liegt der Vorteil elektronischer Arbeitsblätter allenfalls darin, nicht zum nächsten Kopierer laufen zu müssen, um etwa 35 Kopien einer Vorlage erstellen zu lassen.
Ein rascher Zugriff und eine umfangreiche Materialsammlung – wie häufig als Vorteile computerbasierter Angebote genannt – liegt im Fall einer elektronischen Arbeitsblattsammlung auch nicht vor. Ein Ordner ist unter Umständen sogar schneller aus dem Regal gezogen als ein PC gestartet und das Programm geladen.

Umgestaltung von Arbeitsblättern

Geht es allerdings um die Anpassung und Umgestaltung eines Arbeitsblattes für den eigenen Unterricht, so bietet der Computer durchaus Vorteile. Die weitaus meisten digitalen Arbeitsblattsammlungen liefern entweder die Option, Zeichnungen und Texte individuell umgestalten zu können, oder jedenfalls die Möglichkeit, eine Kopie des jeweiligen Blattes in das eigene Textverarbeitungsprogramm ziehen zu können, um es dann dort umzugestalten. So gesehen bieten Arbeitsblattsammlungen auf CD-ROM sicher eine Entlastung für den Lehrenden.
Besser als etwas Vorhandenes zu verändern ist es aber immer, etwas Neues zu gestalten. Auch da bietet der Computer Vorteile: Man kann die eigenen

Arbeitsblätter in einem eigenen Ordner sammeln und abspeichern und hat sie jederzeit für die nächste Klasse (den nächsten Kurs, die nächste Gruppe) wieder zur Hand.
Zeichenwerkzeuge gibt es heute in jedem besseren Schreibprogramm und auch das Integrieren von Abbildungen ist keine besondere Schwierigkeit mehr. Da das Office-Programm von Microsoft mit „Word" eines der verbreitetsten ist, sollen an dieser Stelle einige Tipps dazu gegeben werden, wie man hier Abbildungen integriert und dabei gängige Schwierigkeiten überwindet.

Hinweise zum Integrieren von Abbildungen

Ausreichend Arbeitsspeicher zuweisen
Grundvoraussetzung für den reibungslosen Einbau von Abbildungen in ein Dokument ist, dass dem Programm Word viel mehr Arbeitsspeicher zugewiesen wird als für die üblichen Schreibfunktionen notwendig und vorgesehen. Meine Erfahrung ist (Word:mac 2001), dass mindestens 40 000 KB benötigt werden, um nicht in absoluter Langsamkeit zu erstarren oder ständig mit dem Programm abzustürzen.

Bilder einfügen
Klicken Sie auf die Stelle im Text, wo das Bild bzw. die Grafik eingebaut werden soll und anschließend in der Menüleiste des Programms unter „Einfügen" auf „Bild/Grafik aus Datei".
Im Fenster, das sich öffnet, suchen Sie die einzufügende Abbildung auf Ihrer Festplatte, aktivieren sie und klicken dann auf „Einfügen".
Für Mac-Benutzer: Wird das Bild nicht eingefügt bzw. sehen Sie nur einen Strich oder einen Teil davon in Ihrem Dokument, doppelklicken Sie in diesen Teil bzw. in das unvollständig dargestellte Bild, wählen von dem sich öffnenden Bearbeitungsfenster die Registerkarte „Layout" und klicken dort auf „passend". Nach Bestätigung der Eingabe wird Ihr Bild in den Text eingepasst und an die gewünschte Stelle gesetzt. Anschließend können Sie es frei bewegen und ziehen, wohin Sie möchten.
Für Windows-Benutzer: Falls das Bild nicht vollständig dargestellt wird, kann es an der Einstellung des Zeilenabstands liegen. In diesem Fall wählen Sie für den Absatz, in den das Bild eingefügt werden soll, die Angabe „Mindestens". Das Umfließen des Bildes mit Text wird über das Kontextmenü „Objekteinstellungen" definiert. Die Microsoft-Office-Hilfe bietet für diese Fragestellungen gute Hinweise.

Passendes Dateiformat beachten

Wird das Bild nicht eingefügt oder wird es in der Auswahl gar nicht sichtbar, so handelt es sich eventuell um ein Dateiformat, das von Ihrer Programmversion nicht unterstützt wird. Möglich ist auch, dass das Bild zu groß ist und zunächst für die Seite passend verkleinert werden muss.

Im ersten Fall müssen Sie es mit einem Bildbearbeitungsprogramm (z. B. Adobe Photoshop oder GraphicConverter von Lemke) zunächst in ein gängiges Format konvertieren.

Die folgenden gängigen Dateiformate werden von den neueren Word-Versionen und auch von anderen Schreib- und Layoutprogrammen (wie RagTime und QuarkXPress) erkannt:

- EPS (Encapsulated Post Script)
- GIF (Graphics Interchange Format)
- JPEG (JPG, Joint Photographic Experts Group)
- PICT (Macintosh Picture)
- PNG (Portable Network Group)
- TIFF (TIF, Tagged Image File Format)
- BMP (Windows Bitmap)

Arbeitsspeicher sparen

Muss Arbeitsspeicher gespart werden, so kann man auch das Kästchen „Mit Datei verknüpfen“ im Bild-Auswahlfenster aktivieren. Das hat zur Folge, dass das Bild nicht in den Text eingebettet, sondern dort nur angezeigt und auch mit dem Dokument ausgedruckt wird. Wenn Sie aber die Datei (oder das Bild) auf einen anderen Datenträger verschieben – oder auch nur in einen anderen Ordner – wird es nicht mehr gefunden und kann infolgedessen nicht mehr angezeigt werden, bis Sie den richtigen Pfad wieder eingeben. Umgekehrt ist der Grund dafür, dass Bilddateien z. B. nach dem Verschicken verschwunden sind, häufig in dieser Funktion zu finden.

Geführte Netzrecherchen und interaktive Arbeitsblätter

Neben auszudruckenden Arbeitsblättern, mit deren Hilfe häufig Erlerntes gefestigt oder abgefragt wird, gibt es Möglichkeiten, per Arbeitsblatt das „entdeckende und projektorientierte Lernen“ zu fördern. Hierbei handelt es sich um Arbeitsblätter, die nur mit Hilfe weiterer Medien (Programme auf CD-ROM oder Internetprojekte) zu lösen sind.

Dabei sind mir zwei unterschiedliche Ansätze aufgefallen:

a) Auszudruckende Arbeitsblätter, die zur weiteren computergestützten Recherche in Gruppen- oder Partnerarbeit anleiten: Ein Arbeitsblatt wird beispielsweise an je zwei Schüler ausgegeben, die es dann gemeinsam am Computer bearbeiten. Dabei kann arbeitsteilig (auch abwechselnd) vorgegangen werden (z. B. eine/einer schreibt und die/der andere sucht nach passenden Lösungen im Programm).
b) Interaktive Arbeitsblätter, die direkt am Computer ausgefüllt werden können: Diese können dann zur Korrektur per E-Mail an den Lehrer oder an Mitschüler geschickt werden. Solche Arbeitsblätter sind hauptsächlich in Einzelarbeit zu bearbeiten.

Für die Variante *Arbeitsblätter zur Computer-Recherche* gibt es zahlreiche Beispiele auf den CD-ROMs der „Klett Mediothek", aber auch in den Internetprojekten „Überleben in Eis und Schnee" und „Unsere Nahrung macht uns stark". Ein Beispiel hierfür ist das folgende Arbeitsblatt:

Überleben im Winter

Netzrecherche: Verhalten im Winter

1 Woran kann man erkennen, dass es sich bei der Fledermaus um einen echten Winterschläfer handelt?

2 Wie schlafen Fledermäuse und wie halten sie sich während des Winterschlafs warm?

3 Erkläre die Unterschiede zwischen Winterruhe und Winterschlaf.

4 Weshalb ist der Winterschlaf für das Überleben der Fledermäuse notwendig?

5 Suche auf den Seiten zum Winterschlaf und zur Winterruhe nach der Nahrung, die a) Eichhörnchen und b) Fledermäuse zu sich nehmen. Erkläre, warum Eichhörnchen keinen Winterschlaf halten müssen.

6 Draußen ist es bitterkalt. Der See friert langsam zu. Ein kleines Tier versteckt sich im Laub und erstarrt langsam. Jetzt ist es ganz starr und kalt und atmet nicht mehr.
Um welches Tier es handelt sich? Warum fällt es in eine Winterstarre?
Es atmet nicht sichtbar. Erkläre, warum es trotzdem überlebt.

7 Finde andere Tiere, die a) Winterschlaf halten,
b) im Winter ruhen,
c) in Winterstarre fallen.
Benutze hierzu die angegebenen zusätzlichen Internet-Links, dein Biobuch und Lexika.

Arbeitsblatt der Projektgruppe uni&schule, Heinrich-Heine-Universität Düsseldorf

Interaktive Arbeitsblätter – die zweite Variante – sind noch sehr wenig verbreitet. Meistens handelt es sich mehr um spielerische Wissensabfragen, etwa in Form von Kreuzwort- oder Rebusrätseln. Beispiele hierfür sind die folgenden beiden Arbeitsblätter. Diese interaktiven Abfragen wurden mit dem Programm „Hot Potatoes" erstellt (s. Kapitel 14. S. 137).

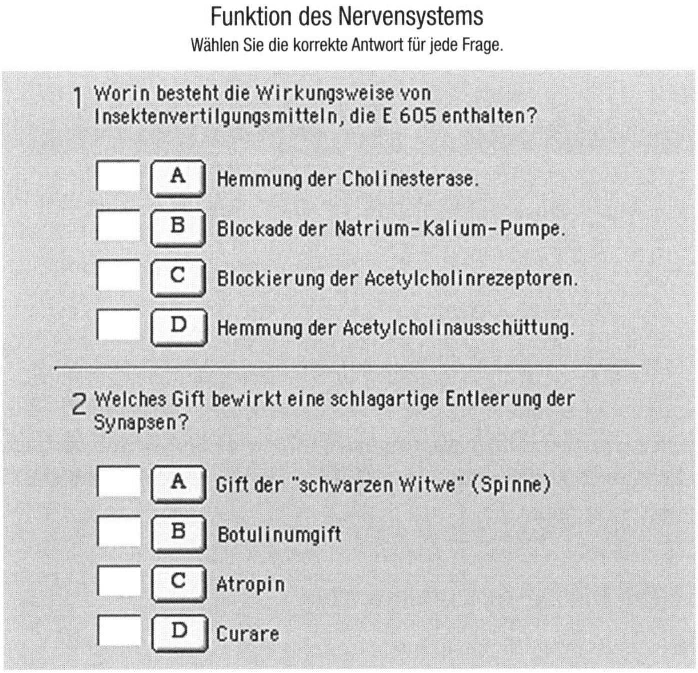
Funktion des Nervensystems
Wählen Sie die korrekte Antwort für jede Frage.

1 Worin besteht die Wirkungsweise von Insektenvertilgungsmitteln, die E 605 enthalten?

A Hemmung der Cholinesterase.
B Blockade der Natrium-Kalium-Pumpe.
C Blockierung der Acetylcholinrezeptoren.
D Hemmung der Acetylcholinausschüttung.

2 Welches Gift bewirkt eine schlagartige Entleerung der Synapsen?

A Gift der "schwarzen Witwe" (Spinne)
B Botulinumgift
C Atropin
D Curare

Abfrage aus dem Projekt „Moleküle beeinflussen unser Nervensystem" von C. van den Berg, Heinrich-Heine-Universität Düsseldorf

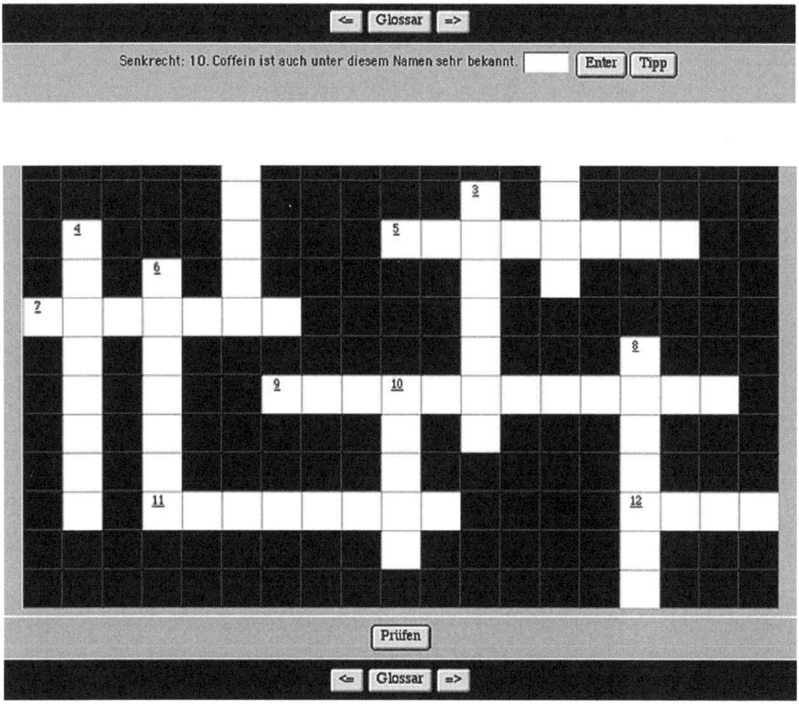

Abfrage als Kreuzworträtsel aus dem Projekt „Moleküle beeinflussen unser Nervensystem" von C. van den Berg, Heinrich-Heine-Universität Düsseldorf

Interaktive Arbeitsblätter können auch ähnlich wie Aufbausätze gestaltet sein. In solchen, hauptsächlich der Wiederholung von Gelerntem und dem Test des Lernerfolgs dienenden „Baukästen" zieht man per „drag and drop" Beschriftungen an Ort und Stelle, Organe in die richtige Position im Körper, Nahrungsmittel in die Nahrungspyramide, Mitosestadien in die richtige Abfolge usw. Auf Abfrage erhält man dann ein Feedback über die Richtigkeit der gelösten Aufgabe.

Elektronische Bücher und Bibliotheken

Computerfassungen von Büchern haben nur einen praktischen Vorteil: Man kann Suchfunktionen einbauen, die automatisch zu den Seiten mit dem entsprechenden Stichwort führen. Dadurch erübrigt sich das Blättern im Buch.

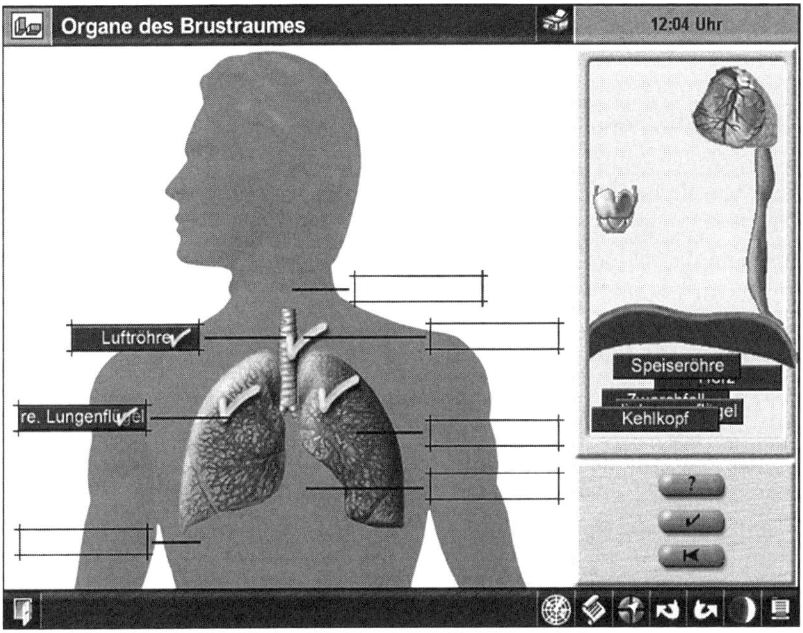

Baukasten aus der CD-ROM „Klett Mediothek Menschenkunde I“

Weitere Vorteile gegenüber dem gedruckten Buch ergeben sich durch die mögliche Erweiterung und Ergänzung der Inhalte, z. B., indem man eine ursprüngliche Schwarz-Weiß-Fassung elektronisch mit Farbbildern ausstattet.

„Botanik online“

Ein gutes Beispiel für ein inzwischen in jeder Beziehung ausgebautes Online-Buch ist „Botanik online“ von Peter von Sengbusch (Universität Hamburg, Adresse s. u.).

Aus der Beschreibung des Projekts:

„... Ausgangspunkt ist das Lehrbuch Botanik von Peter von Sengbusch. Erweitert wurde es um Hunderte von Abbildungen und neugestaltete Grafiken - (fast) alles in Farbe. Aus diesem Grund gibt es keine gedruckte Version mehr und damit auch keine fixierten Auflagen. Der Themenkreis des ursprünglichen Buches kann jederzeit verändert oder ergänzt werden, und zwar von allen, die etwas dazu beitragen möchten: Botaniker, Biowissenschaftler, Informatiker, Lehrende, Lernende ... Dieses Projekt lebt vom Mitmachen ! (...) Der Inhalt wurde in eine

WWW-gerechte Form gebracht. Zur Formatierung wurden Elemente des HTML3-Standards genutzt; zum Betrachten werden Browser wie Netscape 4.5 oder höher empfohlen (Java-fähig, Chime als Plug-in)."

Dieses „Buch" kann man nach Texten, Abbildungen, Tabellen und anderem mehr durchsuchen. Aber es ist auch kein Buch im eigentlichen Sinne mehr, sondern ein Projekt, das für Projektarbeit eingesetzt werden kann (z. B. um das Recherchieren zu lernen). Die Inhalte sind für Studierende gedacht und weniger für Schüler geeignet, weil sie nicht weit genug vereinfacht sind und durch die Detailfülle zu Verwirrungen führen.

Elektronische Bücher und Bibliotheken im Unterricht

Das Lesen am Bildschirm ermüdet die Augen schneller als das Lesen im Buch. Und es gibt Nachweise, dass das Lesen am Bildschirm im Prinzip langsamer funktioniert als das Lesen eines auf Papier gedruckten Textes. Diese Nachteile relativieren die oben genannten Vorteile wieder. Dazu kommt die Tatsache, dass ein Computer nicht immer und überall zur Verfügung steht. Elektronisch gespeicherte Bücher setzen aber immer das Vorhandensein eines Computers voraus. Schnelles Nachschlagen ist auch immer nur dann möglich, wenn der Computer betriebsbereit ist und nicht erst „hochgefahren" werden muss.
Fazit: Elektronisch gespeicherte Bücher sind für die Nutzung in der Schule im normalen Unterricht nur bedingt einsetzbar und nicht besonders empfehlenswert.
Anders verhält es sich bei Sonderaufgaben, beispielsweise der Projektarbeit oder beim „Lernen an Stationen". Hier können elektronische Bibliotheken Leistungen bieten, die in der gleichen Form mit gedruckten Büchern nur sehr mühsam oder gar nicht möglich wären.
Integriert man beispielsweise in einem fächerübergreifenden Projekt zum Thema „Hefe" auch den Deutschunterricht, so lassen sich in einer Online-Bibliothek (z. B. www.gutenberg2000.de) Literaturstellen zum Begriff „Hefe" mit einem Griff suchen. Auf diese Weise können zum Beispiel die übertragenen Bedeutungen dieses Begriffs in der deutschen Literatur herausgearbeitet werden: „... die Hefe des Volkes", Karl Marx; „... wenn unsere Hefe gesunken sei ...", Hölderlin; „... hoch über der Hefe des Pöbels ...," J. P. Siebenkäs. Dieses Beispiel – das sich auf viele andere Begriffe ausweiten ließe (s. „Natura 3a") – zeigt, dass mit einer Online-Bibliothek ganz anders gearbeitet werden kann als mit einer herkömmlichen. Selbstverständlich kann man Schüler auch dort in Stichwortregistern nach einem bestimmten Begriff

suchen lassen. Aber ich bezweifle, dass sich die Suche nach übertragenen Bedeutungen von biologischen Begriffen oder Ähnlichem so in angemessener Zeit bewältigen lässt.

Literatur und Software

Bickel, S. / Cibis, B. / Egerding, M. / Wedershoven, B.: Natura 3a Schwerpunktvorhaben, Biologie für NRW. Klett, Stuttgart 2000
Eschenhagen, D. / Kattmann, U. / Rodi, D.: Fachdidaktik Biologie. Aulis Verlag Deubner, 4. Aufl. Köln 1998
Kammerl, R.: Computerunterstütztes Lernen. Oldenbourg Verlag, München 2000

CD-ROMs und Internetadressen

Klett Mediothek Menschenkunde I und II (Sek. I), Klett, Stuttgart
Klett Mediothek Zelluläre Phänomene (Sek. II), Klett, Stuttgart
Natura – Aufgabensammlung Biologie 1 (Sek. II), Klett, Stuttgart

Internetprojekte der Heinrich-Heine-Universität Düsseldorf: www.uni-duesseldorf.de/MathNat/Biologie/Didaktik/de/projekte/ start.html
Die Projekte „Unsere Nahrung macht uns stark“ (Sek. I) und „Überleben in Eis und Schnee“ (Sek. I u. II), Düsseldorf 2000/2001, sind auch auf CD-ROM zu beziehen über die genannte Internetseite des Instituts für Didaktik der Biologie (Link: Bestellformular).
Botanik-Online: www.biologie.uni-hamburg.de/b-online/d00/inhalt.htm

Informationsrecherchen im Internet

Susanne Bickel-Sandkötter und Martin Lindner-Effland

10 Technik der Internetnutzung

Wie funktioniert das Internet?

Es gibt nicht *das* Internet (kurz: Web), sondern eine gigantische Anzahl an Computernetzwerken, die miteinander verbunden sind und miteinander kommunizieren können. Die austauschbaren Daten werden auf Rechnern mit großer Speicherkapazität und schnellen Zugriffsmöglichkeiten (Server) bereitgestellt. Ein Benutzer kann mit seinem Anwendungsprogramm, dem Webclient oder auch Webbrowser (z. B. Netscape Navigator, Internet Explorer, Opera) auf diese Informationen zugreifen, wenn er die Internetadresse (URL) anwählt, unter der der Webserver ansprechbar ist (Client-Server-Beziehung).

Um eine weltweite Verständigung zu erreichen, entwickelte man in den 1990er-Jahren eine standardisierte, plattformunabhängige Sprache, das HTML (Hypertext Markup Language). Diese Sprache kann durch das HTTP (Hypertext Transfer Protocol) auf jeden Rechner übertragen werden. Bis heute ist das WWW-Consortium W3C, das 1994 als Standardisierungs- und Koordinierungsgremium für das Web eingesetzt wurde, fortwährend bemüht, die Ergebnisse des „Browser-Kriegs", d. h. der jeweils eigenmächtigen Weiterentwicklung des HTML durch Microsoft auf der einen Seite und Netscape Communication Corp. auf der anderen, im Zaum zu halten. Das W3C wird finanziert vom amerikanischen Verteidigungsministerium und von einer europäischen Kommission, in der neben Bildungsinstitutionen öffentliche Einrichtungen und namhafte Unternehmen wie die Telekom vertreten sind.

Um am Internet teilnehmen zu können, benötigt jeder Rechner eine welt-

weit einmalige Kennung, die sog. IP-Adresse (IP = Internet Protokoll, s. u.). Dies ist eine 32-Bit-Nummer nach dem Muster a.b.c.d, wobei a, b, c und d jeweils Werte zwischen 0 und 255 annehmen können.
Weil man sich Namen besser merken kann, werden diesen Zahlenfolgen Namens-Adressen zugeordnet (z. B. rz.uni-duesseldorf.de). Die Top Level Domain am Schluss bezeichnet dabei z. B. das Land, in dem der Rechner steht (.de = Deutschland, .it = Italien, .uk = United Kingdom) oder Organisationen und kommerzielle Anbieter (.edu = education, .org = organisaton, .com = commerce).
Ein Beispiel:

134 . 99 . 128 . 2 --------- = www.rz.uni-duesseldorf.de

Domain (uni duessel dorf)	Top Level Domain (z. B. de)	Subdomain (z. B. Rechenzentrum)	Rechnername (Router, Endrechner)

Die Adressierungen der Websites folgen ebenfalls einem einheitlichen Schema, dem URL (Uniform Ressource Locator). Eine Webadresse kann man erreichen, indem man die URL (z. B. www.lehrer-online.de) in das Eingabefeld des Webbrowser einträgt oder im „Hypertext" eingebettete (einprogrammierte) „Hyperlinks" (Verknüpfungen, kurz: Links) anklickt.
Ein Beispiel:

http://	www.biologie.uni-duesseldorf.de	/institute	/didaktik.html
Protokoll://	Serveradresse (Domain-Name)	/Pfad	/Ressource (Seite)

Tipps

- Achten Sie bitte bei der Angabe von URLs auf Groß- und Kleinschreibung, denn UNIX-Server unterscheiden diese.
- Verwenden Sie bei der Erstellung von Datei- und Verzeichnisnamen immer nur die Kleinschreibung, Sie ersparen sich damit unter Umständen bei Verwendung der Datei auf einem anderen Betriebssystem und beim „Upload" auf den Server viel Ärger.

Neben dem World Wide Web (WWW) werden auch andere *Dienste* des Internets mit Hilfe von URLs bewerkstelligt, beispielsweise

- die Übertragung von Daten per E-Mail,
- das Lesen von News,
- der Datentransfer per FTP (File Transfer Protocol) zum „Upload“ von eigenen Internetseiten auf den Server oder „Download“ von Programmen oder Dateien auf den eigenen Rechner.

In den nachfolgenden Beispielen spezifiziert der Doppelpunkt das erforderliche Zugriffsprotokoll, d. h., er startet das Mailprogramm bzw. das News- oder File Transfer Protocol (FTP).

Beispiele:

- ftp:// ftp.uni-schule.de
  Über das File Transfer Protocol (FTP) kann man z. B. eine Website auf einen Server schicken (hier: der Server von „uni&schule“ des Vereins „Schulen ans Netz“).
- mailto:bickel@uni-duesseldorf.de
  Dieser Befehl öffnet ein Mailprogramm und schreibt die anhängende Adresse bereits in das Adressfenster.

Was benötige ich, um das Internet zu nutzen?

Um die Angebote des Internets nutzen zu können, brauche ich

- einen Rechner mit Modem oder ISDN-Karte,
- einen Telefon-, ISDN- oder DSL-Anschluss,
- einen Browser (Programm)
- und einen Internetprovider (Einwahlknoten).

Es gibt drei verschiedene technische Möglichkeiten, den Internetprovider zu erreichen, der die Verbindung zum Internet herstellt:

1. über ein Modem am Telefonanschluss eines analogen Telefons,
2. über ein ISDN-Modem an einem ISDN-Anschluss,
3. über einen DSL-Splitter und ein DSL-Modem an einem analogen oder digitalen (ISDN-)Anschluss.

1. Zugang über ein Modem

Heutige Modems bieten einen Datentransfer von 56 000 bit/s an. (Ein „Bit“ ist die kleinste Darstellungseinheit im Dualsystem. Es kann die Werte 0 oder

1 annehmen entsprechend den Zuständen „Spannung an", „Spannung aus". Das Wort „Modem" ist aus der Zusammenziehung der beiden Begriffe Modulator und Demodulator entstanden. Es wird benötigt, um digitale Signale eines Computers in analoge zu konvertieren. Diese werden dann über die Telefonleitung übertragen und vom Empfängermodem wieder dekodiert und auf dessen Rechner gespielt.
Die wirkliche Übertragungsrate hängt hier also von der Qualität der jeweiligen Telefonverbindung ab. Außerdem kann man nicht gleichzeitig über ein und dieselbe Leitung telefonieren und im Internet surfen.

2. Zugang über einen ISDN-Anschluss

Bei einem ISDN-Anschluss können zwei Geräte (wie z. B. Telefon, Fax und Computermodem) gleichzeitig genutzt werden. Im Vergleich zu herkömmlichen Modems hat ISDN (Integrated Services Digital Network) eine wesentlich höhere Übertragungsgeschwindigkeit. Da es sich um eine ausschließlich digitale Datenübertragung handelt, entfällt die Modulierung (Analogisierung) und Demodulierung (Digitalisierung) über das Modem. Das bedeutet, Daten können direkt vom Computer digital übernommen und weitergeleitet werden. Das ISDN-Modem übersetzt das Computerprotokoll in das ISDN-Protokoll und umgekehrt. Der Anschluss des Rechners an das ISDN-Netz erfolgt mit einem ISDN-Modem (auch als Steckkarte) über den ISDN-Anschluss. Jedem ISDN-Teilnehmer stehen zwei Kanäle zur Verfügung, die parallel und unabhängig voneinander genutzt werden können. Ein ISDN-Anschluss überträgt Dateien mit 64 000 bit/s bzw. 128 000 bit/s (beide Kanäle parallel), außerdem liegt die Zeit für den Verbindungsaufbau in der Regel unter einer Sekunde.

3. Zugang über DSL

Der Begriff „DSL" ist auf die ADSL-Technologie (Asymmetric Digital Subscriber Line = Asymmetrische digitale Anschlussleitung) zurückzuführen. Asymmetrisch, weil beim Herunterladen aus dem Netzwerk höhere Geschwindigkeiten erreicht werden als beim Heraufladen von Daten. DSL erlaubt eine wesentlich schnellere Datenübertragung über die herkömmlichen Kupferkabel des Telefonnetzes, weil die Bandbreiten für das Telefonieren und die Datenübertragung aus dem Internet getrennt werden. Hier wird also nicht alles über die maximale übliche Bandbreite von 3100 Hz für die Übertragung von Sprache geleitet, sodass wesentlich höhere Bandbreiten für die Datenübertragung bereitgestellt werden können.

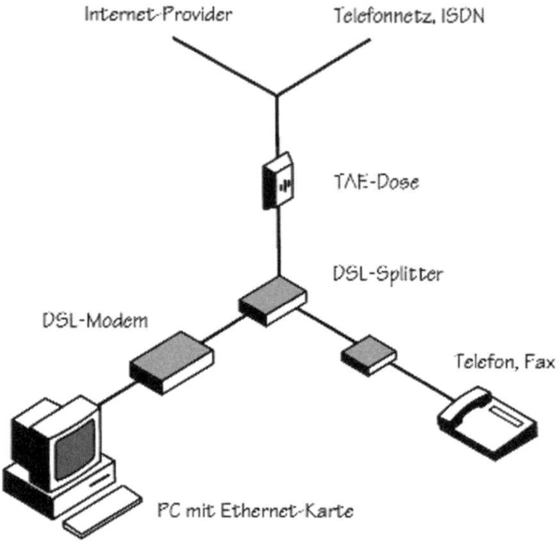

Anschluss per DSL (z. B. T-DSL) an das Telefonnetz (aus dem Heft „T-DSL, leicht gemacht …“ der Deutschen Telekom, verändert)

Ein kleines Gerät („Splitter“), das vor den für Telefon und Fax genutzten Endgeräten eingebaut wird, sorgt für die Trennung und Bündelung von Bandbreiten. Außerdem wird ein DSL-Modem mit Ethernet-Schnittstelle benötigt, das man an den PC anschließen oder als Steckkarte in den PC integrieren kann. Die Ethernet-Netzwerktechnologie wird üblicherweise für das Verbinden mehrerer Computer zu einem lokalen Netzwerk benutzt. Ethernet arbeitet im Festnetz mit einer Übertragungsgeschwindigkeit von 10 Mbit/s oder (neuere Netzwerke) 100 Mbit/s (Megabit pro Sekunde).
Mit der ADSL-Technologie erreicht man eine Übertragungsgeschwindigkeit von 768 Kbit/s für den „Download“ und 128 Kbit/s für den „Upload“ von Dateien (Telekom).

Der Internetprovider

Jede Verbindung zum Internet, unabhängig von der Art der Einwahl, läuft nur über einen Internetprovider. Dieser Provider ist ein Dienstleister, der den Server betreut, der Sie mit anderen Nutzern und anderen Netzwerken verbindet. Universitäten und andere nicht kommerzielle Betriebe gewähren ihren Angehörigen und Mitgliedern kostenlose Provider-Dienste. Vom

Heimcomputer aus fallen dann nur die Telefongebühren an. Bei den kommerziellen Betreibern gibt es ganz erhebliche Unterschiede in Leistungen und Kosten. Daher sollte man sich zunächst nach den Leistungen, z. B. der Geschwindigkeit des Datentransfers, erkundigen. Ihre DSL-Leitung nützt Ihnen im Zweifelsfall nichts, wenn der Provider diese Technik nicht unterstützt.

Tipps

- Überlegen Sie zunächst sehr genau, wie lange Sie durchschnittlich im Netz sein werden und zu welchem Zweck.
- Überlegen Sie auch, wie häufig Sie umfangreiche Datenmengen (Filmsequenzen, Programme, Musikstücke etc.) aus dem Netz herunterladen werden.
- Erst dann sollten Sie entscheiden, welchen Provider Sie aus der großen Anzahl der Angebote auswählen.

Populäre Provider sind z. B. www.msn.de, www.t-online.de, www.aol.com, www.arcor.de, www.freenet.de, www.gmx.de. Unter www.zum.de/internetkurs/ erhalten Sie eine gute Übersicht über Provider und deren Angebote.
Die Verbindung von Ihrem Rechner oder vom Schulrechner zum Provider wird über ein spezielles Protokoll, das TCP/IP (Transmission Control Protocol/Internet Protocol) bewerkstelligt. Wenn ein Rechner an ein Netzwerk angeschlossen werden soll, müssen die Verbindungsdaten in den zugehörigen Programmen eingetragen werden, sodass das Modem die Verbindung zum Provider herstellen kann.
TCP ist in der Lage, heterogene Netzwerke miteinander zu verbinden. Unix-, DOS-, Sun- und Mac-Rechner können Daten miteinander austauschen; außerdem bewältigt das TCP/IP die vier Standardanwendungen FTP, SMTP (Simple Mail Transport Protocol für E-Mail), Telnet (Terminalfernverbindungen) und Remote Login für die Rechnerfernbedienung.

Browser

Browser-Software benötigen Sie, um sich im Internet „umsehen“ (to browse) zu können. Die bekanntesten Browser sind Netscape Navigator und Microsoft Internet Explorer. Sowohl die Netscape Communication Corporation als auch der Medienriese Microsoft bringen pausenlos neue Versionen ihrer Internetbrowser mit immer mehr Optionen heraus und versuchen sich

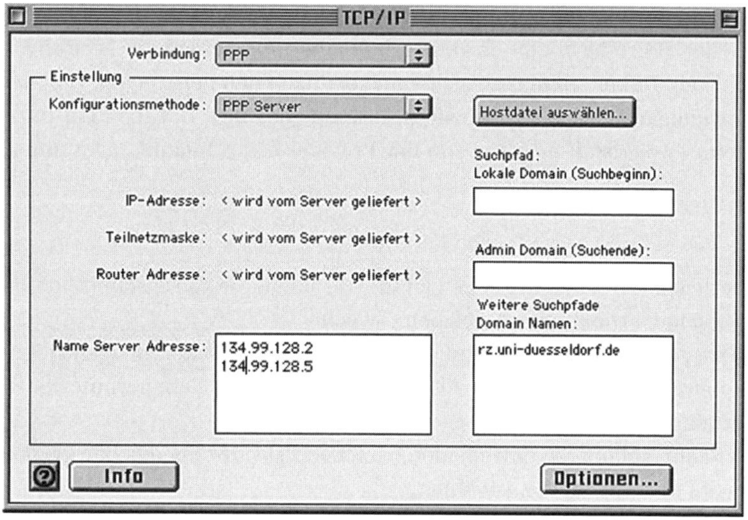

Das Fenster des Transmission Control Protokolls

damit gegenseitig den Rang abzulaufen. Beide Programme erhält man kostenlos im Internet, meist werden oder sind sie auf den neuen Computern vorinstalliert. Andere Entwicklungen wie „Opera" von Opera Software ASA (Norwegen) sind weit weniger bekannt. Die bekannten Browser beinhalten auch bereits Mail- und News-Programme. Für den Gebrauch in der Schule ist der Netscape Navigator besser geeignet als der Internet Explorer, da er eine einfach zu bedienende Editierhilfe für Internetseiten enthält. Wahrscheinlich werden nur ausgesprochene HTML-Freaks unter den Schülern und Kollegen ihre Internetseiten wirklich per Hand im Word-Pad programmieren wollen (s. Kapitel 17).

Welche Kosten fallen für die Internetnutzung an?

Kosten fallen zum einen für die Einrichtung des Internetanschlusses sowie für Modem oder Netzkarte an, zum anderen sind laufende monatliche Kosten für die Bereitstellung des Zuganges fällig. Dazu kommen die Telefon-Anwahlkosten zum Provider. Alternativ zu der Bezahlung von Minutenpreisen kann man eine „Flat-Rate" wählen, d. h. eine festliegende monatliche Gebühr, die einen zeitlich oder auch mengenmäßig unbegrenzten Zugang ermöglicht.

Es ist sinnvoll, sich hierzu den Rat von Kollegen oder Schülern einzuholen und auch die Kosten von Zeit zu Zeit zu überprüfen. Besonders kostentreibend wirken sich lange Übertragungszeiten beim „Download" von Computerprogrammen, Musikstücken oder Filmen aus. Für die übliche Informationssuche und die E-Mail-Kommunikation reichen meist die niedrigsten Raten der Anbieter aus. Günstig ist die Kombination von DSL-Anschluss und Flat-Rate, wenn man sehr häufig im Internet ist und größere Datenmengen überträgt. Bei der Planung umfangreicher Recherchen und/oder eigener Internetprojekte sollte man die Flat-Rate also in Betracht ziehen. Für Schulen gibt es häufig spezielle Angebote, wodurch sich die Kosten stark reduzieren lassen.

Was bietet das Internet?

Information

Wer im Internet nach Informationen sucht, beginnt meist mit einer Suchmaschine, die häufig im Startfenster des verwendeten Browsers bereits enthalten ist. Empfehlenswerter sind spezielle Suchmaschinen wie „Google" oder sog. Metasuchmaschinen wie „MetaGer", da sie einen umfangreicheren Zugriff und eine Vorsortierung anbieten. Zu allgemeine Suchbegriffe ergeben dabei aber eine derartige Vielzahl an Fundstellen, dass sie sich kaum bewältigen lassen. Gute Suchmaschinen treffen deshalb eine Vorauswahl nach Aktualität, Übereinstimmung und Erreichbarkeit.
Es ist auf jeden Fall empfehlenswert, die Suchanfrage möglichst genau zu formulieren und mehrere Begriffe gemeinsam einzugeben. Gibt man beispielsweise bei Google (www.google.de) den Suchbegriff „Biologie" ein, liegt das Ergebnis bei über einer Million Websites. Gibt man aber „Biologie Software" ein und schränkt die Suche auf „Seiten aus Deutschland" ein, liegt die Zahl der Treffer schon sehr viel niedriger.
Websites, die man im Internet ansteuert, sind heute fast alle kostenlos einzusehen; als Ausgleich dafür sind bei kommerziellen Anbietern Werbebotschaften jedweder Art enthalten. Auf den Websites sind Hyperlinks (kurz: Links) angebracht, die wiederum eine Verbindung zu anderen Informationen des Anbieters bzw. anderen Anbietern im Internet herstellen.

Tipps

- Es ist äußerst sinnvoll, vor dem Aktivieren von „Links" mit der rechten Maustaste zu klicken und den Menüpunkt „In neuem Fenster öffnen" zu verwenden. Sonst verliert man beim Surfen im Internet schnell den Überblick. Beim Mac öffnet man neue Fenster mit der Apfeltaste (Befehlstaste) und dem Mausklick. Neue Fenster kann man wieder schließen, wenn man sie nicht mehr benötigt.

- „Cookies“, kleine cgi- oder Java-Skripte, die beim Besuch mancher Websites auf dem eigenen Rechner gespeichert werden, sind geeignet, den Besucher auszuspionieren und sollten regelmäßig gelöscht werden.

Bei der Suche nach Informationen sollte man sich darüber im Klaren sein, dass viele Informationen im Internet kommerzieller Natur sind. Der Zugang zu ungefilterten Originalquellen ist auf diesem Wege nur sehr eingeschränkt möglich. Bei nicht kommerziellen Seiten hingegen ist die Aktualität oft nicht gegeben und Websites, die nicht regelmäßig gepflegt werden, können sehr verwirren.
Eine Hilfe bieten die *Bildungsserver,* deren Pflege von Landes- und Bundesministerien finanziert wird. Auch die Websites von Universitäten werden meist gut gepflegt und bieten zuverlässige Informationen.
Der Zugang zu speziellen *Expertenseiten* ist oft gebührenpflichtig. Solche Datenbanken, die regelmäßig aktualisiert, von Experten überprüft und gewartet werden, sind allerdings auch für den Schulgebrauch kaum tauglich, da die Informationen zu speziell und meist auch nur auf Englisch dargestellt sind.

Kommunikation

Kommuniziert wird im Internet vor allem über E-Mails, seltener durch sog. „Chatten“ (Plaudern), einer Art Online-Unterhaltung über Tastatur und Bildschirm.
Für die Kommunikation per E-Mail benötigt man ein E-Mail-Programm, z. B. von T-Online, Netscape, Microsoft (Outlook), AOL oder GMX. Diese Programme sind häufig kostenfrei (wie GMX-Mail-Software, die aus dem Internet heruntergeladen werden kann). Die Anbieter kostenloser E-Mail-Programme verdienen jedoch daran, dass die Benutzer mit Werbung geradezu überhäuft werden.
Kostengünstige Provider wie „web.de“ und „gmx.net“ bieten die Möglichkeit des „Webzugriffs“ (man bekommt Zugriff auf seine Mails auf dem Server, aber das Herunterladen der Mails auf den eigenen Rechner ist nicht vorgesehen). Das bedeutet, dass man beim Lesen und Schreiben häufig mit dem Internet verbunden ist – und das kann teuer werden. Außerdem ist es

wichtig, sich genau anzusehen, wie lange ein solcher Provider die E-Mails speichert, sonst sind sie eventuell verloren, bevor sie gelesen wurden. Von Vorteil ist die Benutzung eines „Webaccess“ vor allem, wenn Sie von einem fremden Rechner mit Internetzugang (z. B. in einem Internet-Café) Ihre Mails lesen möchten.

Für das Versenden und Empfangen von E-Mails benötigt man eine E-Mail-Adresse (Account), die durch den Provider vergeben wird. Ist diese Adresse eingerichtet, kann man über ein Passwort seinen E-Mail-Zugang öffnen und selbst E-Mails an andere Adressen verschicken. Man stellt in den vergangenen Jahren einen gewissen Verfall der Schreibkultur durch E-Mails fest. Die Rechtschreibung leidet mitunter sehr. Gerne spart man sich auch Tipparbeit mit Abkürzungen wie den *Emoticons,* Symbolen aus Schriftzeichen, die einen bestimmten Gesichtsausdruck darstellen (z. B. :-) = ich freue mich) oder mit *Akronymen* (z. B. NP = no problem).

Außerdem können an eine E-Mail weitere Dokumente angehängt werden. Auf diese Weise lassen sich Texte und Bilder über das Internet versenden. Bei einem langsamen Netzzugang (Modem) kann es allerdings manchmal recht lange dauern, bis Grafiken auf den Server hochgeladen worden sind.

Tipps

Für eine Datei, die 1 MB Speicherplatz benötigt, braucht man beim Herunterladen über das normale Telefonnetz mit Modem etwa zehn Minuten. (Sie wissen also, was Sie machen müssen, um Ihre Kollegen lahm zu legen!)

E-Mails können auch als Rundschreiben an mehrere Empfänger zugleich verschickt oder an neue Adressaten weitergeleitet werden. Eine Variante sind *Mailing-Listen,* über die angemeldete Teilnehmer einen themenbezogenen Informationsaustausch pflegen. Firmen oder Organisationen nutzen E-Mail-Verteiler auch für die regelmäßige Information ihrer Kunden, Mitglieder oder Interessenten per „Newsletter“.

Wichtig ist es, seinen E-Mail-Eingang mit einer gewissen Regelmäßigkeit zu kontrollieren, da sonst Nachrichten veralten oder der Posteingang so voll ist, dass keine neuen E-Mails angenommen werden.

Tipps

- Eine kurze Eingangsbestätigung oder auch ein Dank an den Absender einer E-Mail lässt sich schnell und einfach über die „Antworten“-Funktion verschicken.

- *Warnung:* Über die Anlagen von E-Mails (Attachments) werden die meisten Computerviren verbreitet. Öffnen Sie darum niemals einen Anhang, dessen Absender Sie nicht kennen. Es empfiehlt sich, solche E-Mails samt Anhang sofort zu löschen.
- Vorsicht auch bei sog. „Dialern“, das sind Programme, die man beim Surfen im Internet unbeabsichtigt herunterladen kann. Sie installieren sich vor der Internetverbindung und wählen automatisch teure 0190-Nummern an. Hiergegen empfiehlt sich eine 0190-Nummern-Sperre beim Telefonanbieter.

Um sich an die Kommunikation per E-Mail zu gewöhnen, empfiehlt es sich, seine Adresse Bekannten und Kollegen mitzuteilen. Auch kann es sinnvoll sein, sich in Rundmail-Verzeichnisse einzutragen (etwa bei Landesbildungsservern), von denen man dann regelmäßig E-Mails erhält. Bald möchte man die Vorteile der E-Mail-Kommunikation, den schnellen, zeitunabhängigen und kostengünstigen Informationsaustausch, nicht mehr missen.

Literatur

Grigoleit, F.: Internet im Unterricht. SmartBooks Publishing AG, CH-8802 Kilchberg 1999

Weingärtner, M.: Publizieren im World Wide Web. Regionales Rechenzentrum Niedersachsen (RRZN), 3. Aufl. Hannover 1993

Wimmers, R.: Lehrer-Kursbuch Internet. Cornelsen Scriptor, 3. Aufl. Berlin 2001

Britta Wedershoven

11 Geführte Internetrecherche am Beispiel Gentechnik (Sek. II)

Der vorliegende Unterrichtsvorschlag sieht die Nutzung des Internets als Recherchemedium zur Erarbeitung von verschiedenen Anwendungsbereichen der Gentechnik vor. Das Internet wird somit in die Phase der Erarbeitung fachspezifischer Inhalte integriert als ein Medium in didaktischem Sinne, also ein Inhalte vermittelnder Gegenstand.
Die Vermittlung von internetspezifischer Medienkompetenz erfolgt dabei über die konkrete Erarbeitung der fachlichen Themen („Huckepackverfahren"). Durch eine besondere Form der arbeitsteiligen Gruppenarbeit, das sog. Gruppenpuzzle, werden den Schülern neben fachlichen und medienpädagogischen Inhalten auch soziale Kompetenzen vermittelt. Da sich die *geführte Internetrecherche* über ein eigens hierzu eingerichtetes Intranet für die schulische Recherche besonders gut eignet, wird die Installierung eines solchen Intranets ausführlich beschrieben.

Didaktisches Konzept

In der hier dargestellten Form nimmt die Internetrecherche etwa sechs Doppelstunden in Anspruch. Sie baut auf eine Unterrichtsphase auf, in der die Grundlagen der Gentechnik erarbeitet wurden. Die Ziele der hier beschriebenen Unterrichtsreihe:
1. Fachbezogene Lernziele
Die Schüler vertiefen ihre Kenntnisse in verschiedenen Bereichen der angewandten Gentechnik. So kann man hier z. B. Themenfelder wie das Humangenomprojekt, Grüne Gentechnik, gentechnisch veränderte Lebensmittel und Gentherapie ausführlich erarbeiten lassen.
2. Medienbezogene Lernziele
Die Schüler sammeln Erfahrungen im praktischen Umgang mit dem Computer, lernen internetspezifische Anwendungssoftware (Browser, Suchmaschine) sowie Suchstrategien kennen und wenden diese zur Erarbeitung der fachlichen Inhalte an.
3. Soziale Lernziele
Durch die Arbeit in Kleingruppen entwickeln die Schüler ihre sozialen und kommunikativen Kompetenzen weiter, durch die Bildung von „Expertenteams" für ein Thema wird didaktische Kompetenz erlangt.

Vorteil des Internets: aktuell und vielfältig

Der Einsatz des Internets als didaktisches Medium ist in dieser Unterrichtsreihe sinnvoll, da es im Bereich der Gentechnik einen schnellen Zugang zu aktuellen Informationen ermöglicht. Der direkte Zugriff auf Daten von Forschungsinstituten und Universitäten sowie Biotechnologieunternehmen und Umwelt- und Verbraucherschutzorganisationen bietet den Schülern eine große Bandbreite an Informationsquellen. Printmedien können diese Aktualität und Vielfalt nicht ohne weiteres leisten. Im Vorfeld muss man sich als Lehrperson durch eine Vorrecherche vergewissern, ob der jeweilige Themenbereich tatsächlich ausführlich und fachlich fundiert im Internet vertreten ist. Allerdings ist eine Internetrecherche nicht für alle fachlichen Inhalte sinnvoll. Themen, die bereits auf wenigen Seiten des Schulbuchs didaktisch aufbereitet sind, eignen sich nicht für eine Online-Recherche – dies käme eher einer frustrierenden Beschäftigungstherapie der Schüler gleich. So ist es beispielsweise im Bereich der angewandten Genetik nicht sinnvoll, Grundlagen und Verfahrenstechniken der Gentechnik im Internet recherchieren zu lassen, da diese heute in jedem Schulbuch zu finden sind.

Auswahl der gentechnischen Anwendungsbereiche

Zu Beginn der Unterrichtsreihe stellt die Lehrperson den Schülern ihre in der Vorrecherche ausgewählten Themenbereiche der Gentechnik kurz vor und lässt diese Themen dann von Kleingruppen arbeitsteilig erarbeiten.
Folgende Gebiete der angewandten Gentechnik bieten sich zu Erarbeitung an, da sie sich sinnvoll im Internet recherchieren lassen:

1. Humangenomprojekt
2. Grüne Gentechnik
3. Gentechnisch veränderte Lebensmittel
4. Gentherapie

Bei den vier vorgeschlagenen Beispielen wird ein recht großes und vielfältiges Spektrum der Bereiche angewandter Gentechnik abgedeckt. Das Thema „Humangenomprojekt“ ist dem Bereich der Grundlagenforschung zuzuordnen, während die anderen drei Themen konkrete Anwendungsfelder im landwirtschaftlichen („Grüne Gentechnik“), biotechnologischen („gentechnisch veränderte Lebensmittel“) und medizinischen Bereich („Gentherapie“) darstellen.

Man muss bei der Auswahl der Themen darauf achten, dass diese inhaltlich nicht aufeinander aufbauen und somit unabhängig voneinander bearbeitet werden können. Dies ist im Hinblick auf die hier vorgeschlagene Unterrichtsmethode (Gruppenpuzzle) von großer Bedeutung.

Medienkompetenz im Huckepackverfahren

Bei der hier beschriebenen Unterrichtsreihe ist die Vermittlung von internetspezifischer Medienkompetenz *eines* der Lernziele, die Erarbeitung der biologischen Inhalte soll jedoch klar im Mittelpunkt stehen. Die hierbei erforderliche bzw. entstehende Medienkompetenz wird somit im „Huckepackverfahren“, also durch die Einbindung der Medien in Erarbeitung der fachlichen Inhalte, vermittelt. Ein ganz entscheidender Vorteil dieses Verfahrens liegt in der Förderung der Handlungsbereitschaft der Mädchen. Wie sich bei der Durchführung verschiedener Internetprojekte gezeigt hat, entwickeln die Mädchen bei diesem Verfahren große Arbeitsbereitschaft und weniger Berührungsängste gegenüber dem Medium als beim klassischen Informatikunterricht, da nicht die Technologie und ihre Beherrschung im Vordergrund stehen, sondern die Erarbeitung von fachlichen Inhalten mit Hilfe des neuen Mediums. Diese Erfahrung wird durch Projekte an der Universität Düsseldorf bestätigt. Auch hier wurden durch die im Vordergrund stehende Ermittlung und Bearbeitung von biologischen Inhalten besonders Studierende, die keinerlei Technierfahrung besaßen, gefördert.

Was tun gegen „Lost in Cyberspace“ und planloses Surfen?

Die Recherche im Internet erfordert grundlegende Kenntnisse und Fähigkeiten in Bezug auf die Benutzung dieses Mediums. So müssen die Schüler in der Lage sein, die benötigten Informationen aus großen Datenmengen zu selektieren, sie zu analysieren und zu interpretieren. Angesichts des vernetzten, bunten Informationsdschungels besteht hier leicht die Gefahr, dass die Schüler sich darin verirren. Durch planloses Suchen würden sie zum einen auf Kosten der Aneignung neuer Sachverhalte viel Zeit verlieren, zum anderen wären sie intensiven Frusterfahrungen ausgesetzt. Um dies zu vermeiden, sollten alle Schüler zu Beginn der Unterrichtsreihe grundlegende Kenntnisse über internetspezifische Anwendungsprogramme besitzen (z. B. Browser und Suchwerkzeuge), um diese effektiv anzuwenden.
Folgende Maßnahmen unterstützen eine erfolgreiche Online-Recherche:

1. Grundlegende Kenntnisse über Recherchetechniken im WWW sichern

Bevor man die Schüler in die Recherche schickt, sollte der Wissensstand im Kurs in Bezug auf die Internetkenntnisse ermittelt werden. Bei Bedarf findet eine kurze Wiederholung grundlegender Anwendungsregeln statt. Da sich erfahrungsgemäß immer eine Reihe von Schülern sehr gut im WWW auskennt, kann man durch die Bildung von Partnergruppen einen Erfahrungsaustausch zwischen den versierteren und den noch nicht so erfahrenen Schülern erreichen. Zusätzlich können die Schüler eine Piktogramm-Liste der Browser-Symbolleiste mit ihren Funktionen (s. Hildebrand, S. 38–39) sowie Erläuterungen zu weiteren Browser-Funktionen (Lesezeichen, Drucken, Suche) erhalten.

2. Fragenkatalog und Suchworte als Suchraster zusammenstellen

Die Gefahr des „Information-Overkills" durch die Konfrontation mit derart riesigen Datenmengen, wie man sie im WWW antrifft, ist bei Schülerinnen und Schülern groß, da sie gewöhnlich mit didaktisch reduziertem Informationsmaterial arbeiten. Daher sollten sie mit Hilfe eines bestimmten Suchrasters zielstrebig nach für sie relevanten Informationen suchen können. Zu diesem Zweck stellen die Schüler vor der Recherche in Kleingruppen jeweils einen Fragenkatalog auf, d. h., sie formulieren konkrete Fragen zu ihrem Themenbereich, die sie mit Hilfe des Internets beantworten wollen. Die Fragen haben die Funktion eines *Suchkriterienkatalogs,* der ihnen hilft, die Relevanz der gefundenen Informationen für ihr Thema schnell zu beurteilen. Zusätzlich notierten sie zu jeder Frage einige Suchworte für die Eingabe in die Suchmaschine.
Der Lehrperson geben diese Fragenkataloge zusätzlich einen Überblick über die Inhalte, die die Schüler erarbeiten möchten. Fehlen einige relevante Aspekte, können diese jetzt noch aufgenommen werden.

3. Geführte Internetrecherche: ein Intranet einrichten

Bei der geführten Internetrecherche wählt die Lehrperson in einer Vorrecherche bestimmte Websites zum Thema aus. Diese Daten der ausgewählten Seiten werden dann gespeichert und stehen den Schülern für die Recherche später zur Verfügung (s. u.). Die gespeicherte Datenmenge sollte jedoch so groß sein (im Gigabyte-Bereich), dass die Schüler nur bei gezielter Nutzung der Suchwerkzeuge an relevante Informationen gelangen können und somit trotz der Arbeit im Intranet die Erfahrung einer realistischen Online-Recherche machen.

Die Einrichtung eines Intranets ist aus verschiedenen Gründen der Internetrecherche vorzuziehen:

- Die Gefahr, dass sich die Schüler in der immensen Datenflut verlieren, wird eingeschränkt. So erhalten sie zu einem Suchwort nicht eine Liste von mehreren tausend Treffern, sondern eine überschaubare Anzahl, die aber dennoch selektives Vorgehen erfordert.
- Durch die Vorauswahl der Websites hat man als Lehrperson die Gewissheit, dass die Schüler nicht auf verfassungswidriges oder anderes ungeeignetes Material stoßen.
- Zudem ist die Trefferquote bei der Eingabe von „unsachlichen" Suchworten gleich null.
- Die Speicherung der Daten auf einem lokalen Server ermöglicht das prompte Laden der angeforderten Dokumente. Auf diese Weise umgeht man die internetspezifische Verzögerung, die sehr viel Geduld und Zeit erfordert.
- Arbeitet man ohne Intranet und lässt die Schüler online recherchieren, sollte man seiner Aufsichtspflicht nachkommen und die Seitenbesuche kontrollieren. Die Lehrperson muss den Schülern unmissverständlich klar machen, dass das Netz kein anonymer und vor allem kein rechtsfreier Ort ist und dass die Webbesuche von dritter Seite nachvollziehbar sind.

Einrichtung eines Intranets

Das Einrichten eines Intranets umfasst im Wesentlichen zwei Bereiche:

- das Herunterladen und Speichern der Inhalte aus dem WWW auf den Intranet-Server
- und das Bereitstellen dieser Inhalte für andere im Intranet vernetzte Computer (Clients).

Für beide Bereiche gibt es kostenfreie Software im Internet. Die folgende Beschreibung bezieht sich auf eine Standard-Installation von Microsoft Windows. Die beschriebenen „Tools" gibt es aber in gleicher oder ähnlicher Form auch für Linux sowie Mac OS 9 und OS 10.

Herunterladen und Speichern der Inhalte

Für Einrichtung eines Intranets eignet sich das freie Werkzeug HTTrack (Free Software Foundation, Boston) hervorragend. Die Software findet sich unter www.httrack.com.

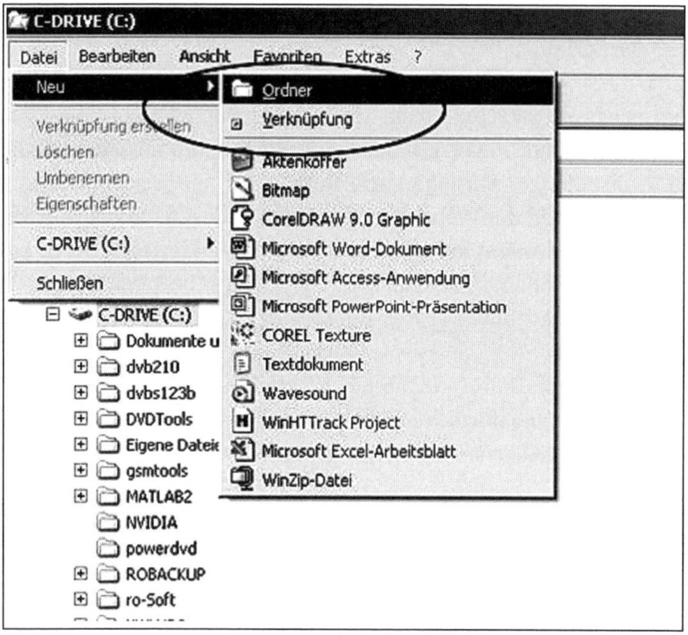

Einrichtung des www-Ordners

1. Intranet-Verzeichnis einrichten

Zunächst wird mit dem Windows-Explorer ein neues Verzeichnis auf der Festplatte eingerichtet, das die Websites lokal speichern soll. Dieses Verzeichnis wird im Folgenden c:\www genannt. Dazu öffnen Sie im Explorer das Menü „Datei/Neu“ und wählen den Eintrag „Ordner“. Anschließend tragen Sie den neuen Namen des Ordners ein, aus „Neuer Ordner“ wird also „www“.

2. Website-Kopierer installieren

Das Programm HTTrack können Sie unter der angegebenen Adresse in der Version als EXE-Datei herunterladen und auf dem Rechner durch einen Doppelklick installieren. Es erscheint das Download-Fenster.

Die Fragen zur Installation beantworten Sie entsprechend den lokalen Gegebenheiten. Anschließend findet sich im Startmenü ein Eintrag zum Programm „WinHTTrack Website Copier“. Mit diesem Eintrag kann das Programm gestartet werden und es erscheint die Begrüßungsseite.

Download-Fenster von „WinHTTrack“

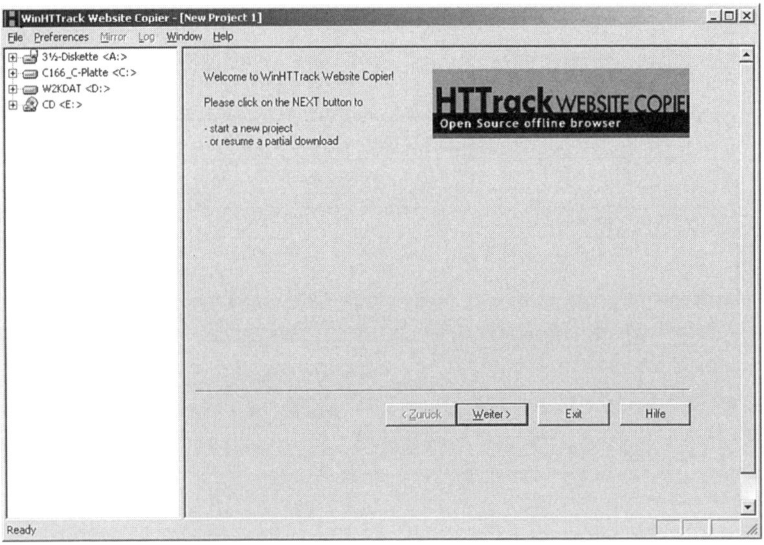

Begrüßungsseite von „WinHTTrack“

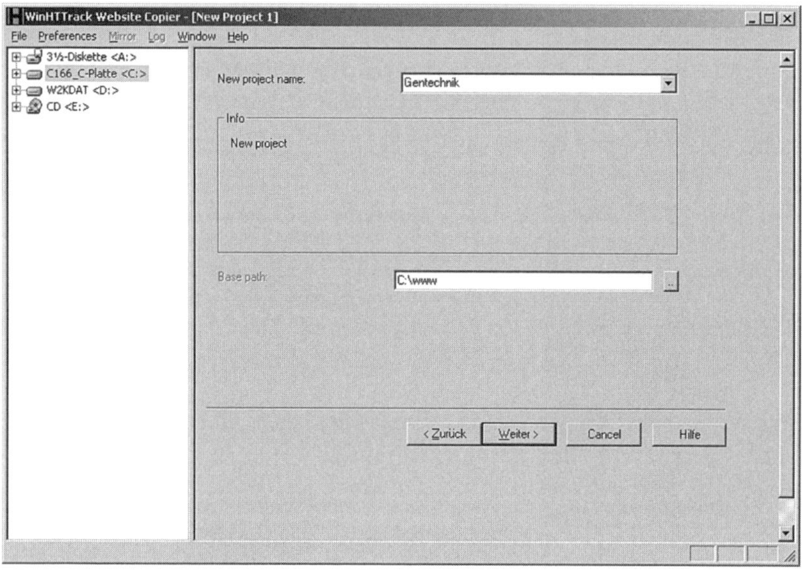

Projektseite von „WinHTTrack“

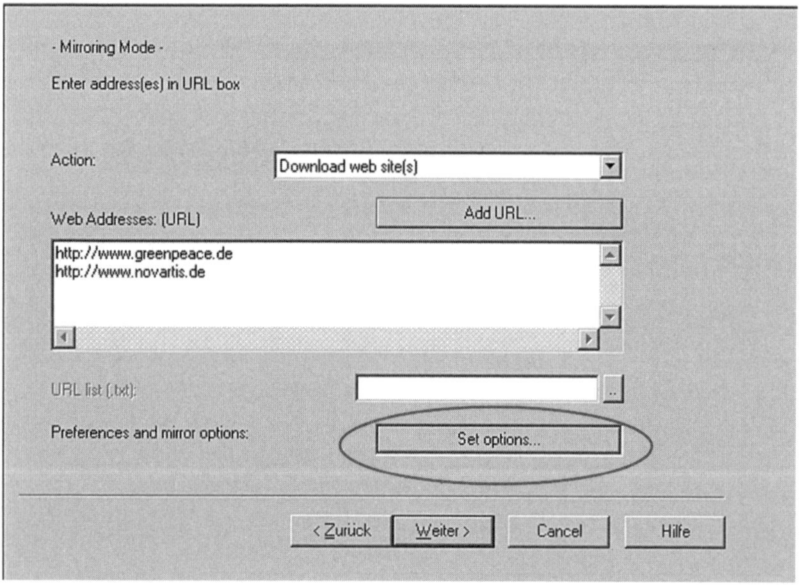

Zentrale Konfigurationsseite – sehr wichtig der Button „Set options“.

Nach einem Klick auf den Button „Weiter“ erscheint die Projektseite. Hier können Sie einen Namen für das Rechercheprojekt vergeben (Beispiel: Gentechnik). Im Feld „Base Path“ tragen Sie den Namen des eben erstellten Verzeichnisses ein, in dem die Inhalte abgelegt werden sollen.

3. Ausgewählte URLs eintragen

Nach erneutem Klick auf „Weiter“ erscheint die zentrale Konfigurationsseite. Hier können die URLs, also die Adressen der Websites, eingetragen werden, die für das Projekt heruntergeladen werden sollen. Im Beispiel wurden zwei Adressen bereits eingetragen (s. die Abbildung S. 108 unten). Mit einem Klick auf den Button „Add URL“ kann man weitere Adressen der Liste hinzufügen. Sehr wichtig sind die Einstellungen, die sich hinter dem Button „Set options“ verbergen. Es erscheint ein Konfigurationsmenü, in dem einige wichtige Parameter eingestellt werden können.

4. Die Rekursionstiefe bestimmen und den Server verlassen

Besonders wichtig ist auch der Karteireiter „Limits“. Hier kann eine maximale Rekursionstiefe (maximum mirroring depth) vorgegeben werden, bis zu der das Programm die Website herunterladen soll. Es ist zu beachten,

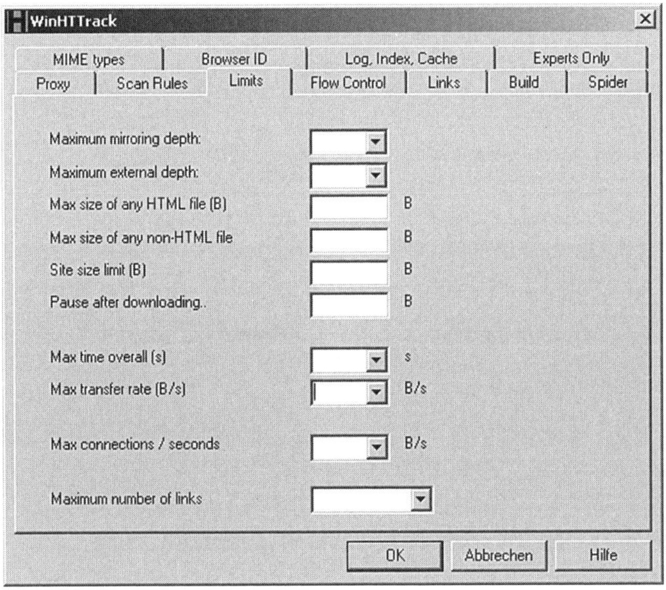

Im Karteireiter „Limits“ stellt man die maximale Rekursionstiefe ein.

dass das Datenvolumen und auch die Dauer des Herunterladens exponentiell mit der Rekursionstiefe ansteigt. Aus diesem Grund wird empfohlen, mit kleinen Werten anzufangen und gegebenenfalls höhere Rekursionstiefen auszuprobieren.
Automatisch verlässt das Programm den Server, der die Daten beherbergt, nicht, d. h., es folgt keinen Links, die auf andere Server verweisen. Dieses Verhalten lässt sich mit dem Parameter „Maximum external depth" verändern. Diesen Parameter sollte man jedoch nur sehr vorsichtig verändern, weil sonst riesige Datenmengen aus dem Internet heruntergeladen werden.

5. Verbindung zum Internet auswählen und Dateien herunterladen
Wenn Sie diese Einstellungen mit „OK" bestätigen, erscheint die nächste Seite, mit der Sie die Verbindung zum Internet auswählen können. Alternativ können Sie die Verbindung auch zuvor manuell starten und diesen Menüpunkt mit „Weiter" überspringen.

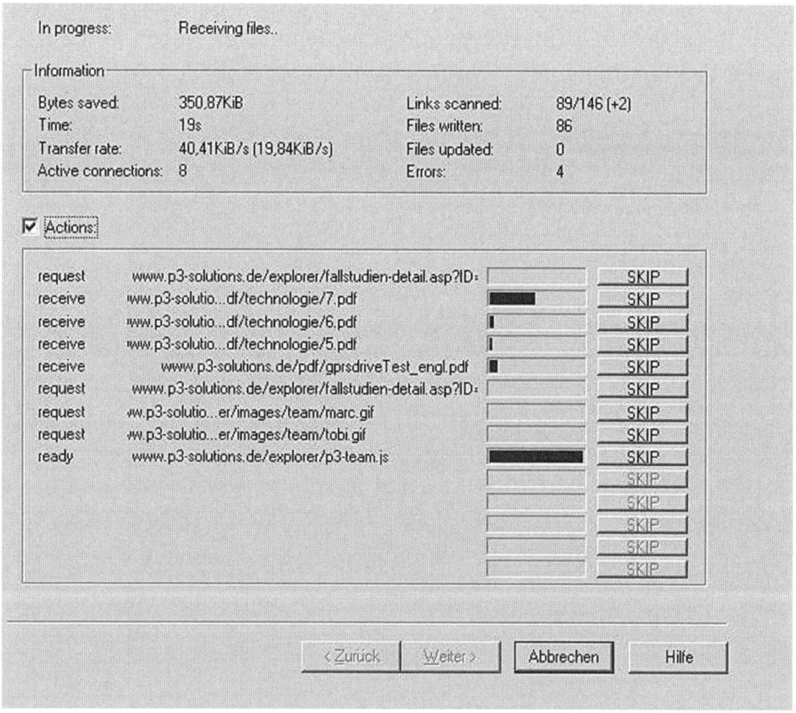

Download-Seite von „WinHTTrack"

Danach erscheint die eigentliche Download-Seite, auf der der aktuelle Fortschritt sowie die bisher benötigte Zeit angezeigt wird. Abhängig von der Zahl der Websites sowie von der Rekursionstiefe und der verwendeten Anbindung an das Internet kann dieser Vorgang wenige Minuten bis zu einigen Stunden dauern.
Nach Abschluss der Downloads schreibt HTTrack eine Startdatei mit dem Namen „Index.html" in das Verzeichnis c:\www, die sich mit einem Browser direkt öffnen lässt. Dazu gibt man als Adresse im Browser file:/ /c:\www\index.html an. Es erscheint eine Übersichtsseite, von der aus Sie durch die nun offline zur Verfügung stehenden Websites surfen können.
Falls die Inhalte auf einen anderen, nicht vernetzten Rechner transportiert werden sollen, bietet es sich an, den kompletten Ordner auf CD-ROM zu brennen.

Veröffentlichen im lokalen Intranet – einen Webserver einrichten

Damit die heruntergeladenen Inhalte im lokalen Netz anderen Computern zur Verfügung gestellt werden können, wird auf einem Rechner ein lokaler Webserver benötigt. Der Webserver Devwex eignet sich für die hier vorgestellte Aufgabe ideal, er kann für Windows und als Java-Programm für Mac und Linux unter www.seanox.de heruntergeladen werden.

1. Einstellungen anpassen

Nachdem das ZIP-Archiv entpackt wurde, findet sich im Ordner devwex/programs eine Datei „complete.ini", die an die lokalen Gegebenheiten angepasst werden muss. Die fett gedruckten Felder ADDRESS und DOCROOT (s. S. 112) sind dabei wichtig, denn hier müssen die Einstellungen vorgenommen werden:

Die Zahlenfolge 127.0.0.1, die bei ADDRESS voreingestellt ist, muss ausgetauscht werden gegen die IP-Adresse des lokalen Rechners, von dem aus die Inhalte des Intranets verteilt werden sollen. Diese IP-Adresse können Sie finden, indem Sie eine DOS-Eingabeaufforderung (bzw. DOS-Box) öffnen und den Befehl „ipconfig" eingeben. Als Ausgabe erhalten Sie unter anderem die für diesen Rechner gültige Adresse.
In das Feld DOCROOT wird der Pfad zu dem Verzeichnis angegeben, in dem die Web-Dokumente liegen, also wie oben vorgeschlagen z. B. c:\www. Wenn die Daten von einer CD-ROM kommen, kann hier der Pfad zum CD-ROM-Laufwerk eingestellt werden. Wichtig: In dieser Datei müssen die norma-

```
[SEANOX DEVWEX DEVELOPING WEBSERVER EXTENDED]
[BASEOPTIONS]
;allgemeine Konfiguration zur Administration
  REMOTEADDRESS        = 127.0.0.1
;Serveradresse zur Administration
  REMOTEPORT           = 25000
;Serverport zur Administration

  EMAIL                = service@seanox.de
;Email des Administrators

[SERVER:1:BAS]
;allgemeine Konfiguration des Servers
  ADDRESS              = 127.0.0.1
;die lokale Adresse des Servers [AUTO, LOCALHOST, IP, NAME]
  PORT                 = 80
;der lokale Port des Servers

  MAXACCESS            = 100
;maximale Anzahl der gleichzeitigen Sessions (100)
  BLOCKSIZE            = 65535
 ;die Grösse in der die Datenblöcke verarbeitet werden (65535)

  INTERRUPT            = 10
;Unterbrechungsdauer für Systemprozesse in Millisekunden (10)
  TIMEOUT              = 500000
 ;Timeout für Datentransfers in Millisekunden
  METHODS              = GET, POST, HEAD, PUT, DELETE
;Methoden die der Server verarbeiten darf
  ;COMMAND             = command.cmd [C]
;Prozess der mit der Session gestartet wird

  ACCESSLOG            = ../program/access.log
;Logdatei der Zugriffe (leer StdIo)

  DOCROOT              = ../documents
;Pfad der Web Dokumente
  SYSROOT              = ../system
;Pfad für System

  INDEX                = ON
;Option Indexservice für Verzeichnisse [ON, OFF]

  MIMETYPE             = application/octet-stream
;Standard Mimetype, wenn dieser nicht ermittelt werden kann
  DEFAULT              = index.htm, index.html, default.htm,
  index.php              default.html
```

Datei „complete.ini“

lerweise in Windows verwendeten Schrägstriche „\" durch „/" ersetzt werden. In unserem Beispiel sähe der Eintrag für DOCROOT dann wie folgt aus:

DOCROOT = c:/www

;Pfad der Web Dokumente

2. Server starten

Wurden die Einstellungen richtig vorgenommen, kann der Server gestartet werden. Unter Windows öffnet man dazu eine MS-DOS-Eingabeaufforderung, wechselt mit den CD-Kommandos in das entsprechende Verzeichnis devwex/programs und startet den Server mit „devwex start". Danach kann man mit jedem Browser über http://adresse auf die Inhalte im Intranet zugreifen. Das gilt auch für alle Computer der Schule, die mit diesem Computer vernetzt sind.

Die Konfiguration für Mac und für Linux verläuft sehr ähnlich, allerdings muss in diesem Fall die Java-Version des Programms verwendet werden. Auch andere Webserver können eingesetzt werden, z. B. der Personal Webserver von Windows, der Internet Information Server von Microsoft oder der APACHE (Universität Illinois), den es auch für alle Plattformen gibt. Der APACHE ist sicher die aufwändigste, aber auch die flexibelste Lösung (www.apache.org).

Wenn es schon einen Webserver im Intranet gibt, können die Inhalte auch über diesen bestehenden Server nutzbar gemacht werden.

Methodisches Konzept: Gruppenpuzzle

Als „Gruppenpuzzle" oder „Puzzle-Methode" wird eine Form der Gruppenarbeit bezeichnet, bei der ein umfangreicheres Thema in mehrere Teilgebiete von ähnlichem Umfang aufgeteilt wird und alle Schüler für ein Teilgebiet verantwortlich sind. Nach einer arbeitsteiligen Erarbeitungsphase vermitteln die Schüler dieses Teilgebiet an die Mitschüler, die andere Bereiche erarbeitet haben. Jeder Schüler übernimmt für seinen Bereich die Vermittlerrolle. Dieser Prozess ist dem Zusammensetzen eines Puzzles ähnlich. Das Gruppenpuzzle ermöglicht sowohl die selbstständige Erarbeitung fachspezifischer Themen als auch die eigenverantwortliche Präsentation der Ergebnisse durch die Schüler. Hierbei wechseln sich Phasen autonomen Lernens mit arbeitsteiligen Gruppenarbeitsphasen ab. Diese Gruppenarbeitsphasen sind besonders im Hinblick auf die kontroverse Diskussion über die Nutzung der neuen Medien in der Schule wichtig. Oft hat man den Eindruck,

dass soziale Komponenten aus dem Lernprozess ausgeblendet werden und die Vorstellung eines isoliert-individuellen Lernens zugrunde liegt. Beim Gruppenpuzzle sind individuelle und soziale Lernphasen in angemessener Weise aufeinander bezogen. Durch das selbstständige Arbeiten der Schüler in Gruppen werden soziale und kooperative Kompetenzen wie z. B. Planungsfähigkeit, Arbeitsteilung, Kritikfähigkeit, Respekt und Verantwortungsgefühl gestärkt.
Die Lehrperson hat beim Gruppenpuzzle nicht die traditionelle Rolle des Wissensvermittlers, sondern organisiert die Lernerfahrung der Schüler durch genaue Arbeitsanleitungen. Ansonsten beschränkt sie sich darauf, die Schüler bei ihren Aufgaben zu unterstützen.
Empirische Untersuchungen zeigen, dass Qualität und Quantität des fachlichen Wissenszuwachses beim Gruppenpuzzle vergleichbar sind mit denen, die im lehrerzentrierten Unterricht erreicht werden.
Ebenso zeigen mit dem Gruppenpuzzle durchgeführte Unterrichtsreihen, dass diese Methode für die Schüler wie eine Motivationsstütze wirkt, da sie aufeinander angewiesen sind. Jeder Schüler muss sein Aufgabengebiet wirklich verstehen, um es an die anderen weitergeben zu können. Die Selbstständigkeit und Verantwortung für sich und andere wird meist vom Gros der Schüler sehr gut angenommen und steigert auch die Arbeitsmotivation schwächerer Schüler. Die Schüler arbeiten kooperativ zusammen, die leistungsstärkeren unterstützen die schwächeren in ihren Gruppen und sie teilen die Aufgaben untereinander so auf, dass sie diese in der verfügbaren Zeit erledigen können.

Die elementaren Phasen des Gruppenpuzzles (nach Frey-Eiling und Frey)

1. Phase: Sichtung und Vorbereitung des Lernmaterials durch den Lehrer
Die Lehrperson gliedert den Lernstoff in überschaubare, voneinander unabhängige Gebiete und stellt geeignete Lernmaterialien zur Verfügung. Für die hier vorgeschlagene Unterrichtsreihe recherchiert der Lehrer in dieser Phase selbst im Internet und macht den Schülern geeignete Internetseiten im Intranet verfügbar.

2. Phase: Bildung von Expertengruppen und Erarbeitung des Lernstoffes
Die Klasse bzw. der Kurs wird nun in zahlenmäßig etwa gleich starke Lerngruppen aufgeteilt. Jede Gruppe ist für einen Themenbereich zuständig. Die Schüler erarbeiten die Lerninhalte individuell und werden so zu Experten

in ihrem Bereich. Bei Bedarf können ausgewählte Seiten ausgedruckt werden und stehen den Schülern so auch zu Hause zur Verfügung.
Wenn nicht jedem Schüler für die Internetrecherche ein eigener Computer zur Verfügung steht, kann auch zu zweit oder auch zu dritt an einem PC gearbeitet werden. Dies hat den positiven Nebeneffekt, dass die weniger geübten Schüler ihre Berührungsängste im Hinblick auf den Computer leichter überwinden.
Zur Selbstkontrolle kann ein vom Lehrer im Vorfeld entworfener Fragebogen verteilt werden, mit dem die Schüler ihren Wissenszuwachs testen. Gibt man den Expertengruppen vor der Recherche den Freiraum, eigene Fragestellungen für die Recherche zu entwickeln (siehe der Abschnitt „Was tun gegen ‚Lost in Cyberspace' und planloses Surfen"), entfällt die Selbstkontrolle durch die vom Lehrer erstellten Fragen.

3. Phase: Expertenrunde
Die sog. Expertenrunde bietet die Möglichkeit, das autonom erarbeitete Wissen zu besprechen. Die Schüler treffen sich in Expertengruppen, erläutern ihr neu erworbenes Wissen mit eigenen Worten und beantworten sich gegenseitig offene Fragen. Dies ist nötig, damit die Schüler Sicherheit für die spätere Präsentation ihres Themengebietes bekommen. Bei Unklarheiten und Fragen, die innerhalb der Gruppe nicht geklärt werden können, kann an dieser Stelle der Lehrer helfen.

4. Phase: Didaktische Vorbereitung der Puzzlegruppen-Runde
Jede Gruppe plant gemeinsam, wie sie ihr Wissen am besten vermitteln kann. Die wichtigsten Inhalte sollten jetzt dokumentiert werden (z. B. auf einem Poster, einer Wandzeitung, einer Folie oder auch in einer PowerPoint-Präsentation). Diese Dokumentation dient als Präsentationshilfe für die nächste Runde. Eventuell formulieren die Expertengruppen Kontrollfragen, mit denen sie überprüfen wollen, ob die Mitschüler ihre Erläuterungen verstanden haben.

5. Phase: Unterrichtsrunde (Bildung der Puzzlegruppen)
Die Schüler bilden neue Gruppen, in denen es für alle Themenbereiche einen Experten gibt. Diese Gruppen werden Mosaik- oder auch Puzzlegruppen genannt. Reihum unterrichten nun alle Schüler, d. h., sie vermitteln als Experten den Mitgliedern der anderen Gruppen ihr vorbereitetes Thema. Jeder Schüler übernimmt also für kurze Zeit die Rolle des Lehrers und wird

somit zum unverzichtbaren Teil des Ganzen. Dieser „Unterricht" findet in allen Mosaikgruppen gleichzeitig statt. Die zuvor erstellte Dokumentation dient den Experten dabei als Orientierungshilfe und bietet den Zuhörern visuelle Unterstützung.

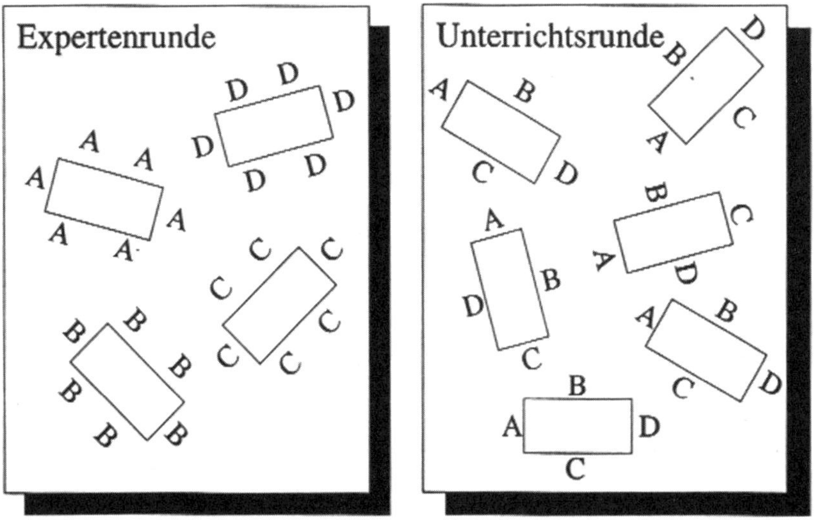

Prinzip der Puzzlemethode

6. Phase: Integration des neuen Wissens (erweitertes Konzept)
Nach der Unterrichtsrunde wird das neu erworbene Wissen über die verschiedenen Themengebiete durch ein gemeinsames Gespräch im Plenum gefestigt und zu einem Ganzen integriert. Nun kann ein fundierter Austausch über die Anwendungsbereiche der Gentechnik auf breiter Wissensbasis stattfinden.
Die mit diesen Bereichen verbundenen ethischen und moralischen Fragen können in der Gruppe thematisiert und diskutiert werden, sodass die Schüler am Ende dieser Unterrichtsreihe fundiert ihre Meinung vertreten können.

Übersicht über den Ablauf der Unterrichtsreihe

1. Phase *Lehrerrecherche im Internet:* Verfügbarmachen fundierter Websites zu den gewählten Aspekten der Gentechnik (Vorarbeit)

2. Phase *Einführung in die Themengebiete*
Bildung der Expertengruppen
Erstellen von Fragenkatalogen in den Expertengruppen
Internetrecherche: Erarbeitung der Themengebiete in den Expertengruppen
3. Phase *Expertenrunde:* Vertiefung und Sicherung des Themengebietes
4. Phase *Dokumentation* des Gelernten (z. B. Poster, Folie ...)
Formulieren von Kontrollfragen für die Mitschüler
5. Phase *Unterrichtsrunde:* Bildung von Mosaikgruppen
Schüler unterrichten sich gegenseitig
6. Phase *Diskussion im Plenum:* Integration der verschiedenen Themengebiete (u. U. schriftliche Übung)

Literatur und Internetadressen

Frey, K. / Frey-Eiling, A.: Puzzle-Unterricht in der Biologie. www.educeth.ethz.ch, 1999

Hildebrand, J.: Internet-Ratgeber für Lehrer. Aulis Verlag Deubner, 4. Aufl. Köln 1998

Perrochon, L.: School goes Internet: Das Buch für mutige Lehrerinnen und Lehrer. Verlag für digitale Technologie, Heidelberg 1996

Einige Internetadressen zum Thema Gentechnik

Auswertungs- und Informationsdienst für Ernährung, Landwirtschaft und Forsten (aid e. V.): www.aid-online.de
Bundesinstitut für gesundheitlichen Verbraucherschutz und Veterinärmedizin: www.bgvv.de
Deutsches Humangenomprojekt: www.dhgp.de
Einwahldienst ins deutsche Forschungsnetz: www.b.shuttle.de
Hoechst (deutsches Chemieunternehmen): www.hoechst.com
Max-Planck-Institut für Züchtungsforschung, Köln: www.mpiz-koeln.mpg.de
Novartis (schweizerischer Chemie- und Pharmakonzern): www.de.novartis.com
Robert Koch-Institut, Berlin: www.rki.de

Arbeiten mit Internetprojekten

Karsten Schillies

12 Das interaktive Internetprojekt „Unsere Nahrung macht uns stark“ (Sek. I)

Das interaktive und interdisziplinäre Internetprojekt „Unsere Nahrung macht uns stark“ (Adresse s. u.) ist ein Gemeinschaftsprojekt: Die technische und fachliche Entwicklungsarbeit fand an der Heinrich-Heine-Universität Düsseldorf im Rahmen der fachdidaktischen Ausbildung von Lehramtsanwärtern für das Fach Biologie statt. Weitere Entwicklungsarbeiten wurden in Zusammenarbeit mit dem Studienseminar für das Lehramt der Sekundarstufe II, Mönchengladbach, geleistet. Durchgeführt, dokumentiert und evaluiert wurde das Projekt in den Jahrgangsstufen 5 und 7 an der Hardenbergschule, einer Hauptschule in Velbert-Neviges. Das Projekt erhielt einen Sonderpreis für Technik vom Verein „Schüler ans Netz e. V.“.
Rein fachliche Informationen zum Thema „Ernährung“ führen erfahrungsgemäß zu keiner Umsetzung im Verhalten der Schülerinnen und Schüler. Daher sollte ein solches Thema in einen handlungsorientierten Projekt- oder Fachunterricht mit fächerübergreifenden Bezügen integriert werden.
Grundlage dieses Internetprojekts sind die nordrheinwestfälischen Biologie-Richtlinien der Sekundarstufe I, aus denen sich die fachlichen und gesundheitsprophylaktischen Aspekte ergeben. Der Computer und die Internetseiten werden im Gegensatz zu anderen Internetprojekten nur in einer Phase des Gesamtprojekts, die dem Informationserwerb und der Visualisierung von Fachinhalten dient, eingesetzt.
Im Folgenden werden Ziele, technische und didaktisch-methodische Grundlagen sowie Struktur und Inhalte des Projekts vorgestellt. Ein Bericht über die Durchführung des Gesamtprojekts an der Hardenbergschule stellt abschließend den Einsatz in der Praxis dar.

Ziele des Internetprojekts

Das Internetprojekt „Unsere Nahrung macht uns stark“ verfolgt zunächst folgende übergeordnete Ziele:

- fachlich informieren
- Verbindungen zu anderen Fächern schaffen:
  – Erdkunde: Anbau und Herkunft der Nahrungspflanzen
  – Kunst: Gemälde „Schlaraffenland“ und „Der Jungbrunnen“
  – Deutsch und Geschichte: Text zum Schlaraffenland, historische Informationen, Geschichte der Nahrungspflanzen
  – Sport: Bewegung und Energieumsatz
- mit Hilfe von animierten Modellen komplexe Zusammenhänge nachvollziehbarer gestalten, als dies mit einem Printmedium möglich ist
- die Medienkompetenz und den effektiven Umgang mit dem Internet bei Schülerinnen und Schülern der Sekundarstufe I erhöhen
- selbstständige und selbsttätige handlungsorientierte Aktivitäten der Schülerinnen und Schüler ermöglichen, d. h. Arbeitsschritte und Arbeitsergebnisse „erleben“ lassen

Didaktisch-methodische Aspekte des Projekts

In der Unterrichtspraxis hat sich deutlich gezeigt, dass die Einführung neuer Medien (z. B. Computer, Software, Internet) für Lernende und Lehrende auf rein technischer Ebene uneffektiv und wenig motivierend ist. Dagegen konnte sowohl im Studium und Referendariatsbereich als auch in der Schule nachgewiesen werden, dass das Arbeiten an einer fachlichen Problemstellung im sog. „Huckepackverfahren“ (s. Kapitel 1 und 11) zu einem ungezwungenen Kennenlernen neuer Technologien und ihrer Anwendungen führt.

Die für das Projekt nötigen computertechnischen Informationen reichen vom Einschalten des Computers über Grundkenntnisse im Umgang mit dem jeweiligen Betriebssystem und dem Arbeiten in einem Netzwerk bis hin zur Bedienung eines Browsers (s. S. 95). Diese technischen Themen werden bei diesem Verfahren nicht isoliert vermittelt, sondern ins „Schlepptau“ der Fachinhalte genommen und den Schülern im Rahmen des Internetprojekts praxisnah und handlungsorientiert vermittelt.

Die Arbeit sollte in Gruppen erfolgen, damit die Schüler sich gegenseitig auf den verschiedenen inhaltlichen und technischen Ebenen helfen können. Dies fordert, fördert und stärkt zugleich soziale Kompetenzen wie z. B. Teamfähigkeit und die Übernahme von Verantwortung. Die erfolgreiche Durchführung des Projekts ist daher entscheidend abhängig von der Zusammenstellung der Arbeitsplatzgruppen (Schüler, die gemeinsam an einem Computer arbeiten und sich in technischer Hinsicht ergänzen) und der Aufteilung in thematische Gruppen (Schüler, die zusammen einen Themenkreis bearbeiten).

Die besondere Interaktivität

Gerade beim Thema „Ernährung“ wird deutlich, dass ein Klicken auf Webseiten zum Lernen und Umsetzen des Gelernten keinesfalls genügt. Verhaltensänderungen in Richtung gesunde Ernährung lassen sich mit dem Computer genauso wenig erzwingen wie mit Büchern. Die Nutzung des Internetprojekts bietet sich daher als eine Phase im Rahmen des handlungsorientierten Fachunterrichts oder von Projekttagen an. Die neuen Medien dienen den Schülern zur Informationsbeschaffung, fordern aber gleichzeitig zum „Erleben“ der Arbeitsergebnisse im Sinne einer besonderen Interaktivität auf (s. Kapitel 2, S. 15 f.). Ein „Schlaraffenlandfrühstück“ und die zeichnerische Darstellung des „Schlaraffenlandes“ zu Beginn der Projekttage als auch das gemeinsame Einkaufen, Zubereiten und Verzehren der ausgewählten Speisen geben dem Lernen Erlebnischarakter und tragen damit zu seiner Nachhaltigkeit bei.
Das hier vorgestellte Projekt ist ein offenes Internetprojekt. Produkte, Ideen, Erfahrungen und neue Vorschläge, die bei der Durchführung entstehen, können durch eine Rückmeldung an die Autoren wieder ins Netz gestellt werden. Für die Schüler ist dies natürlich ein besonderer Anreiz, da ihre Arbeitsergebnisse nicht nur im Klassenraum bleiben, sondern so zur Fortführung und Erweiterung der bestehenden Inhalte beitragen (siehe Menüpunkt „Das Projekt“: „Schlaraffenlandbilder“ und „Dokumentation“).

Struktur und fachliche Details des Internetprojekts

a) Struktur

Das vorliegende Internetprojekt ist modulartig aufgebaut und besteht aus den drei Themenkreisen

- „Gesunde Ernährung“,
- „Nahrung und Energie“
- und „Nahrungspflanzen“,

die durch ein umfangreiches Lexikon ergänzt werden.

Alle drei Themen sind über die Navigationsleiste am oberen Bildschirmrand miteinander verbunden und enthalten die Themenschwerpunkte der Hauptseiten mit einer unterschiedlichen Anzahl von Unterseiten. Bezüglich der Verlinkungen der Hauptseiten ist zu beachten, dass nicht alle Unterseiten eines Themenschwerpunktes über die Navigationsleiste erreichbar sind, manche Hauptseiten enthalten Unterseiten mit Erklärungen, Abbildungen und Arbeitsaufträgen. Einige Arbeitsaufträge können zudem nur mit Hilfe von „Außenlinks“ bearbeitet werden, d. h. mit Verknüpfungen zu Fremdseiten, die außerhalb des Projekts im WWW verfügbar sind. Um die Projektseiten von externen Quellen sichtbar abzugrenzen, werden die „Außenlinks“ jeweils in einem neuen Browser-Fenster geöffnet.
Unter dem Menüpunkt „Das Projekt“ finden sich Hintergrundinformationen zur Entwicklung und Handhabung der Webseiten.
Für die Durchführung im Rahmen der Projekttage an der Hardenbergschule wurde ein Fragenkatalog zusammengestellt, der hier heruntergeladen werden kann und einen möglichen Ansatz zur Bearbeitung eines Teils des Projektes darstellt. Die Arbeitsaufträge sollten den Fähigkeiten der jeweiligen Schüler entsprechend nach diesem Vorbild zusammengestellt werden.

b) Inhalte

Die drei Themenkreise („Gesunde Ernährung“, „Nahrung und Energie“, „Nahrungspflanzen“) sind in verschiedene Unterrichtsthemen bzw. Themenschwerpunkte untergliedert, die fachliche Informationen und vorformulierte Arbeitsaufträge enthalten.

Themenkreise und Themenschwerpunkte der Hauptseiten

1. Gesunde Ernährung
- Frühstück
- Dick und dünn
- Gesunde Zähne
- Rezepte

2. Nahrung und Energie
- Was ist Energie?
- Energieinhalte der Nahrung
- Bestandteile der Nahrung
- Verdauung
- Joule-Detektive

3. Nahrungspflanzen
- Obst
- Gemüse
- Salat
- Getreide
- Exotisches

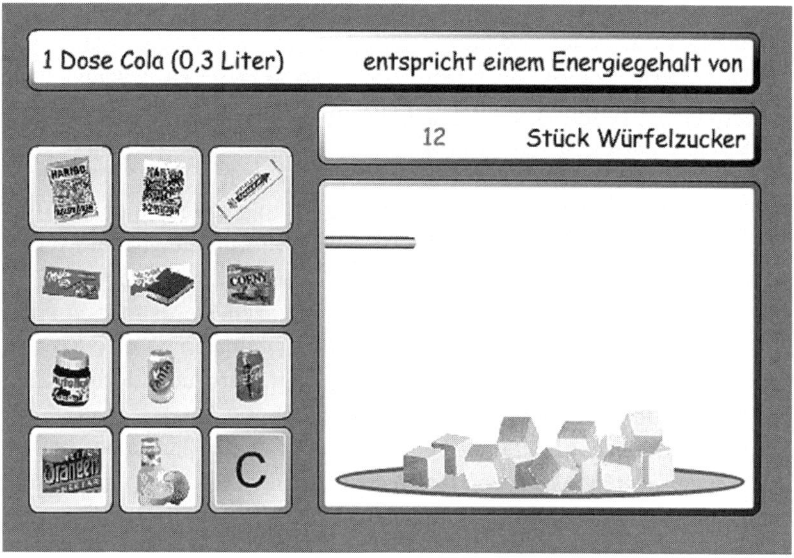

Joule-Detektive (aus dem Internetprojekt „Unsere Nahrung macht uns stark“)

Ein integriertes Lexikon bietet den Schülern bei der Bearbeitung der Arbeitsaufträge Hilfestellung. Es enthält wesentliche im Projekt verwendete Fachbegriffe, erhebt aber keinen Anspruch auf Vollständigkeit. Auch das Lexikon ist ein offenes Angebot und gibt den Schülerinnen und Schülern in einem offenen Arbeitsauftrag die Möglichkeit, die Projektseiten durch einen entsprechenden Beitrag zu ergänzen. (Beiträge bitte an das Autorenteam: bickel@uni-duesseldorf.de)

Die Phasen des mehrtägigen Unterrichtsprojekts

Das im Folgenden beschriebene Unterrichtsprojekt zum Thema „Ernährung“ wurde in den Jahrgangsstufen 5 und 7 im Rahmen von Projekttagen durchgeführt und den Schülerinnen und Schülern etwa eine Woche vor Beginn angekündigt. Ohne zu viel vorwegzunehmen informierten wir die Schüler über den zeitlichen Ablauf des Projekts und über die verschiedenen geplanten Arbeitsphasen. Außerdem erfolgte die Zusammenstellung der von den Schülern zu bearbeitenden Arbeitsblätter und deren Vervielfältigung im Vorfeld.

Vorbereitung am Vortag

Als Einstieg in die Projektarbeit diente die Fragestellung: „Was gehört für dich zu einem Schlaraffenlandfrühstück und wie sieht dein Schlaraffenland aus?" Besonders die Ankündigung eines gemeinsamen Frühstücks, bei dem jeder Schüler seinen Beitrag zum „Schlaraffenland" mitbringen durfte, führte zu einer regen und heiteren Gesprächsphase und der Aufzählung einer breiten Palette beliebter Nahrungsmittel – vom klassischen Obst bis zum Fastfood. Die Begriffe wurden als Einstieg für den folgenden Tag auf Overheadfolien festgehalten.

1. Projekttag

1. Phase: Gemeinsames „Schlaraffenlandfrühstück" (ca. 60–90 Min.)

Die mitgebrachten Lebensmittel für das „Schlaraffenlandfrühstück" wurden von den Schülern vorgestellt, anschließend auf einem vorbereiteten Gruppentisch gesammelt und mit der Nahrungsmittelliste (Folie) vom Vortag verglichen. Beim anschließenden gemeinsamen Frühstück konnten die mitgebrachten Speisen begutachtet und getestet werden – „Chips oder Obst zum Frühstück?". (Die unterschiedlichen Ernährungsgewohnheiten der Schüler wurden hier besonders deutlich!)

Das gemeinsame Aufräumen und die Abfallbesichtigung boten noch einmal einen Überblick über die Vielfalt der verzehrten Lebensmittel.

2. Phase: Zeichnerische Darstellung des Schlaraffenlands und thematische Einführung (ca. 60–90 Min.)

Die Schüler wurden dann aufgefordert „ihr Schlaraffenland" zeichnerisch darzustellen. Die Bilder wurden anschließend im Klassenraum aufgehängt und von den Schülern präsentiert (siehe dazu auch die „Bildergalerie" auf den Dokumentationsseiten des Projekts).

Die Schülerzeichnungen und ein lehrerzentrierter historischer Abriss zu Schönheitsidealen führten zu der Fragestellung: *„Ist Dünnsein nur heute modern?"*, wobei heutige und historische Schönheitsideale gegenübergestellt wurden.

Dann folgte die Phase der Arbeit mit dem Internetprojekt im Medienraum.

3. Phase: Informationsrecherche (ca. 90–150 Min.)

Die genannte Fragestellung diente als Einstieg in die Arbeit mit dem Internetprojekt und damit in die Informationsrecherche zu Nahrungsbestandteilen sowie einer allgemein gesunden und ausgewogenen Ernährung. Den Arbeitsplätzen im Medienraum sowie den Fähigkeiten und Fertigkeiten der Schüler entsprechend wurde die Einteilung in Arbeitsplatz- und Themengruppen vorgenommen (s. Kapitel 11, Gruppenpuzzle). Die Lerngruppe erhielt die Arbeitsaufträge für die Arbeit mit dem Internetprojekt und begann mit der Bearbeitung.

2. Projekttag

4. Phase: Informationsrecherche (ca. 90–150 Min.)
Am zweiten Projekttag setzten die Schüler die Bearbeitung des Fragenkataloges mit Hilfe des Internetprojektes fort. Rezepte für Speisen, die später auch zubereitet werden sollten, wurden ausgewählt und ausgedruckt. Für den gemeinsamen Einkauf erstellten die Schüler eine Liste der benötigten Lebensmittel und eine grobe Kostenkalkulation.
Damit war die Phase der Arbeit im Medienraum abgeschlossen.

5. Phase: Einkaufen (ca. 60 Min.)
Die Lerngruppe wurde in drei selbstverantwortliche Einkaufsgruppen mit je einem Begleiter aufgeteilt. Eingekauft wurde auf dem nahen Wochenmarkt.

6. Phase: Zubereitung und gemeinsames Essen (ca. 90–120 Min.)
Die ausgewählten Speisen bereiteten die Schüler dann arbeitsteilig in der Schulküche zu (die Hauswirtschaftslehrer halfen gerne). Anschließend wurde gemeinsam gegessen.

3. Projekttag

7. Sicherung der Projektinhalte (ca. 120 Min.)
Die theoretischen Arbeitsergebnisse des Projekts wurden zunächst mit Hilfe der Arbeitsblätter im Unterrichtsgespräch und am Overheadprojektor gesichert. Anschließend bildeten die Schüler arbeitsteilige Gruppen, deren Aufgabe es war, einen Sektor des Ernährungskreises (also z. B. „Obst“ oder „Fett und Öl“) auf vorbereiteten Vorlagen darzustellen. Die Arbeitsergebnisse wurden schrittweise präsentiert, sodass sich die einzelnen Sektoren wieder zu einem Kreis zusammenfügten, der eine Übersicht über die Zusammensetzung einer gesunden Ernährung darstellt.
Die Sicherung der Ergebnisse erfolgte zudem über die Erstellung und Präsentation einer PowerPoint-Animation durch Expertenteams.

Adresse des Internetprojekts

www.uni-duesseldorf.de/MathNat/Biologie/Didaktik/Nahrung/index.htm
Das Internetprojekt „Unsere Nahrung macht uns stark“ kann gegen einen geringen Unkostenbeitrag auch auf CD-ROM bezogen werden (Link: Bestellformular).

Fotodokumentation

Schüler der Hardenbergschule bei der Projektarbeit zum Thema „Unsere Nahrung macht uns stark“ (Jahrgangsstufe 5)

Die Fotos veranschaulichen den Verlauf der durchgeführten Unterrichtsreihe:
Das Schlaraffenlandfrühstück (Foto 1 bis 4)
Wie stelle ich mir das Schlaraffenland vor? (Foto 5)
Informationsrecherche zur richtigen Ernährung mit Hilfe des Internetprojekts (Foto 6 bis 7)
Einkaufen auf dem Markt (Foto 8)
Zubereitung und Verzehr eines gesunden Frühstücks (Foto 9 bis 12)

1

2

3

4

5

6

7

8

9

10

11

12

André Lehnen

13 Fächerübergreifendes Arbeiten mit dem Internetprojekt „Überleben in Eis und Schnee“ (Sek. I/II)

Die Idee

Der Interneteinsatz im Biologieunterricht ist zwar heutzutage gefragter denn je, doch thematisch gut aufbereitete, schulrelevante und sachlich korrekte Beiträge sind im Internet immer noch rar. Ein weiteres Problem besteht darin, diese zu finden und so zusammenzustellen, dass die Schülerinnen und Schüler sich nicht in den Weiten des Internets verlieren.
Die Seiten des Projekts „Überleben in Eis und Schnee“ eröffnen die Möglichkeit, fächerübergreifende Inhalte zum Thema „Winter/Überwinterung“ auf den eigenen Bildschirm zu holen und gleichzeitig ausgesuchte und über Außenlinks positiv bewertete Internetseiten (Fremdseiten) zu den einzelnen Fragestellungen einzusehen. Das Projekt ist als Beitrag zu einer bundesweiten Ausschreibung des Vereins „Schulen ans Netz“ entstanden, und zwar in Zusammenarbeit von Schule, Lehrerseminar und Universität. Es handelt sich um ein Projekt der Arbeitsgruppe „Fachdidaktik der Botanischen Institute“ der Heinrich-Heine-Universität Düsseldorf.
Inhaltliches Ziel war es, Assoziationsfelder aus verschiedenen Fächern zum Thema „Winter“ zu verknüpfen. Hierzu wurden neben dem Schwerpunktfach Biologie Beiträge aus der Geographie, Chemie und Physik zu einem Gesamtprojekt zusammengetragen. Die Projektteile besitzen modularen Charakter und können von Lehrern und Schülern weiter ausgebaut werden.

Inhalt des Projekts

Das vorliegende Internetprojekt „Überleben in Eis und Schnee“ (kurz: „Winterprojekt“) besteht aus zwei Teilen, einem für die Klassen 5 bis 7 und einem für die Jahrgangsstufe 11 und 12. Von der Ebene der Sekundarstufe I gelangt man nur über die Auswahlseite, d. h. über den jeweiligen Button „Zurück zur Auswahl“, zur höheren Stufe. Die Navigationsleiste (links) enthält die fünf Rubriken „Erde“, „Mensch“, „Tiere“, „Pflanzen“ und „Grundlagen“. Diese enthalten jeweils anklickbare Unterpunkte, die den entsprechenden Inhaltsrahmen (rechts) öffnen und die zugehörigen Seiten aufrufen. Nicht alle Seiten eines Themenkomplexes sind über die Navigationsleiste erreichbar, manche Hauptseiten enthalten Hintergrunddokumente mit Erklärungen oder Abbildungen, von denen aus man wieder in die dazugehörende Hauptseite zurückgelangt.

Das Winterprojekt enthält Medienmodule zu den folgenden Unterrichtsthemen:

Biologie – Sekundarstufe I
- Winterschlaf/Winterruhe/Winterstarre
- Zugvögel und Standvögel
- Verhinderung von Wärmeverlusten im Tierreich
- Monografie: Eisbär
- Überwinterungsorgane bei Pflanzen
- Knospenruhe
- Blattfall und Laubfärbung im Herbst

Biologie – Sekundarstufe II
- Evolution der Buschschwanzratte (kritische Auseinandersetzung mit der Bergmann'schen Regel, s. Kapitel 16)
- Frostschutzmittel in arktischen und antarktischen Tieren
- Isolation bei Säugetieren
- Kältestress bei Pflanzen
- Kälteadaptation und -toleranz
- Gentechnik und Kälteresistenz (s. Kapitel 15)
- Bau und Funktion von Biomembranen

Geographie – Sekundarstufe I
- Wie entstehen Jahreszeiten?
- Ekliptik (Winkel der Erdachse)
- Weltbilder
- Tag und Nacht

Physik/Chemie – Sekundarstufe I
- Eigenschaften von Wasser, Eis und Schnee (s. die Abbildung S. 131)
- Isolation und Wärmeleitung
- Gegenstromprinzip
- Trennung von Blattfarbstoffen (Chromatographie)

Physik/Chemie, Sekundarstufe II

- Membranlipide
- Gefrierpunkterniedrigung (Osmolyte)
- Wirkung von Frostschutzproteinen (Mechanismus)
- Kohäsion der Wassermoleküle (Wasserferntransport)

Die Eingangsseite (Auswahlseite) enthält einen Ordner mit herunterladbaren Arbeitsblättern und Referaten zum Thema im plattformübergreifenden PDF-Format. Es gibt zwei Sorten Arbeitsblätter, „Netzrecherchen" für die Arbeit mit dem Winterprojekt und im Internet (s. Kapitel 9) und freie Arbeitsblätter, die mit anderen Hilfsmitteln wie beispielsweise dem Schulbuch zu bearbeiten sind. In der Rubrik „Nützliche Links" sind alle im Projekt genutzten Links aufgeführt.

Technische Details

Die Links ins Internet sind so angelegt, dass die entsprechenden Seiten in einem eigenen Rahmen erscheinen. Diesen können die Schüler leicht wegklicken, ohne dass sie ihre ursprüngliche Projektseite aus den Augen verlieren.
Der modulare Aufbau des Projekts findet sich nicht nur inhaltlich, sondern auch in der Dateienstruktur: Jeder Themenkomplex liegt in einem eigenen Ordner, für den es eine eigene Navigationsleiste gibt. Sollen die Inhalte eines Komplexes ergänzt oder verändert werden, so ist es lediglich notwendig, die neue Seite mit der Indexseite zu verlinken und in den richtigen Ordner zu schieben. Anschließend muss die leicht erkennbare Navigationsseite um einen Button und den Titel der Seite ergänzt, verlinkt und wieder zurückgespeichert werden. Auch eine Ergänzung um neue Ordner ist leicht möglich: Ein Physik- bzw. Chemieordner mit Inhalten müsste nur mit allen entsprechenden Navigationsseiten der Ebene verlinkt werden (navix 1–5 für Sek. I oder navy 1–5 für Sek. II).

Ziele und methodisch-didaktische Überlegungen

Auch bei diesem Internetprojekt steht die Erarbeitung der Fachinhalte im Vordergrund – die technischen Kenntnisse werden im praktischen Umgang mit dem Computer ungezwungen miterworben (Huckepackverfahren, s. Kapitel 1 und 11).

Die Puzzle-Methode, bei der sich Arbeitsgruppen zunächst über ein Thema informieren und anschließend in gemischten Gruppen die Teilnehmer der anderen Themengruppen über ihre Erkenntnisse informieren, bietet sich auch hier an (s. Kapitel 11).

Der arbeitsteilige Umgang ist mit dem Winterprojekt besonders einfach, weil die Gruppen unterschiedliche Aspekte zur Überwinterung (Module) bearbeiten können. Sinnvoll ist es, von jeder Gruppe einen kleinen Fragebogen erstellen zu lassen, mit dem die anderen Schüler selbst überprüfen können, ob sie die Sachinhalte verstanden haben.

Nach unseren Erfahrungen sind die einzelnen Themenbereiche vom Schwierigkeits- und Motivationsgrad her etwa gleichwertig (vgl. Evaluation). Die Bereiche sind so aufgebaut, dass sie das Interesse der Schüler wecken, weitere Informationen zu suchen – sowohl im Internet als auch in Büchern.

Übergeordnete Ziele der Arbeit mit dem Projekt sind:

- Erweiterung der Medienkompetenz und der Erfahrungen im effektiven Umgang mit dem Internet
- Erarbeiten von Fachkompetenz in der Beurteilung und Präsentation von ökologischen Inhalten
- Selbstständiges Erarbeiten und Präsentieren von Sachverhalten in arbeitsteiligen Gruppen
- Schulen des Wahrnehmungs- und Ausdrucksvermögens sowie der Bereitschaft zur Objektivität, Kritik und Selbstkritik
- Erweitern der sozialen Kompetenzen durch das Arbeiten und Kommunizieren im Team

Das Projekt soll dazu anregen, selbst Internetseiten zu gestalten und Rückmeldungen zu geben. Die Seitengestaltung ist darum nicht einheitlich; sie entspricht den Möglichkeiten der Schüler und signalisiert Machbarkeit auch für weniger Geübte. Eine zu hohe technische Perfektion würde die Schülerinnen und Schüler nicht ermuntern, eigene Seiten zu gestalten.

Auch inhaltlich gibt es noch viele Aspekte, die wie in einem Baukasten von Lehrern und Schülern eingefügt werden können (vgl. Menüpunkt Projektinformationen). Einige Links sind bereits zu von Schülern entwickelten Seiten gesetzt worden, um so die Öffnung der in der Schule erstellten Materialien nach außen zu demonstrieren.

Besonders der Projektbereich für die Sekundarstufe I bietet viele Links zu weiteren Internetseiten (z. B. Webcam in der Antarktis). Anders als bei der Arbeit mit dem Schulbuch müssen die Schüler hier lernen, nützliche Informationen aus den verlinkten Internetseiten herauszufiltern und ihren Wahrheitsgehalt zu prüfen. Auch einfache englischsprachige Seiten wurden verlinkt, da es weitaus mehr englischsprachige Informationen mit Schul- bzw. Erziehungsrelevanz („education“) als deutschsprachige gibt.

Hinweise für den Einsatz im Unterricht

Einsetzen lässt sich das Winterprojekt sowohl in einzelnen Modulen als auch mit komplexeren Aufgabenstellungen und dem methodischen Schwerpunkt des Gruppenpuzzles. Eine didaktische Strukturierung ergibt sich durch den modularen Aufbau. Die verschiedenen Aspekte des Themas „Überwinterung“ spiegeln sich in den einzelnen Ordnern wider (z. B. Geographie: Entstehung des Winters, Biologie: Angepasstheiten von Tieren, Menschen und Pflanzen) und verdeutlichen den interdisziplinären Charakter des Projektes. So können didaktisch strukturierte Fragestellungen (z. B. nach den Ursachen des Vogelzugs) wesentliche biologische Themenaspekte mit geographischen Inhalten verknüpfen und zu einem fächerübergreifenden Gesamtbild beitragen. Hier eröffnen sich im Fachunterricht neue Möglichkeiten für fächerverbindende und fachübergreifende Projekte.

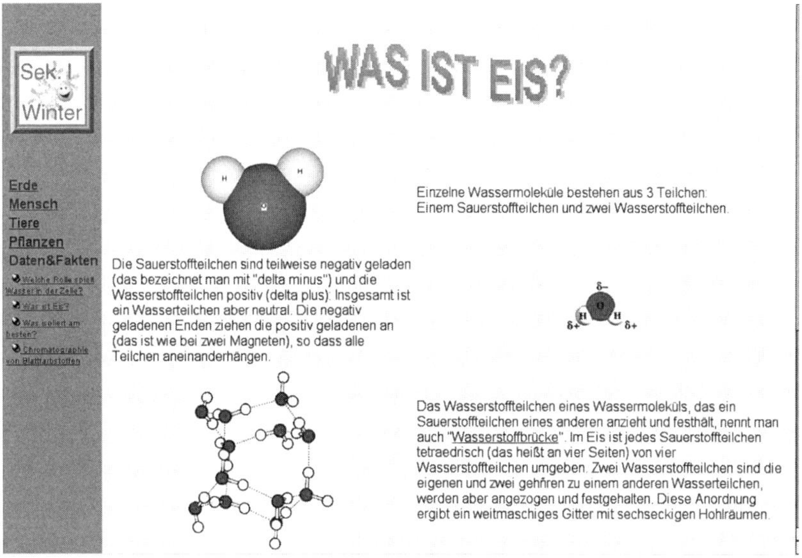

Seite zum Thema „Eis“ (aus dem Internetprojekt „Überleben in Eis und Schnee“)

Die umfangreicheren Themenkomplexe „Tiere“ und „Pflanzen“ sollten für den Unterricht weiter unterteilt werden. So bietet sich z. B. bei den Tieren eine Untergliederung in folgende Bereiche an:

- Tiere in den kalten Regionen
- Winterschlaf/Winterruhe/Winterstarre
- Vogelzug

Die Zusammenführung der Ergebnisse erfolgt dann in der auswertenden Gruppenarbeit. Eine spielerische Lernzielkontrolle kann über das eingebaute Winter-Memory erfolgen.
Beispiele für die Erarbeitung bieten die Arbeitsblätter, insbesondere wenn sie die Schüler vom Computer wegführen und Präsentationshilfen beinhalten, wie dies etwa bei der geführten Internetrecherche zum „Wandel des Weltbildes“ der Fall ist. Neben der Informationsbeschaffung und Informationsbewertung wird den Schülern hier durch das Arbeitsblatt (Gestaltung eines Zeitstrahls) eine Hilfe für die Präsentation an die Hand gegeben.
Einige Aspekte, die die Arbeit mit dem Internetprojekt gegenüber dem konventionellen Unterricht und der Arbeit mit dem Schulbuch besonders attraktiv erscheinen lassen, seien hier herausgestellt:

- Die „Pinguin-Seite“ bietet neben der geführten Recherche zu verschiedenen Pinguinarten eine Webcam (A.-Wegener-Institut), die einen direkten, realen Echtzeit-Eindruck vom Lebensraum der Pinguine vermittelt.
- Das Aktualitätsprinzip tritt auch beim Teilthema „Vogelzug“ deutlich in den Vordergrund. Das Nachvollziehen der Flugrouten (Satellitenbeobachtung) ist für die meisten Schüler ein eindrucksvolles Erlebnis.
- Die „Pflanzen-Seiten“ geben praktische Anregungen zum Bestimmen und Experimentieren. Der Online-Bestimmungsschlüssel für Knospen stellt eine sinnvolle Ergänzung zum Schulbuch dar und verstärkt die Motivation, sich den Bestimmungsübungen zu widmen.
- Als Beispiel für eigene Projektideen und die eigene Gestaltung von Inhalten dient das Projekt „Laubfall“ der Barbarossa-Schule in Kaiserslautern, zu dem ein Hyperlink führt.

Evaluation

Unter „Projektinformationen“ findet sich auch ein Auswertungsbogen für die Evaluation der Arbeit mit dem Internetprojekt. Mit den Schulnoten 1 bis 5 wird der Einsatz des Projektes hier bewertet nach den Gesichtspunkten

Strukturierung (Aufbau), Aufbereitung der Informationen, Schwierigkeitsgrad der Inhalte und Verständlichkeit.
Bei unserem Einsatz des Projekts in einer 7. Klasse eines Gymnasiums erledigten die Schüler ihre Arbeitsaufträge erstaunlich konzentriert und interessiert. Die Kinder, die in diesem Falle gleichzeitig Beta-Tester waren, leisteten nebenbei detektivische Arbeit: Es wurden noch etliche Fehler gefunden und Unverständliches entdeckt. Das Ergebnis unserer Evaluation – für die einzelnen Teilgebiete des Projekts gemittelt – zeigt die Tabelle:

	Aufbau/ Struktur	**Aufbereitung**	**Inhalte**	**Verständlichkeit**
Erde	1,8	1,6	2,0	2,1
Mensch	1,7	1,6	1,3	1,5
Tiere	1,4	1,2	1,1	1,5
Pflanzen	1,6	1,6	1,3	1,4
Daten & Fakten	1,9	1,8	1,7	1,6
Gesamtnote: 1,8				

Auswertung des Fragebogens

Die weitere Auswertung des Fragebogens zeigte die motivierende Wirkung der Computernutzung: Die Schülerinnen und Schüler äußerten sehr klar, dass sie den Computer als Lehr- und Lernmedium auch zukünftig nutzen wollen. Auch Hausaufgaben in Form von Internetrecherchen fanden fast alle motivierend. Die Auswertung der Fragebögen belegte, dass unser grundlegendes Konzept, das Projekt anbaufähig zu gestalten, durchaus erkannt wird. Interessant auch die Begründung: „Hausaufgaben in Form von Internetrecherchen finde ich motivierend, weil man hier spielerisch und *ohne Ablenkung* (!) Dinge beigebracht bekommt." (Anscheinend kann auch die Lehrperson manchmal ablenkend wirken.) Nach unserem Eindruck erleichtert die Arbeit am Computer es manchen Schülern, einen eigenen Arbeitsrhythmus zu finden.
Die Antworten auf die abschließende Frage, wie die Schülerinnen und Schüler die Verstärkung der Medienkompetenz durch die Arbeit mit dem Internetprojekt einschätzten, lassen folgendes Resümee zu:

1. Diffuse Ängste gegenüber der Nutzung des Internets wurden beseitigt, da das Projekt den Schülern Hilfestellung zum gezielten Informationserwerb an die Hand gibt.

2. Das Projekt vermittelte den Schülern, dass man mit dem Computer nicht nur spielen, sondern auch lernen kann.
3. Das Interesse an einem eigenen Computer bzw. einem Internetanschluss wurde geweckt oder gesteigert – wie die Bemerkung einer Schülerin deutlich macht: „Durch dieses Internetprojekt habe ich für mich persönlich erkannt, dass wir uns einen Internetanschluss anschaffen sollten!"

Internetadressen

www.uni-duesseldorf.de/MathNat/Biologie/Didaktik/
Winterprojekt/index.htm
Das Internetprojekt „Überleben in Eis und Schnee" kann gegen einen geringen Unkostenbeitrag auch auf CD-ROM bezogen werden (Link: Bestellformular).
Adresse des Alfred-Wegener-Institut in Bremerhaven:
www.awi-bremerhaven.de
Hier besonders themenrelevant und sehr eindrucksvoll gestaltet:
… .de(Eistour/index-d.html
Webcam: … .de/MN_WebCam/pictoflast.html

Claudia van den Berg

14 Projektarbeit mit dem Internetprojekt „Moleküle beeinflussen unser Nervensystem“ (Sek. II)

Das hier vorgestellte Internetprojekt ist als Schwerpunktvorhaben für die Sekundarstufe II in Nordrheinwestfalen konzipiert worden. Im Mittelpunkt stehen Themen, die die Anwendung neurophysiologischer Kenntnisse erfordern und zugleich einen engen Zusammenhang mit dem Lebenskontext der Schülerinnen und Schüler und den gesellschaftlichen Phänomenen (Rauchen, Drogen, Schmerzmittel usw.) aufweisen.

Vorüberlegungen zum projektorientierten Arbeiten

Die Schulpraxis ist auch heute noch von einem Denken in Fächern und Stoffplänen geprägt, auch wenn fächerübergreifendes Lernen und Projektunterricht zunehmend an Bedeutung gewinnen. Sowohl die fachspezifische Ausbildung der Lehrer als auch ihr klassisches Rollenbild einerseits und der Ablauf des Unterrichts im 45-Minuten-Takt in entsprechend eingerichteten Klassenräumen andererseits, stehen dem offenen Projektunterricht entgegen und bereiten Schwierigkeiten. Dennoch gibt es heute zunehmend Möglichkeiten, sogar Verpflichtungen in einzelnen Bundesländern, das projektorientierte Arbeiten zu fördern oder gar regelmäßig durchzuführen (s. Schwerpunktvorhaben in NRW). So heißt es im nordrheinwestfälischen Lehrplan für den Biologieunterricht der Sekundarstufe II zum Thema Schwerpunktvorhaben:

> „Die korrespondierenden obligatorischen Inhalte sowie Fachmethoden bilden die fachliche Basis. Sie werden in der Zusammenschau mit anwendungsbezogenen und fachübergreifenden Aspekten in ganzheitlicher Sichtweise behandelt. Außerdem findet auch die Schulung allgemeiner Kompetenzen eine angemessene Berücksichtigung.“ (aus: Ministerium für Schule und Weiterbildung, Wissenschaft und Forschung des Landes Nordrhein-Westfalen: Lehrplan Biologie, S. 15)

Ähnlichen Projektunterricht – wenn auch nicht pflichtgemäß einmal pro Halbjahr – führt man auch in anderen Bundesländern durch. Die Umsetzung erfordert zusätzliches Material, das über die üblichen Schulbücher hinausgeht, Flexibilität auf der Seite der Lehrer, Ideen und Kreativität auf Seiten der Schüler und eine veränderte Lehrer- und Schülerrolle.
Die thematische Verknüpfung – auch mit anderen Fächern – lässt sich mit dem vorgestellten Internetprojekt besonders gut darstellen, da die Inhalte

hier nicht wie in einem Schulbuch linear angeordnet und erarbeitet werden. Die Vernetzung der Themenaspekte wird durch die Verknüpfungen innerhalb der Internetseiten gespiegelt (s. die Abbildung unten). Die Schüler können selbst entscheiden, von welchem Aspekt aus sie das Thema zuerst beleuchten möchten und wie sie ihren Weg durch das Projekt gestalten. Diese offene Vorgehensweise ermöglicht ihnen, sich an den eigenen Interessen zu orientieren. Dadurch wird der spezielle Zugang zum Lernstoff jedes Einzelnen mehr als sonst berücksichtigt, was den Spaß am Lernen und damit auch den Lernerfolg erheblich steigert. Die Projektarbeit ist dabei ein sozialer Prozess, denn das Ergebnis des Lernens fließt in ein Produkt ein, das der Öffentlichkeit oder zumindest den Mitschülern vorgestellt wird.

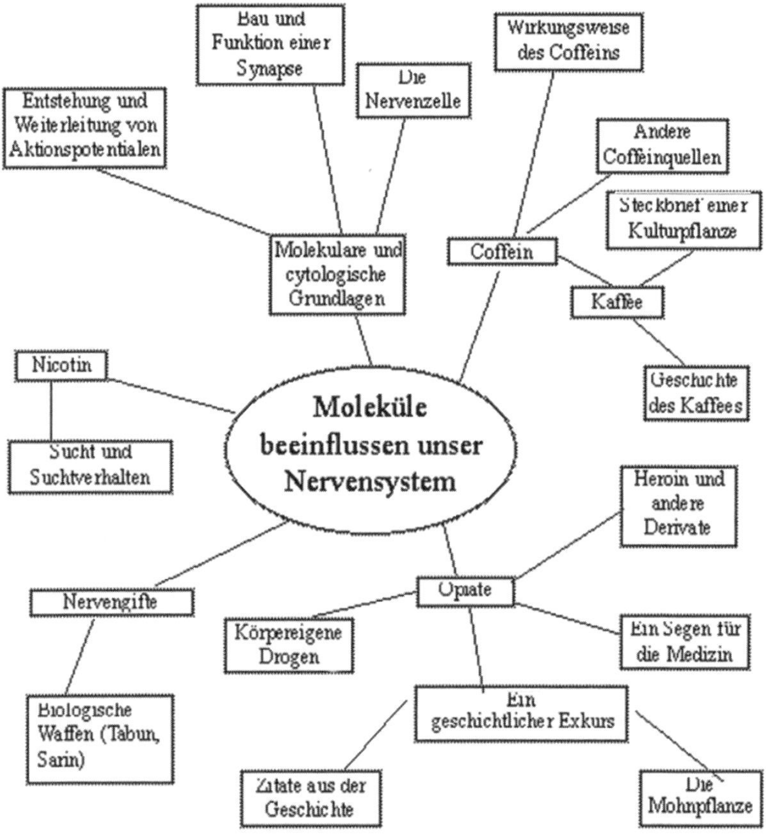

Inhalte des Internetprojekts, dargestellt als Mindmap

Anwendungsbezug

Die Themen des Internetprojekts wurden so ausgewählt, dass sie situationsbezogen, aktuell und praxisrelevant sind und die Lebenswirklichkeit der Schüler berühren. Denn gerade darin liegt der Reiz für viele Schüler, sich intensiv mit einer Thematik auseinander zu setzen. Als Einstieg oder zur Ergänzung bieten sich Internetrecherchen (anfangs evtl. als geführte Recherche mit vorgegebenen Verknüpfungen nach außen) und der außerschulische Kontakt zu Experten, Informationsstellen und Instituten an.
Mit Hilfe dieses Projekts lassen sich organismische und molekulare sowie Populationsebene (ökologischer Aspekt) besonders gut in Beziehung setzen. Im Vordergrund steht die Wirkung von spezifischen (Alltags-)Drogen (Entspannung, Belebung, Rausch etc.) auf der Ebene des Organismus. Die Ursache ihrer Wirkung wird in der Struktur der Substanzen und ihrer Wirkung auf der molekularen Ebene gefunden. In engem Zusammenhang werden dabei auch die Ursachen von Abhängigkeit und Entzugssymptomen thematisiert. Sicherlich sind die Inhalte in manchen Bereichen nur angerissen und es ist möglich und notwendig, sie mittels anderer Medien zu erweitern. Dazu dient das Projekt als „Motivationsanschub“.

Technische Daten

Programmiert wurde mit dem Editor „PageMill 3.0“ von Adobe. Für die Erstellung der kleinen Filmsequenz zur Veranschaulichung der molekularen Abläufe an der Synapse wurde „Flash 5.0“ von Macromedia benutzt. Das Coffein-Quiz und der Abschlusstest wurden mit dem Programm „Hot Potatoes“ (kostenfrei erhältlich unter: http://web.uvic.ca/hrd/halfbaked Stand: Januar 2002) konzipiert. Die Grafiken wurden mit Photoshop 5.0 erstellt oder bearbeitet.
Beim Verwenden dieses Internetprojekts ist zu beachten:

- Die Seiten sind für die Verwendung mit den aktuellen Browsern Netscape Navigator ab Version 4.5 und Microsoft Internet Explorer (Version 4.5 und neuer) konzipiert. (Ausnahme: Bei der Version 5 des Internet Explorers gibt es im Macintosh-System Probleme bei der Darstellung des Coffein-Quiz.) Die Anzahl der darstellbaren Farben sollte größer als 265 sein, da Fotografien sonst Farbfehler aufweisen. Die Seiten sind für eine Bildschirmauflösung ab 800 x 600 Pixel (Windows-Systeme) ausgelegt. Zum Abspielen des Flash-Films wird das Browser-PlugIn für Shockwave Flash (Macromedia) benötigt.

- Links ins Internet sind bewusst so angelegt, dass die entsprechenden Seiten in einem eigenen Rahmen erscheinen. Diesen können die Schüler leicht wegklicken, ohne dass sie ihre ursprüngliche Projektseite aus den Augen verlieren.
- Das Layout der Seiten ist bewusst einfach gehalten: Kein allzu kompliziertes oder professionelles Aussehen soll einen potenziellen Bastler davon abhalten, eigene Ergänzungen vorzunehmen.
- Das Programm kann auf die lokale Festplatte heruntergeladen oder als CD-ROM bezogen werden (Adresse s. u.). Beim „Download“ empfiehlt es sich, das gesamte Projekt auf jeden zu benutzenden Einzelrechner zu laden, um Abstürze wegen Netzausfalls oder Überlastung des Servers zu vermeiden.

Inhalte des Projekts

Das vorliegende Internetprojekt besteht aus fünf Themenkreisen: „Molekulare und cytologische Grundlagen“, „Opiate“, „Nervengifte“, „Coffein“ und „Nicotin“.
Die Seite „Molekulare und cytologische Grundlagen“ bietet sich zur Erarbeitung oder Wiederholung des Grundlagenwissens zur Nervenfunktion und Reizleitung an.
Alle Themen sind von der Startseite (s. die Abbildung 139 oben) aus durch Anklicken der Symbole direkt erreichbar, können aber auch über die Navigationsleiste (links) von den verschiedenen Ebenen aus immer wieder angesteuert werden. Die Unterthemen können in beliebiger Reihenfolge erarbeitet werden. Mit Hilfe der Navigationsleiste oder durch Anklicken des „Zurück“-Buttons kommt man jeweils wieder zur entsprechenden Hauptseite des Themenkreises zurück.

Das Projekt „Moleküle beeinflussen unser Nervensystem“ enthält Medienmodule zu folgenden Unterrichtsthemen:
Molekulare und cytologische Grundlagen
- Die Nervenzelle
- Bau und Funktion einer Synapse
- (Entstehung und) Weiterleitung von Aktionspotentialen

Opiate
- Ein geschichtlicher Exkurs (Die Mohnpflanze – Sekundäre Pflanzenstoffe; Zitate aus der Geschichte zur Opiatwirkung)

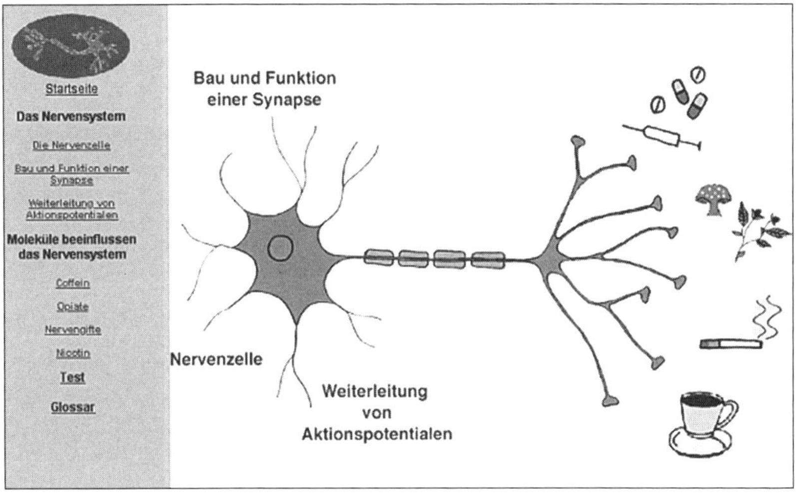

Startseite mit Navigationsleiste

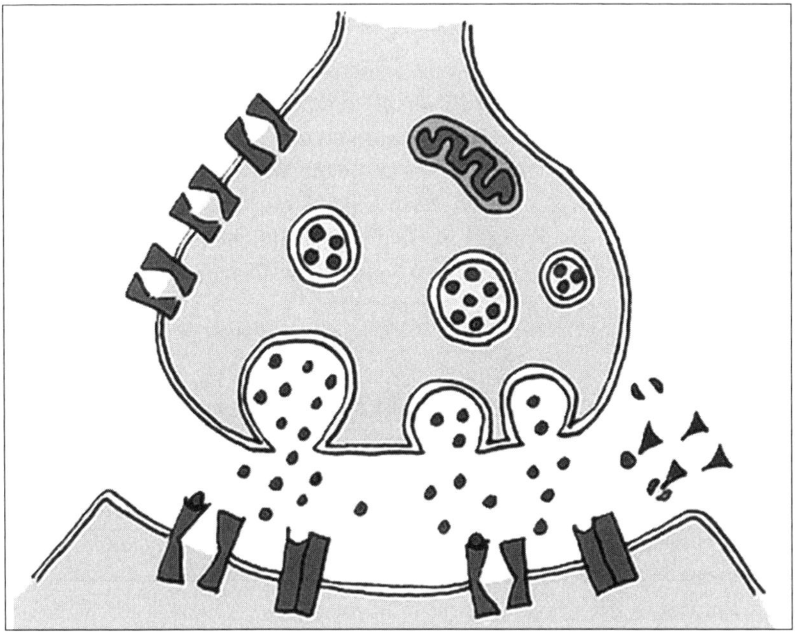

Maus-Abtast-Bild einer Synapse. Durch Anklicken entsprechender Bereiche der Synapse erhält man Informationen über die Wirkung von Nervengiften.

- Ein Segen für die Medizin
- Körpereigene Drogen
- Heroin und andere Derivate

Coffein

- Wirkungsweise des Coffeins
- Coffeinabhängigkeit
- Andere Coffeinquellen
- Kaffee (Geschichte des Kaffees; Steckbrief einer Kulturpflanze)

Nervengifte

- Maus-Abtast-Bild einer Synapse (s. die Abbildung S. 139 unten) mit Hintergrundinformationen über diverse Gifte (Curare, E605, das Gift der schwarzen Witwe etc.)
- Fragenkatalog für Schüler, zu beantworten mit Hilfe des Projekts

Offene Nicotin-Seite

Der Themenbereich Nicotin ist nicht vollständig ausgearbeitet, sondern umfasst nur eine einzige Seite mit Vorschlägen und Anregungen, nach welchen Gesichtspunkten das Thema erarbeitet werden könnte. Hier besteht für Schüler und Lehrer die Möglichkeit, ein Themengebiet selber zu erarbeiten, also zu recherchieren, zu selektieren und Material sinnvoll aufzubereiten und so das Projekt zu vervollständigen. Dabei kann man sich an der bestehenden Navigation orientieren und muss kein ganz neues Projekt konzipieren. Dieses Vorgehen ist vor allem für Anfänger in Sachen Webseiten-Erstellung zu empfehlen, da sich die Schüler ausschließlich auf die Konzeption ihrer Seite mit den entsprechenden schriftlichen Informationen und passenden Bildern konzentrieren können. (Zur fortgeschritteneren Webseiten-Erstellung siehe Kapitel 17 und 18)

Glossar

Das Glossar ist von den meisten nicht im Text erklärten Fachbegriffen aus aufrufbar, kann aber auch jederzeit von der Navigationsleiste aus erreicht werden. Auch für das Glossar gilt, dass es leicht erweitert werden kann. Hierzu können Schüler beispielsweise die Hausaufgabe erhalten, die Bedeutung von Fachbegriffen, die im Unterricht gefallen sind, im Lexikon, Schulbuch oder in anderer Literatur nachzuschlagen und aufzuschreiben. Für den Eintrag in das Glossar wird dann die Datei „glossar.html" in einem HTML-Editor geöffnet und die Begriffe werden samt Erläuterung an der richtigen Stelle im Alphabet eingefügt. Anschließend wird die Font-Farbe eingestellt, die Seite gespeichert und wieder an ihrem ursprünglichen Ort platziert – fertig.

Arbeitsaufträge und Abschlusstest

Zu jedem Themengebiet gibt es Aufgaben, die das Verständnis überprüfen bzw. Transferleistungen erfordern. Hier ein Beispiel:

Aufgaben der Projektseite „Körpereigene Drogen“

- Überlegen Sie sich Situationen / Momente, in denen Endorphine von Bedeutung sind bzw. zum Einsatz kommen (Schmerzunempfindlichkeit bzw. Schmerzerträglichkeit).
- Wodurch könnte man beweisen, dass die Endorphin-Wirkung wirklich durch die Opiat-Rezeptoren vermittelt wird?
- Spannende Frage: Warum machen körpereigene Endorphine eigentlich nicht süchtig?

Anhand eines abschließenden Tests, der Aufgaben aus allen vorkommenden Themengebieten beinhaltet, haben die Schüler die Möglichkeit, ihr erworbenes Wissen zu überprüfen.

Bezug zu anderen Fächern

Mit Hilfe der Unterthemen zu den großen Themenbereichen „Coffein“ und „Opiate“ können leicht Verbindungen zu anderen Fächern geschaffen werden. Hier einige Beispiele:
Chemie: Struktur der pflanzlichen Inhaltsstoffe und Gifte, Zugehörigkeit zu Stoffklassen (Alkaloide, Peptide etc.); Synthese von Heroin; synthetische Veränderungen von Naturstoffen; Geschichte der Naturstoffchemie etc.
Deutsch: Arbeit mit Literatur-Zitaten zur Wirkung von Opium und Morphium (zu finden z. B. über http://gutenberg.spiegel.de/); Literaturrecherche nach Hinweisen zum übertragenen Sinn des Wortes oder nach Wertungen zum Opiumgebrauch.
Geschichte: Entwicklung und Bedeutung von Kaffee und Opiaten in der Geschichte; die Geschichte des Kaffees, Anbau, Wirtschaftsentwicklungen und Ökologie (Monokulturen, Drittweltländer); Kaffee als Genussmittel für den Adel und als Alkoholersatz für die einfachen Arbeiter etc.; Geschichte

des Mohns; Geschichte der Opiatentwicklung: Opiate als Wundermittel, Schlafmittel, Hustenmittel, gegen Asthma etc.
Geographie: Anbauregionen für Tabak und Kaffee; geographische und ökologische Wachstumsbedingungen; Export/Import von Kaffee und Tabak etc.
Sozialwissenschaften/Gesellschaftskunde: Drogenkonsum im Allgemeinen; Schmerzmittelgebrauch/-missbrauch; Süchte; Werbung; Placebo-Effekte etc.
Sicherlich sind noch viele weitere Bezüge herstellbar, die je nach Interessenlage der Schüler auch erst im Verlauf der Projektarbeit entstehen können.

Interaktivität

„Interaktivität" verstanden als Zusammenspiel von Arbeiten am Computer und anderen Lerntätigkeiten (Experiment, Recherche, Expertenbefragung etc., s. Kapitel 2, S. 15), lässt sich im Rahmen dieses Projektes an verschiedenen Stellen verwirklichen.
Hier drei Beispiele:
Coffein-Selbsttest. Die Schüler erfahren hier nicht nur direkt Ursache-Wirkung-Zusammenhänge, sondern üben zudem Arbeitstechniken wie Protokollieren, Auswerten und grafisches Darstellen von Versuchsergebnissen. Die Arbeitsanweisung lautet folgendermaßen:

> Um die Wirkungen des aufgenommenen Coffeins festzustellen, sollten Sie nüchtern sein (am besten direkt morgens in den ersten Schulstunden testen – ohne zuvor gefrühstückt oder etwas getrunken zu haben). Damit die Ergebnisse später vergleichbar sind, sollte jeder von Ihnen die gleiche Menge (eine Tasse = 150 ml) starken Kaffee innerhalb von drei Minuten trinken. Während der gesamten Versuchszeit sollten Sie ruhig sitzen und Bewegungen vermeiden. Die Messungen von Blutdruck und Pulswert erfolgen am einfachsten mit einem elektronischen Blutdruckmessgerät. Die Körpertemperatur wird mit einem digitalen Thermometer (z. B. im Ohr) gemessen.

Als Variante wird die Messung des Placebo-Effekts von coffeinfreiem Kaffee vorgeschlagen. Eine Auswertungstabelle, in die die Daten eingetragen werden sollen, ist als Hilfe für die Schüler angefügt.

Offene Nicotinseite. Auch die Ausarbeitung der Nicotinseite (s. o.) bietet die Möglichkeit einer interaktiven Arbeitsweise.
Informationsrecherche zum Thema „Schmerz“. Einen ähnlichen Aufforderungscharakter hat die Aufgabe, Informationen zum Thema „Schmerz“ zu sammeln. Als Starthilfe ist hier eine Informationsquelle in Form einer Verknüpfung zu einer fremden Website angebracht. Solche „Links“ können natürlich nur genutzt werden, wenn die Rechner der Schüler mit dem Internet verbunden sind. Ist das der Fall, können leicht weitere Internetrecherchen ergänzt werden. Um dabei zu vermeiden, dass die Schüler sich in den Weiten des WWW verlaufen, ist es von Vorteil, externe Websites vorher auf einen als „Server“ geltenden Rechner herunterzuladen und dort vorübergehend zu speichern. (Diese „geführte“ Internetrecherche wird in Kapitel 11 näher beschrieben.) Speichert man eine genügend große Datenmenge, so bleibt der Reiz einer authentischen Internetrecherche erhalten und die Schülerinnen und Schüler lernen, Informationen aus dem Internet zu selektieren, zu beurteilen und zu verwenden, ohne lange mühevoll zu suchen und dabei auf häufig wenig brauchbare Ergebnisse zu stoßen.

Einsatz des Internetprojekts im Unterricht

Das Internetprojekt ist primär für den Projektunterricht geeignet. Es lassen sich aber auch einzelne Sequenzen und Themen gezielt für den herkömmlichen Fachunterricht verwenden.
Möglich ist beispielsweise

- der Einsatz einiger Teile aus dem Bereich Nervenzelle/Reizleitung zur Einführung in die Neurobiologie,
- die vertiefende Erarbeitung eines speziellen Themenbereiches am Computer – parallel zur Arbeit mit dem Schulbuch,
- die Wiederholung einzelner Sequenzen des Stoffes mit Hilfe des Projekts zu Beginn einer Stunde,
- der Abschluss einer Unterrichtsreihe zum Thema „Neurobiologie“ mit Hilfe des Projekts; daraus können auch Themenbezüge für Facharbeiten entstehen.

Die Themenkomplexe „Coffein“ und „Opiate“ besitzen in etwa den gleichen Umfang und können so z. B. parallel in Gruppen bearbeitet werden. Hier würde sich anbieten, die Gruppen anschließend zu vermischen und die Schüler als jeweilige Experten ihr Thema den anderen Schülern der Gruppe vorstellen oder aber die Gruppen in der darauf folgenden Stunde das andere Thema bearbeiten zu lassen. Arbeitsanweisungen sollten dabei klar definiert werden, um sicherzustellen, dass die Arbeit am Computer produktiv und zielgerichtet gestaltet wird. (Beispielhafte Arbeitsanweisungen finden sich im Anhang dieses Kapitels.)

Projektorientiertes Arbeiten

Es bietet sich an, die verschiedenen Themenkomplexe in Gruppen arbeitsteilig am Computer erarbeiten zu lassen und die Ergebnisse anschließend der gesamten Gruppe zu präsentieren (Gruppenpuzzle, s. Kapitel 11).
Die projektorientierten Aufgabenstellungen sollten dabei über den regulären Fachunterricht hinausgehen und z. B. außerschulische Kontakte, intensive Recherchearbeiten und Experimente umfassen. Wichtig ist, dass die Schüler ihre Aktivitäten selbstständig planen, organisieren und durchführen.
Projektorientierte Aufgaben zu diesem Internetprojekt können sein:

- Befragung eines Spezialisten der Neurobiologie zu den Wirkungen, den Gefahren und der Problematik von Schmerzmitteln in der Medizin
- Erstellen einer Informationssammlung zum Thema „Süchte“ (Suchtberatungsstellen, Drogenberatungsstellen der Polizei etc.)
- Erstellen einer Informationssammlung zum Thema „Schmerz“ (Ärzte, Krankenhäuser, Krankenschwestern etc.)
- Befragung einer Person aus dem persönlichen Umfeld, die unter Schmerzen leidet (Wie kann man mit ständigen Schmerzen umgehen?)

Bei dieser Projektarbeit sollte die *Präsentation der Ergebnisse* von Anfang an einen wichtigen Punkt darstellen, da hierbei logische Zusammenhänge zwischen den erarbeiteten Themen hergestellt werden und anschauliche Wiedergabe geübt werden muss. Themen können in Form eigener Webseiten direkt ins Internetprojekt eingebaut werden oder auch mittels PowerPoint, Folien, Plakaten, Collagen, Broschüren oder in Form einer eigenen CD-ROM-Dokumentation vorgestellt werden. Die Schüler erlernen damit die gesamte Kompetenzpalette des Wissensvermittlers: von der Beschaffung, Zusammenstellung, Kontrolle und Reduktion der Informationen bis hin zur Verantwortung für die Qualität des zu vermittelnden Wissens. Das Erlernen bestimmter Techniken (z. B. HTML-Editierung) und/oder der Umgang mit dem Programm PowerPoint (Microsoft) kann dabei noch einen besonderen Anreiz bieten (s. Kapitel 17).

Literatur und Software

Bickel, S., u. a.: Natura 3a, Schwerpunktvorhaben Biologie Jahrgangsstufe 11. Klett, Stuttgart 2001

Bickel, S., u. a.: Schwerpunktvorhaben Biologie Jahrgangsstufe 12. Klett, Stuttgart 2002

Drabe, M. / Garbe, D.: Schulen ans Netz. LOG IN Verlag, 2. Aufl. Berlin 2000

Dudel, J./Menzel, R./Schmidt, R. F.: Neurowissenschaft – Vom Molekül zur Kognition. Springer, Berlin 1996

Emer, W. / Horst, U. / Ohly, K. P.: Wie im richtigen Leben … Projektunterricht für die Sekundarstufe II. AMBOS 29 (Arbeitsmaterialien aus dem Bielefelder Oberstufenkolleg), 2. Aufl. 1994

Kleesattel, W. (Hrsg.): Die Fundgrube für den Biologie-Unterricht. Cornelsen Scriptor, 3. Aufl. Berlin 2003

Koch, H. / Neckel, H.: Unterrichten mit Internet & Co. Cornelsen Scriptor, Berlin 2001

Snyder, S. H.: Chemie der Psyche – Drogenwirkung im Gehirn. Spektrum, 2. Aufl. Heidelberg 1989

Wimmers, R.: Lehrer-Kursbuch Internet. Cornelsen Scriptor, 3. Aufl. Berlin 2001

Zumbach, J.: Web-Based Teaching. ibidem-Verlag, Stuttgart 2000

Adresse des Internetprojekts

www.uni-duesseldorf.de/MathNat/Biologie/Didaktik/Claudia/index.htm
Das Internetprojekt „Moleküle beeinflussen unser Nervensystem“ kann gegen einen geringen Unkostenbeitrag auch auf CD-ROM bezogen werden über: bickel@uni-duesseldorf.de

---

MATERIAL

Arbeitsaufträge zum Internetprojekt „Moleküle beeinflussen unser Nervensystem“ für die Themenbereiche „Opiate“ und „Coffein“

Erarbeiten Sie in Partnerarbeit den Themenbereich „Opiate“ oder „Coffein“ unter Zuhilfenahme der Projektseiten zur allgemeinen Neurobiologie (Nervenzelle; Bau und Funktion einer Synapse; Weiterleitung von Aktionspotentialen).
Bearbeiten Sie dazu folgende Aufgaben:

Coffein-Seiten

1) Erläutern Sie mit Hilfe des Schemas (Projektseite „Wirkungsmechanismen des Coffeins auf Zellebene“), wie in den zwei beschriebenen Fällen die erregungsfördernde, stimulierende Wirkung des Coffeins zustande kommt.
2) Vergleichen Sie die beiden Moleküle Coffein und Adenosin (Projektseite „Wirkungsmechanismen des Coffeins auf Zellebene“).
   - Welche Strukturen der Moleküle sind ähnlich oder identisch?
   - Welchen Schluss kann man aus den übereinstimmenden Strukturen in Bezug auf die Bindungsstelle am Rezeptor ziehen?
3) Erklären Sie mit Hilfe der Coffeintoleranz die neurophysiologischen Ursachen der Entzugserscheinungen nach Absetzen coffeinhaltiger Genussmittel (Projektseite „Kann man von Coffein abhängig werden?“).
4) Lösen Sie das Coffein-Quiz.

Opiate-Seiten

1) Beschreiben Sie anhand der Abbildung (Projektseite „Ein Segen für die Medizin?“) die Wirkungsweise der Opiate bzw. der Opioidpeptide (= Endorphine).
2) Beschreiben Sie anhand der Abbildung, wie die Unterdrückung eines Schmerzsignals durch körpereigene Substanzen im Einzelnen abläuft (Projektseite „Körpereigene Drogen“).
3) Überlegen Sie sich Situationen/Momente, in denen Endorphine von Bedeutung sind bzw. zum Einsatz kommen (Schmerzunempfindlichkeit bzw. Schmerzerträglichkeit).
4) Wodurch könnte man beweisen, dass die Endorphin-Wirkung wirklich durch Opiat-Rezeptoren im Gehirn vermittelt wird?
5) Begründen Sie, warum körpereigene Endorphine nicht süchtig machen.

Susanne Bickel-Sandkötter

15 Unterrichtsvorschlag zum Thema „Gentechnik – Kälteresistenz“ (Sek. II)

Wahl der Unterrichtsform

In zwei bis drei Doppelstunden soll in der 12. Klasse das Thema „Gentechnik“ am Beispiel der Kälteresistenz erarbeitet werden. Voraussetzung dazu sind gute molekularbiologische Grundkenntnisse (Aufbau der DNA, Proteinbiosynthese).
Die Schüler erarbeiten in arbeitsteiliger Gruppenarbeit

- die prinzipiellen Methoden der Herstellung transgener Pflanzen,
- den Schaden, der an Pflanzen durch Frost entsteht (physikalisch und physiologisch),
- die Grundlagen für einen effektiven Kälteschutz bei Pflanzen verschiedener Regionen,
- die Eigenschaften von Biomembranen in Abhängigkeit von ihrer Zusammensetzung.

Zur Bearbeitung dieser Fragestellungen führen die Schüler eine Recherche im Teil II (Sek. II) des Internetprojektes „Überleben in Eis und Schnee“ durch (s. Kapitel 13). Anschließend informieren die Experten jeder Gruppe ihre Mitschüler über das erarbeitete Teilgebiet.
In der zweiten Doppelstunde führen die Inhalte der erarbeiteten Gebiete wie in einem Puzzle zur Beantwortung der Frage: „Wie könnte man Nutzpflanzen aus wärmeren Gebieten kälteresistent machen, damit sie in den kühleren Klimazonen angebaut werden können?“ Abschließend und zur Festigung des Erlernten können die Arbeitsblätter zum Thema „Biomembranen und Kälte“ und „Netzrecherche: Kälteresistenz bei Pflanzen“ beantwortet werden. Diese liegen dem Projekt als PDF-Dateien zum Ausdrucken bei. Darüber hinaus kann auch über den Nutzen solcher Forschungsprojekte im Zusammenhang mit der Welternährung und als Grundlagenforschung diskutiert werden.
Die Recherchen sollten in einem Computerraum mit ausreichender Anzahl Computern für die Gruppenarbeit stattfinden. Die Gruppengröße sollte vier Teilnehmer nicht überschreiten. Die Arbeitsblätter werden ausgedruckt und vervielfältigt, sie sollten maximal zu zweit bearbeitet werden; „Netzrecherche-Arbeitsblätter“ lassen sich dabei am besten mit Hilfe des Internet-

projekts beantworten. Das Internetprojekt ist auf CD-ROM erhältlich, wodurch auch die Arbeit auf nicht ans Internet angeschlossenen Rechnern möglich wird. Andernfalls muss man sich das Projekt von der unten angegebenen Adresse auf den Schulrechner herunterladen und dort abspeichern.

Informationstexte aus den Projektseiten

Membranlipide und Kältetoleranz

Kälteempfindliche Pflanzen aus Tropen und Subtropen reagieren auf tiefe Temperaturen von 0 bis 15 °C zum Teil mit extremen Störungen im Transport von Substanzen und in ihren Stoffwechselaktivitäten. Auch Faktoren wie die Speicherung von Reservestoffen sowie Wachstum und Entwicklung sind unter Kühle-Bedingungen gehemmt. Eine Ursache dafür liegt im Bau ihrer Biomembranen: In kältetoleranten Pflanzen werden hauptsächlich Ölsäure und Linolsäure in die Phospholipide der Membranen eingebaut, während kälteempfindliche Pflanzen häufig (unter anderen) Palmitinsäure und Stearinsäure in ihren Membranlipiden enthalten. Das Einfügen von Doppelbindungen in gesättigte Fettsäuren wird durch das Enzym Glycerin-3-Phosphat-Acyltransferase katalysiert. Pflanzen, die dieses Enzym nicht besitzen, sind kälteempfindlich. Ausschlaggebend für den Grad der Kältetoleranz ist unter anderem die Menge an vorhandenem Enzym.

Das gentechnische Experiment

Der Grad der Kältetoleranz von Pflanzen lässt sich offenbar beeinflussen: Bereits 1992 wurden Tabakpflanzen *(Nicotiana tabacum)* erfolgreich mit Genen aus den Plastiden des Ackerunkrautes *Arabidopsis thaliana* bzw. aus dem Kürbis *(Cucurbita pepo)* transformiert (Murata u. a.). Der Kürbis ist nicht kältetolerant, während *Arabidopsis* (Ackerschmalwand) Kältetoleranz aufweist und das Gen für die oben genannte Acyltransferase besitzt. Tabak produziert nur geringe Mengen eigene Acyltransferase. Die aus Blattstückchen regenerierten transgenen Tabakpflanzen wiesen entsprechend der Transformation veränderte Fettsäurezusammensetzungen auf: Der Wildtyp enthält 32 % ungesättigte Fettsäuren (18 : 1, 18 : 2, 18 : 3), die mit dem Gen aus *Arabidopsis* ausgestatteten Tabakpflanzen enthielten 36 % und die mit den Kürbisgenen 12 %. Diejenigen, die Gene aus *Arabidopsis thaliana* enthielten, erwiesen sich als deutlich kältetoleranter als die Vergleichsgruppe.

Wasser ist die Grundlage des Lebens

Höhere Pflanzen nehmen Wasser aus dem Boden auf und verdunsten es über die Blätter. Es besteht eine ununterbrochene Verbindung vom Bodenwasser im Bereich der Wurzeln bis zu den Interzellularräumen unter den Spaltöffnungen. Durch die Differenz der Wasserkonzentration im Boden (hoch) und in der Luft (niedrig) (= Wasserpotentialdifferenz) wird der Wasserfaden nach oben „gesogen“. Dieser Unterschied ist also die Triebkraft für die Transpiration. Was passiert nun, wenn der Wasserfaden reißt? Dieses kann tatsächlich leicht passieren, wenn das Wasser gefriert. Geschieht das nur in wenigen Gefäßen, so stirbt vielleicht nur ein Ast oder ein Teil einer Pflanze ab. Zerreißen die Wasserfäden aber zum größten Teil (Kavitation), so stirbt die ganze Pflanze ab. Wasserfäden reißen immer, sobald Luft in die Kapillaren eintritt; und dieses kann wiederum durch zu große Trockenheit, Frost oder Verletzungen geschehen.

Was hat Frost mit Wassermangel zu tun?

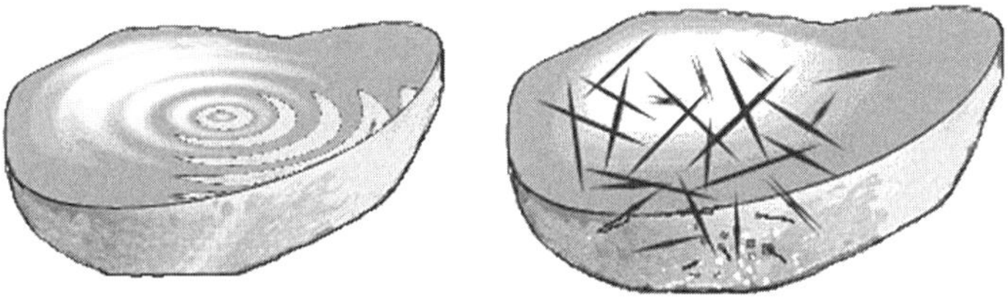

1. Das Wasser gefriert zu Eiskristallen und steht dann nicht mehr zur Verfügung.

2. Die Eisnadeln zerstechen und zerstören Biomembranen, damit ist keine Kompartimentierung der Zellen mehr möglich und sämtliche gesteuerten biochemischen Reaktionen fallen aus. Die Zerstörung der Membranen ist der Grund dafür, dass aufgetautes Obst (z.B. Erdbeeren) matschig ist.

Zurück zur Auswahl

Frost und Wassermangel (aus dem Sek.-II-Teil des Internetprojekts „Überleben in Eis und Schnee“)

Der Unterrichtsverlauf

Als Einstieg in den Unterrichtsabschnitt thematisiert die Lehrperson das Vorhaben kurz und fordert die Schüler auf, ihre schon vorhandenen Kenntnisse und Überlegungen zu diesem Thema in Form einer Mindmap an der Tafel (oder auf Folie) festzuhalten. Es sind verschiedene motivierende Ein-

stiege möglich: man kann den Kältestress als Thema der Gentechnikforschung vorstellen, aber auch von Problemen der Welternährung her einsteigen und z. B. Pflanzen nennen, die ursprünglich nicht in unseren Lebensraum gehörten, aber hier über die klassische Auslesezüchtung eingebürgert werden konnten (Kartoffel, Mais).
Im Anschluss daran teilt der Lehrer die Schüler für die vier Recherchethemen (s. o.) ein, wobei darauf geachtet werden sollte, dass nur zwei bis drei Schüler an einem Rechner arbeiten, also eventuell Parallelgruppen gebildet werden.
Anmerkung: Für das Gentechnik-Thema kann eventuell eine Internetrecherche eingebaut (vorher nach relevanten Seiten suchen!) oder Zusatzmaterial (Bücher und Zeitschriften) bereitgehalten werden. In der Projektdokumentation des Internetprojekts sind zahlreiche Bücher und Literaturstellen zitiert.
Das Membran-Thema ist im Projekt besonders übersichtlich strukturiert, da hierzu bereits im Projekt eine Aufgabe formuliert wurde, die sich mit Hilfe aller „Membran-Seiten" lösen lässt. Klickt man in das Symbol des Lipidmoleküls (s. die Abbildung unten), so erscheint eine Liste mit den Hyperlinks zu den relevanten Membran-Seiten, man muss sie also nicht mehr zusammensuchen.
In der anschließenden Stunde arbeiten die Schülergruppen im Projekt am Computer. Das Internetprojekt enthält auf vielen Seiten Arbeitsaufträge, die

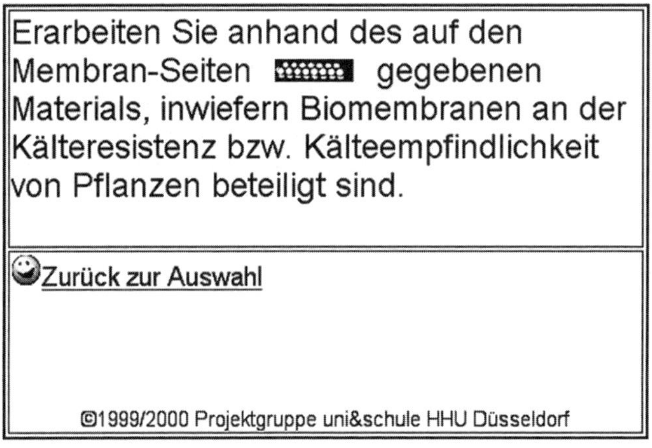

Aufgabe zu den Membran-Seiten (aus dem Sek.-II-Teil des Internetprojekts „Überleben in Eis und Schnee"). Hinter dem Miniaturbild verbirgt sich die Liste der Membran-Seiten.

beantwortet werden sollen, diese können im Vorfeld von der Lehrperson verändert und/oder ergänzt werden. Jede Gruppe erstellt ein Thesenpapier zu der von ihr getätigten Recherche.
In der zweiten Phase des Unterrichts (zweite oder dritte Doppelstunde) werden vier Expertengruppen gebildet: Die neuen Gruppen sollten mindestens einen Experten aus jedem Gebiet aufweisen können. Schön wären vier „runde Tische“, um die sich je eine neue Gruppe setzt. Die Schüler teilen ihre Thesenpapiere an die Mitschüler aus und erklären sie sich gegenseitig. Der Lehrer schreibt in der Zwischenzeit die zentrale Frage: „Wie kann man Nutzpflanzen aus wärmeren Klimaten für unsere Region anpassen?“ an die Tafel (Overheadprojektor). Im Anschluss an die Expertenrunde fordert er die Schüler auf, ihre Ergebnisse unter diesem Gesichtspunkt neu zu ordnen und zu je einem Poster oder einer Präsentation zusammenzufassen. Die Präsentationen der vier Expertengruppen werden verglichen und diskutiert.

Literatur und Software

Brandt, P.: Transgene Pflanzen. Birkhäuser, Basel 1995
Larcher, W.: Ökophysiologie der Pflanzen: Leben, Leistung und Stressbewältigung der Pflanzen in ihrer Umwelt. Ulmer, 5. Aufl. Stuttgart 1994
Murata, N. / Ishizaki-Nishizawa, O. / Higashi, S ./ Hayashi, H. / Tasaka, Y. / Nishida, I.: Genetically engineered alteration in the chilling sensitivity of plants. Nature 356, 1992, pp 710–713
Themenheft „Stress bei Pflanzen“ der Zeitschrift „Biologie in unserer Zeit“, 5/1990

Adresse des Internetprojekts

www.uni-duesseldorf.de/MathNat/Biologie/Didaktik/Winterprojekt/index.htm
Das Internetprojekt „Überleben in Eis und Schnee“ kann gegen einen geringen Unkostenbeitrag auch auf CD-ROM bezogen werden (Link: Bestellformular).

Susanne Bickel-Sandkötter

16 Unterrichtsvorschlag zum Thema „Evolution und Ökologie“ (Sek. II)

Unterrichtsplanung

In einer Doppelstunde soll im Unterricht der 12./13. Jahrgangsstufe im Rahmen des Gebiets „Evolution und Ökologie“ ein Internetprojekt eingesetzt werden. Thema der Stunde ist eine kritische Auseinandersetzung mit der Bergmann'schen Regel. Als Unterrichtsform wird hier eine geführte Internetrecherche mit dem Ausgangspunkt im Internetprojekt „Überleben in Eis und Schnee“, kurz: „Winterprojekt“ genannt, gewählt (s. Kapitel 13). Vorausgesetzt sind Kenntnisse über die Zusammenhänge zwischen Körpergröße und Energiehaushalt (Stoffwechsel, s. die Abbildung 153). Notwendig ist ein Computerraum mit mehreren Rechnern, die an das Internet angeschlossen sind. Die Internetadressen, unter denen sich zusätzliche relevante Informationen zur Lösung der gestellten Aufgaben finden, sind als Hyperlinks im Winterprojekt enthalten. Selbstverständlich ist es auch möglich, dass der Lehrer Adressen aus eigener Vorrecherche zusätzlich angibt. Ausgangspunkt der Schülerrecherche ist die Seite „Wärme macht Zwerge? (die Buschschwanzratte)“ im Winterprojekt.

Sachinformation

Anhand fossiler Exkrementreste haben Wissenschaftler nachgewiesen, dass die Buschschwanzratte seit dem Höhepunkt der letzten Eiszeit vor 18 000 Jahren bis heute 20 bis 25 Prozent ihres Körpergewichtes verloren hat. Die Forscher interpretieren das als Folge einer seitherigen Erwärmung des Klimas. Tatsächlich entspricht die Größe der Buschschwanzratte dem Temperaturverlauf.
Exkrementreste aus einer Höhle in Utah (USA) deuten darauf hin, dass die Buschschwanzratte zu Beginn der Zwischeneiszeit vor 14 000 Jahren noch gut 400 Gramm gewogen hat. Zur wärmsten Zeit, 8000 Jahre später, brachte sie es nur noch auf knapp 300 Gramm.
Schon 1847 hatte der Göttinger Anatom und Physiologe Carl Bergmann seine Erkenntnis publiziert, dass Tiere derselben Art oder derselben Familie in kälteren Gefilden größer werden als in gemäßigten und heißen Klimazonen. Bergmanns Begründung: Wegen ihrer im Verhältnis zum Volumen geringeren Oberfläche verlieren größere Tiere deutlich weniger Wärme. Mit

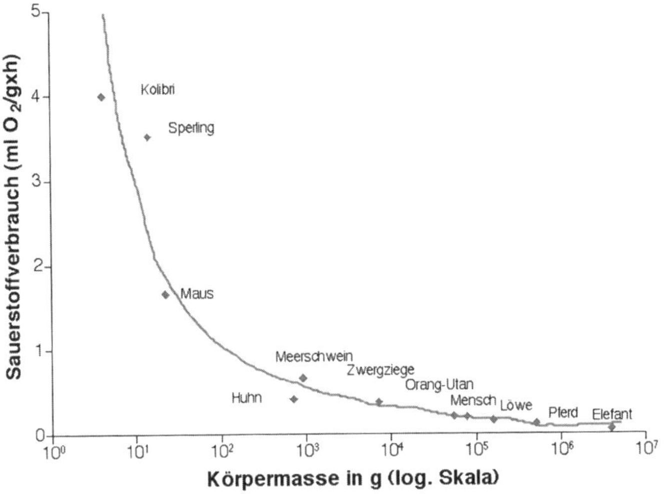

Zusammenhang zwischen Körpermasse und Sauerstoffverbrauch

1,20 Meter werden z. B. die Kaiserpinguine der Antarktis mehr als doppelt so groß wie die Galapagos-Pinguine am Äquator.
Anmerkung: Im Sek.-I-Teil des Winterprojekts und den anhängenden Hyperlinks kann man sich über Pinguine und ihre Lebensräume bei Bedarf ausführlich informieren.
Die Bergmann'sche Regel kann auch bei der Körpergröße von Silbermöwen aus unterschiedlichen Populationen angewendet werden. Die verlinkte englischsprachige Seite der Universität Glasgow (Schottland) ist für sprachlich fortgeschrittene Schülerinnen und Schüler geeignet.

Unterrichtsverlauf

Die Schüler arbeiten in Gruppen (am besten zu zweit) an einem Computer. Die Lehrperson formuliert die übergeordnete Aufgabe, sich kritisch mit der Bergmann'schen Regel in Bezug auf Stoffwechsel (relative Körperoberfläche, Wärmeabstrahlung, Energiehaushalt), Ökologie (abiotische Faktoren) und Evolution (Angepasstheit), auseinander zu setzen. In der Projektseite sind zu lösende Aufgaben enthalten, die Schüler können aber auch eigene Themenstellungen oder Aspekte des Themas finden und beantworten.

Im Projekt enthaltene Aufgaben

Analysieren Sie die Bergmann'sche Regel hinsichtlich der Komplexität ihrer Aussage, betrachten Sie die hier und in den Internet-Verknüpfungen gezeigten Beispiele und beantworten Sie folgende Fragen:

1. Welche Veränderungen in der Umgebung der Buschschwanzratte, außer der des Klimas, könnten eine Veränderung der durchschnittlichen Körpergröße der Tiere bewirken?
2. Welche Faktoren müssen unbedingt vorher geklärt sein, wenn man Größenunterschiede innerhalb einer Art vergleicht und mit der Bergmann'schen Regel begründet?
3. Ist es sinnvoll, Größenunterschiede von Tieren verschiedener Arten mit Hilfe der Bergmann'schen Regel zu begründen?

Zur Ergebnissicherung und als Abschluss stellt jede Gruppe ihre Resultate schriftlich zusammen und teilt sie an die Mitschüler aus. In einer gemeinsamen Diskussion kann der Lehrer bestimmte Aspekte in den Vordergrund bringen oder auch richtig stellen.

Literatur und Software

Schmidt-Nielsen, K.: Physiologie der Tiere. Spektrum, Heidelberg 1999
Wärme macht Zwerge. In: Geo Magazin 4/1996, S. 180–184

Adresse des Internetprojekts

www.uni-duesseldorf.de/MathNat/Biologie/Didaktik/Winterprojekt/index.htm
Das Internetprojekt „Überleben in Eis und Schnee“ kann gegen einen geringen Unkostenbeitrag auch auf CD-ROM bezogen werden (Link: Bestellformular).

Programmieren und präsentieren

Susanne Bickel-Sandkötter

17 HTML-Crashkurs

Webseiten selbst erstellen

Das Erstellen von Webseiten in der Schule kann mehrere Funktionen haben. Häufig stellen sich Schülerinnen und Schüler auf Schulseiten vor, eine Schul-Homepage hat mehr offiziellen Charakter, d. h., die Schule stellt sich hier vor. Manchmal wird Material angeboten und/oder zu interessanten Webseiten verlinkt. (Wer sich viele Schulseiten ansehen möchte, geht am besten auf www.schulweb.de.)

In unserem Zusammenhang sind aber zwei andere Funktionen von selbst erstellten Webseiten wichtig:

- Webseiten können auf dem schulinternen Rechner von Lehrerinnen und Lehrern als Steuerseiten zum Aufrufen von Links dienen (s. Kapitel 11, Geführte Internetrecherche). Diese Funktion werden wir im Folgenden durchspielen.
- Webseiten können im Unterricht selbst entstehen und eine Form der Ergebnisdokumentation (Recherchen, Messergebnisse) der Schüler sein. Zwei schöne Beispiele finden sich auf den Didaktik-Seiten der Botanik der Heinrich-Heine-Universität Düsseldorf (Adresse s. u.). Solche Webseiten können Aufforderungscharakter zum Mitmachen besitzen und für den Vergleich von Daten angelegt werden. Hat man beispielsweise im Unterricht Messergebnisse zur Wasserqualität eines Teiches oder eines Flussabschnitts erhalten, lassen sich diese tabellarisch darstellen und zum Vergleich mit anderen Schulen und deren Daten ins WWW stellen. Hierzu gibt es bereits schöne Beispiele wie das Internationale Rheinwasserprojekt, an dem viele Schulen entlang des Rheins teilnehmen (Adresse s. u.).

Um eine Webseite mit ausgewählten Hyperlinks (kurz: Links) anzulegen, von der aus Sie durch einfaches Anklicken zu ausgewählten Internetdokumenten kommen, benötigen Sie geeignete Webadressen sowie einige Grundkenntnisse, um eine HTML-Seite zu erstellen und die Verknüpfungen (Links) zu programmieren. Mit der standardisierten, plattformunabhängigen Internetsprache HTML (Hypertext Markup Language, s. Kapitel 10, S. 90) ist es möglich, Verbindungen zu anderen Internetdokumenten anzugeben. Hierzu im Folgenden eine kurze, beispielhafte Anleitung, mit deren Hilfe Sie in der Lage sind, selbst Verweisdateien zu erstellen, die vom Browser gelesen werden können.

Links auswählen und zusammenstellen

Beim Zusammenstellen von Webadressen, die über eine eigene Link-Seite zugänglich gemacht werden sollen, besteht die eigentliche Arbeit im Sortieren und Aussortieren der Inhalte. Wie dies beim Weg über Webkataloge aussehen kann, will ich an einem Beispiel erläutern: Ich gehe in www.yahoo.de und schränke die Suche ein, indem ich im Webverzeichnis auf die Rubrik „Umwelt & Natur" klicke. Es öffnet sich eine Liste mit verschiedenen Unterkategorien. Ich klicke auf „Biologie" und gebe in das Suchfeld „Fenchel" ein. Das Ergebnis sind Dokumente, die das gesuchte Stichwort „Fenchel" enthalten. Ich möchte weder Webseiten eines Herrn Fenchel noch Fenchel-Rezepte – diese sind aus den ersten zwanzig Ergebnissen leicht herauszufinden. Es bleiben in meinem Beispiel von den ersten zehn angezeigten Adressen die zweite, vierte, siebte und achte Adresse. Da täglich zahlreiche neue Adressen zugefügt werden und andere verschwinden, kann dies hier nur als eine beispielhafte Momentaufnahme gelten. Diese Seiten müssen jetzt geöffnet und inspiziert werden. Ich kann auch anders vorgehen und ausschließlich Universitäts- und Schulseiten heraussuchen, allerdings ist dann für das Thema „Fenchel" nicht gerade viel zu erwarten (außer vielleicht vom Max-Planck-Institut für Züchtungsforschung in Köln).
Bei der Prozedur der Auswahl sollte man strenge Kriterien anlegen: Speichern Sie keinesfalls Adressen zu Seiten

- ohne Angabe des/der Autoren,
- mit Inhalten, die den jugendlichen Leser manipulieren,
- mit gezielten ideologischen Beeinflussungen,
- mit endlos vielen Werbebannern und Aufforderungen, Dinge anzusehen, die nicht zum Thema gehören,

- mit radikalen, Gewalt verherrlichenden Inhalten,
- mit obszönen Darstellungen,
- mit versteckten Hinweisen oder Hyperlinks zu Seiten mit Gewalt verherrlichenden oder obszönen Inhalten.

Geeignete Adressen werden mit einem Lesezeichen (Netscape Navigator; engl. Bookmark) oder Favoriten (Internet Explorer) versehen und in einem eigenen Ordner gesammelt. In neueren Netscape- und Internet-Explorer-Versionen gibt es im Menü unter „Lesezeichen" bzw. „Favoriten" einen Unterpunkt „Lesezeichen editieren (verwalten, organisieren)". Dort können Sie einen neuen Ordner für Ihre speziellen Unterrichtsadressen anlegen und Ihre Internetadressen (URLs) darin speichern.
Bei Nutzung des Internets ist es ganz besonders wichtig, auf fachliche Korrektheit und altersgemäße Darstellung zu achten.

Programmieren einer HTML-Seite mit einer Linkliste

Zur Programmierung einer HTML-Seite braucht man kein Programm, das wysiwyg („what you see is what you get") vortäuscht. Sie können in Ihrem Schreibprogramm arbeiten und die Seite als HTML-Datei abspeichern, über Ihren Browser kann sie dann geöffnet werden.
Wir werden jetzt zusammen den Entwurf einer HTML-Seite mit Internetlinks verwirklichen.

Entwurf einer Webseite mit Hyperlinks

Grundlagen

Zunächst müssen Sie sich ein Stündchen Zeit nehmen, um die Grundstruktur des HTML zu begreifen, dann geht alles andere ganz leicht!
Öffnen Sie Ihren HTML-Editor (alternativ: eine leere Seite im Wordpad, im Programm Word, im Netscape Composer oder im Schreibprogramm Ihrer Wahl). Kopieren Sie die nachfolgende Grundstruktur einer einfachen Seite, nachdem Sie die folgende Beschreibung gelesen haben, und übertragen Sie diese in Ihr leeres Dokument (da wir nicht online sind, müssen Sie sie leider abschreiben). Sichern Sie das Dokument („Speichern unter") z. B. als versuch.html (Windows: versuch.htm) ab. Wenn Sie in einem modernen Schreibprogramm (z. B. Word 2001) arbeiten, können Sie auch den Modus „als html speichern" verwenden, das Ergebnis sieht aber anders aus, da dann durch das Schreibprogramm die grundlegenden HTML-Befehle vorgegeben werden. MS Word arbeitet in diesem Fall mit sog. „Stylesheets", das sind aus der Word-Programmierung übernommene Stilinterpretationen, die zum Teil den Dateiumfang erheblich vergrößern. Falls Sie die Möglichkeit haben, probieren Sie bitte beide Versionen aus und vergleichen Sie die Ergebnisse.
Bei der einfachen Speicherung als „Nur Text" achten Sie darauf, dass die Dateinamenserweiterung .htm angehängt wird. Auf Windows-Plattformen muss die Datei aus dem Wordpad nachträglich umbenannt werden. Benennen Sie die Dateien, falls Sie sie vergleichen möchten, nicht mit denselben Namen, da sie sich sonst gegenseitig ersetzen. Beim Mac nicht vergessen, die Dateinamenserweiterung .html anzufügen!
Die Speicherung mit der Endung .html (oder .htm) ist sehr wichtig. Vergessen Sie diese Endung, so kann der Browser Ihre Seite nicht interpretieren. Aus „html" entstand die Dateinamenserweiterung „htm" als 3-Buchstaben-Code für DOS-Rechner; beide können nebeneinander stehen – aber entscheiden Sie sich für eine durchgehende Version für alle Seiten in Ihrem neuen Projekt.

Die Grundstruktur einer einfachen Webseite sieht folgendermaßen aus:

Ihre Seite beginnt mit dem Befehl <HTML>. Darauf folgt der Seitenkopf <HEAD>.
So sieht der Kopf Ihrer Seite (aller Seiten!) im Prinzip aus:

Bitte ab hier die Programmierung und den Text in Ihr Schreibprogramm übertragen:

<HTML><HEAD>
<TITLE>Erster Versuch</TITLE>
</HEAD> Die Inhalte des „Headers" sehen Sie nicht im Browser, sie sind aber wichtig für Suchmaschinen und enthalten Angaben zum Programm, in dem die Seite erstellt wurde, den Titel, den Autor bzw. die Autorin und Suchbegriffe – sofern man diese Dinge hineinschreibt. Wir verzichten darauf und machen mit dem für uns wichtigeren Textkörper weiter.
<BODY BGCOLOR="#FFFFFF">
<P> Hier beginnt der Textkörper, der im Browser-Fenster sichtbar wird. Also werden Sie diesen Text, sofern Sie ihn abschreiben, ab dem Wort „Hier" im Browser-Fenster lesen können. Wenn Sie eine weiße Seite haben möchten, muss der body-tag diesen Befehl enthalten: bgcolor="#FFFFFF". Sonst erscheint Ihre Seite so, wie der jeweilige Browser des Betrachters eingestellt ist, häufig im schönen Browser-Mausgrau (bgcolor= background color).</P>
<P> Jeder Befehl steht innerhalb der Zeichen „kleiner als" und „größer als". Alles, was innerhalb dieser Zeichen steht, wird im Browser-Fenster nicht angezeigt. Vergessen Sie eine dieser Klammern, wird der Befehl nicht als solcher erkannt und die Schrift erscheint im Browser. Die Befehle nennt man auch „tags" (engl. für Kennzeichnung, Markierung). 'p' ist der Befehl für Paragraph und bewirkt, dass ein neuer Absatz beginnt.

 Zwischen den beiden body-tags 'body' und '/body' stehen Ihr Text und Ihre Abbildungen. Vergessen Sie nie, dass jeder Befehl ein Befehlsende haben muss. Der einzige Befehl, der kein Ende hat, ist der Zeilenumbruch 'br'. Der Schrägstrich (slash) markiert das Ende eines jeden Befehls.</P>
<P>
Befehle kann man verschachteln, dabei ist die Reihenfolge der Ende-tags umgekehrt wie die der Befehls-tags: <FONT FACE="Arial"><FONT SIZE="3">
<B>Dieser Beispielsatz erscheint fett (bold) und im Zeichensatz Arial und in der festgelegten Größe 3</B> </FONT></FONT></P>
<P>
(Diesen Absatz müssen Sie nicht unbedingt abschreiben: Eine meiner Studentinnen hat den Nagel auf dem Kopf getroffen mit ihrem plötzlichen Geistesblitz: „Das ist ja wie beim Klammer-Rechnen in der Mathematik!" Exakt das ist es auch! Bei ineinander geschachtelten Befehlen muss man genau auf die Positionierung der Ende-tags achten, das ist das ganze Geheimnis für sauber programmierte Seiten.) </P>

<P>
Man kann Befehle gleicher Art zusammenfassen; die beiden font-Befehle 'size' und 'face' dürfen in einem tag zusammenstehen: <FONT FACE="Arial" SIZE="2">, dann braucht man auch das font-Ende nur einmal.</FONT>
</P>
<P>
Die Befehlsbeschreibung steht immer in geraden Anführungszeichen. Wenn etwas nicht so funktioniert, wie Sie das möchten, sehen Sie nach, ob alle Klammern und alle Anführungszeichen vollständig sind. Sie ahnen gar nicht, was ein einzelnes fehlendes Anführungszeichen anrichten kann!
</P> <P> Übrigens: Es ist gleich, ob Sie die Befehle in Groß- oder Kleinbuchstaben schreiben, es sieht aber ordentlicher aus, wenn man sich an eine Schreibweise hält. </P> </BODY></HTML>

Bis hier abschreiben und im Wordpad als „Nur Text" abspeichern, anschließend an den Dateinamen .htm anhängen wie oben beschrieben.

Kleiner Trick zur Verkürzung der Übung: Falls Sie nicht so viel schreiben möchten, hängen Sie das </BODY></HTML> an eines der oberen </P>!

Öffnen Sie nun Ihren Browser und die abgespeicherte Seite im Browser-Fenster (Beispiel: bei Netscape 4.7 unter „file" im Menü in „open" und dann in „Page in navigator" gehen). Sehen Sie sich auch den Quellcode der Seite an (in allen Browsern über das Menü unter „Ansicht").
Falls Sie meinen Text wirklich abgeschrieben haben, sehen Sie jetzt, dass der Text nicht immer gut lesbar ist. Alle deutschen Umlaute und ß sind mit Sonderzeichen dargestellt (Promillezeichen etc.). Wenn Sie mit einem Programm wie Frontpage, PageMill o. Ä. arbeiten, dann ersetzt das Programm diese Zeichen. Ansonsten müssen Sie jeden Umlaut durch den entsprechenden Umlaut-Befehl ersetzen: ü ä ö und das ß durch ß (*lig* steht für Ligatur, *uml* für Umlaut). Am Anfang eines Sonderzeichens steht immer das „&-Zeichen" und am Ende das Semikolon. Groß geschriebene Umlaute werden entsprechend umschrieben (Ö für Ö) und das Eurozeichen beispielsweise sieht so aus: &eur;.
Jetzt wissen Sie, was zu tun ist, damit der obige Text in einem Browser ordentlich aussieht, und können die Übung selbst erweitern.
Noch ein Wort zum Arbeiten mit wysiwyg-Editoren wie Word (Microsoft Office): Wundern Sie sich nicht, wenn Sie den Quellcode eines in Word als

HTML abgespeicherten Dokuments nicht verstehen, er enthält das Zigfache an Befehlen. Das liegt daran, dass Microsoft versucht, Formatierungen über „Stylesheets“ und eigene XML-Entwicklungen nach Word-Dokumentvorlagen zu realisieren. Dadurch wird der im Grunde einfache HTML-Code für den Anfänger undurchschaubar. Außerdem kann eine so programmierte Seite häufig nur vom MS Internet Explorer richtig interpretiert werden. Das entspricht dem Ansatz von Microsoft, andere Firmen möglichst vom Markt zu drängen und widerspricht der Plattformunabhängigkeit und Universalität von HTML.

Verwirklichung des Entwurfs

Der oben gezeichnete Entwurf (s. Abbildung S. 157) sieht in HTML-Codierung ungefähr so aus:

```
<HTML><HEAD>
<TITLE>Links</TITLE>
</HEAD>
<BODY BGCOLOR="#CCFFCC">
<TABLE WIDTH="100%" BORDER="1" >
<TR>
   <TD WIDTH="30%" VALIGN="TOP">
   <BR><CENTER><IMG SRC="../Bilder/schul.gif" WIDTH=157
HEIGHT=134>
   < BR >< BR >< BR >
   <P><FONT FACE="ARIAL,HELVETICA" SIZE=5>Dies sind unsere inte-
   ressanten< BR >Links</FONT></CENTER></P></TD>
   <TD WIDTH="70%" VALIGN="TOP" ALIGN="LEFT">
   <FONT FACE="ARIAL,HELVETICA"><BR> <BR>
   <IMG SRC="../Bilder/blume.gif" WIDTH=150 HEIGHT=145
   BORDER="0"> <DIR><DIR>
   <P><IMG SRC="../Bilder/blue-marble.gif" WIDTH=10 HEIGHT=10>
   <FONT FACE="ARIAL,HELVETICA" SIZE=3><B>Deutscher Bildungsser-
   ver</B></FONT></P>
   <P><IMG SRC="../Bilder/blue-marble.gif" WIDTH=10 HEIGHT=10>
   <FONT FACE="ARIAL,HELVETICA" SIZE="3"><B>Linkliste im Winter-
   projekt</B></FONT></P>
   <P><IMG SRC="../Bilder/blue-marble.gif" WIDTH=10 HEIGHT=10>
   <FONT FACE="ARIAL,HELVETICA" SIZE="3"><B>Schulen ans
   Netz</B></FONT></P>
```

```
    <p><IMG SRC="../Bilder/blue-marble.gif" WIDTH=10 HEIGHT=10>
    <FONT FACE="ARIAL,HELVETICA" SIZE="3"><B>Zur Heinrich Heine
     Universit&auml;t</B></FONT></P></DIR>
    </DIR> <BR>
    <P ALIGN="RIGHT"><IMG SRC="../Bilder/hase.gif" WIDTH=62
    HEIGHT=76 BORDER="0"></TD></TR>
</TABLE></BODY></HTML>
```

Einige Erklärungen dazu:

Die absolute Anordnung von Text und Bildern auf einer HTML-Seite ist nicht möglich. Man behilft sich z. B. mit einer Tabelle. Ich habe eine Tabelle als Grundeinheit zur Aufteilung der Seite gewählt: 1. Spalte 30 %, 2. Spalte 70 % der Bildschirmbreite. Die Tabelle wird mit Rahmen angezeigt (border="1").

Eine einfache Tabelle mit Rahmen und zwei Spalten und zwei Zeilen sieht so aus:

```
<table border="1" >
<tr><td>Feld 1</td><td>Feld 2</td></tr>
<tr></td>Feld 3</td><td>Feld 4</td></tr>
</table>
```

Versuchen Sie's! Wenn Sie nichts hineinschreiben wollen, aber trotzdem ein Feld sehen möchten, dann muss das Zeichen für „Leerzeichen" hinein: .

Damit das Schullogo (das Bild habe ich schul.gif genannt und es liegt in einem Ordner, der „Bilder" heißt) oben am Rahmen bleibt (s. die Abbildung S. 165), habe ich in das erste Feld der Tabelle <td> der ersten Reihe <tr> valign=top eingetragen (valign = vertical alignment).

Das Bild (jedes Bild) wird vom Browser nur gefunden, wenn seine korrekte Adresse (Pfad) angegeben ist. Dieser wird im image-tag angegeben: <img source="Pfad angeben">.

Damit der Hase unten rechts in der Ecke bleibt, habe ich dem Zeilen-tag ein align="right" eingegeben. Die Orientierung eines Bildes auf einer Webseite ist nicht absolut möglich, sondern nur relativ zu dem vorhandenen Text. Daher kann man Text und Bilder am besten in Tabellen anordnen, wenn man nicht möchte, dass ständig alles „verrutscht".

Entwerfen Sie jetzt einfach nach diesem Muster Ihre eigene Seite. Falls Sie noch viel Hilfe benötigen: Es gibt eine sehr empfehlenswerte Internet-

adresse, wo Sie sich „Selfhtml" – eine Anleitung mit allen Befehlen – herunterladen können: www.teamone.de/selfaktuell/
Alternativ dürfen Sie natürlich gerne meinen Entwurf kopieren und Ihre eigenen Farben, Texte, Bilder einsetzen und sehen, was passiert. So, durch Versuch und Irrtum lernt man bekanntlich am schnellsten.

Anlegen von Hyperlinks

Der Entwurf steht, es fehlen allerdings noch die wirklichen Verlinkungen ins Internet. Eine Verlinkung führe ich mit dem reference-tag durch: <a href="vollständige Internetadresse"> und natürlich muss am Ende des Begriffs, in den ich klicken will, auch ein Ende-tag stehen: </a>. Merke: Alles, was zwischen den beiden tags <a href=" "> und </a> steht, gehört im Browser zum Link. Schreibt man die Abbildung der blauen Murmel (also den kompletten image-tag) dort hinein, so wird diese ebenfalls anklickbar. Lasse ich den image-tag davor stehen, so kann man nur die Schrift anklicken.
Zurück zum HTML-Text:

```
<p>
<a href=" "><img src="../Bilder/blue-marble.gif" width=10 height=10>
<font face="arial,helvetica" size=3><b>Deutscher Bildungsserver </b>
</font> </a></p>
<p><a href=" "> <img src="../Bilder/blue-marble.gif" width=10 height=10
border="0" >
<font face=" arial,helvetica" size="3"><b>Linkliste im Winterprojekt</b>
</a> </p>
<p><a href=" "> <img src="../Bilder/blue-marble.gif" width=10 height=10
border="0" >
<font face=" arial,helvetica" size="3"><b>Schulen ans
Netz</b></font></a></p>
<p>
<a href=" "> <img src="../Bilder/blue-marble.gif" width=10 height=10 bor-
der="0" >
<font face=" arial,helvetica" size="3"><b>Zur Heinrich Heine Univer-
sit&auml;t </b></font></a></p>
```

Schon ohne Angabe des Ziels der Verlinkung erscheinen dann im Browser-Fenster die Wörter zum Anklicken unterstrichen und die blaue Murmel in einem Rahmen. Da dieser das Bild stört, entferne ich ihn durch Eingabe: border="0" in den image-tag.

Aufgabe

a) Erstellen Sie eine einfache Webseite und kopieren Sie die vier Links (oben) hinein. Sichern Sie die Seite unter "test.html" und öffnen Sie sie im Browser-Fenster. Variieren Sie das Ergebnis anschließend durch Eingabe von Bordergrößen (border="2") in den image-tag und betrachten Sie das Ergebnis.
b) Variieren Sie die Eingabe durch Auslassen der Murmel aus dem reference-tag (dann können Sie nur die Schrift anklicken).

Zum Schluss setzen wir die Links natürlich auch wirklich ein:

```
<p>
<a href="http://dbs1.dfn.de/ "target="_blank"><img src="../Bilder/blue-
marble.gif" width=10 height=10> <font face="arial, helvetica"
size="3"><b>Deutscher Bildungsserver</b></font></a></p>
 <p>
<a href="http://www.uni-duesseldorf.de/MathNat/Biologie/Didaktik/Winter-
projekt/didaktik/links.htm" target="_blank"> <img src="../Bilder/blue-mar-
ble.gif" width=10 height=10 border="0" > <font face="arial,helvetica"
size="3"><b>Linkliste im Winterprojekt</b></font> </a> </p>
<p>
<a href="http://www.san-ev.de/"target="_blank"> <img src="../Bilder/blue-
marble.gif" width=10 height=10 border="0" > <font face="arial,helvetica"
size="3"><b>Schulen ans Netz</b></font></a></p>
<p>
<a href="http://www.uni-duesseldorf.de "target="_blank"> <img src="../Bil-
der/blue-marble.gif" width=10 height=10 border="0" > <font
face="arial,helvetica" size="3"><b>Heinrich Heine Univer-
sit&auml;t</b></font></a></p>
```

Um einen vollständigen Pfad anzugeben, öffnen Sie am besten die entsprechende Seite im Browser und kopieren Ihre vollständige Adresse aus dem Adressen-Fenster (Strg + C).
Anschließend können Sie sie in Ihren Text einsetzen (Strg + V). Übrigens: 'target' ist der Trägerrahmen, bei target= "_blank" wird die verknüpfte Seite in einem neuen Rahmen geöffnet. Das hat den Vorteil, dass Sie diesen wegklicken können und dann wieder auf Ihrer Seite sind und dass die durch den Hyperlink geöffnete Seite nicht etwa in einer Ihrer eventuellen Unterrahmenstrukturen erscheinen muss.

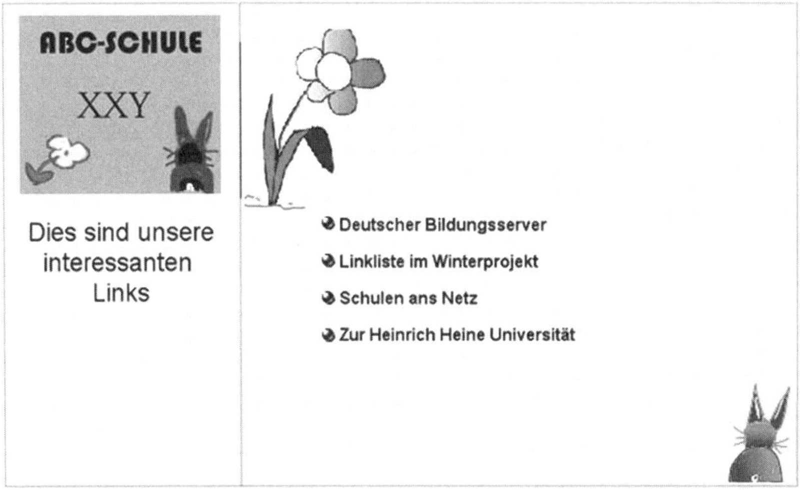

Ansicht des obigen Entwurfs im Browser. Die Bildchen wurden in Photoshop (Adobe) erstellt.

Kleiner Exkurs über Farben im Internet

Selbstverständlich können Sie auch die Link-Farben verändern. Das geschieht im body-tag, in den man die Farbe für einen unbenutzten Link (LINK="#333366"), für einen gerade angeklickten Link (aufleuchten) (ALINK="#CC0066") und für die bereits gesehenen (VLINK="#9933CC") angeben kann.
Farben werden meist als hexadezimale Werte angegeben. Im Gegensatz zum üblichen Zehnersystem ist das Hexadezimalsystem ein Sechzehnersystem. RGB-Werte (Rot, Grün, Blau) reichen von 0 bis 255. Für HTML müssen RGB-Werte konvertiert werden. 0 entspricht dabei 00 (schwarz) und 255 (weiß) entspricht FF.
Da Mischfarben sich aus den drei Farben Rot, Grün und Blau zusammensetzen, muss man für weiß dreimal FF eingeben, also für einen weißen Hintergrund <bgcolor="#FFFFFF">. Einen schwarzen Hintergrund bewirkt man mit <bgcolor="#000000">.
Hier sind die 16 Codierungen für die Farben angegeben.

Hex	0	1	2	3	4	5	6	7
	8	9	A	B	C	D	E	F

0 entspricht Schwarz; eine Kombination von jeweils sechs dieser Ziffern oder Zahlen entspricht einer Farbe. In der HTML-Codierung entspricht die Angabe 00 für Rot, 00 für Blau und 00 für Grün insgesamt der Farbe Schwarz (#000000 = Schwarz). Die Raute muss zur korrekten Interpretation von Farben auf anderen Plattformen vorangestellt werden.
Seiten im Web unterscheiden sich von Druckseiten insofern, als eventuell vorhandene Farben sich aus projiziertem Licht und Pixeln zusammensetzen und nicht aus Pigmenten in verschiedenen Anteilen. Das bedeutet aber, dass verschiedene Betrachter Farben verschieden sehen – je nach Einstellung der Farbtiefe auf dem Monitor, je nach Farbkalibrierung und Gamma-Standardeinstellung. Weiterhin werden die Farben durch das Betriebssystem und den Web-Browser beeinflusst.
Web-Design beschränkt sich auf den Bildschirm, daher sollten alle Farben (auch farbige Fotos) im RGB-Modus erstellt sein.
CMYK-Farben (CMYK = *C*yan, *M*agenta, *Y*ellow, Blac*k*) werden nur verwendet, um Druckfarben zu simulieren.
Da der Browser das Fenster zum Internet ist, ist die Farbpalette des Browsers das wichtigste Instrument, um Ihre Farben für alle möglichst gleich aussehen zu lassen. Browser arbeiten mit der Systempalette der jeweiligen Plattformen, denen trotz aller sonstigen Unterschiede 216 Farben gemein sind. Diese Farben sollten also für Webseiten genutzt werden. Man nennt sie auch „browserunabhängige“ Farben. Während 40 der 256 Farben für die jeweiligen Betriebssysteme reserviert sind, werden die restlichen 216 unabhängig vom Betriebssystem, von der Plattform und vom Browser, akzeptiert.

Herunterladen von Websites

Beschäftigt man sich häufiger mit Link-Listen, stellt man fest, dass so mancher Link sehr schnell nicht mehr funktioniert. Besonders schnell und häufig verschwinden private Homepages. Das liegt daran, dass kleine Firmen, die Serverplätze anbieten, schnell wieder vom Schauplatz verschwinden bzw. aufgekauft werden oder z. B. dass die Seitenbesitzer sich selber nicht mehr dafür interessieren und ihre Seiten nicht pflegen, Beiträge nicht bezahlen oder den Server wechseln. Es gibt sicher viele Gründe für die große Fluktuation von privaten Homepages. Aber auch Universitätsseiten werden gelegentlich umgebaut, ändern ihre Adressen oder verschwinden ganz von der Bildfläche.

Hat man Inhalte gefunden, die für ein bestimmtes Thema unbedingt notwendig und unersetzlich scheinen, dann sollte man die entsprechenden Seiten aus dem Netz herunterladen und auf dem Schulserver oder -rechner anlegen. Für dieses Vorgehen gibt es weitere Gründe, die in dem Beispiel der „geführten Internetrecherche" (s. Kapitel 11) ausführlich beschrieben werden. Für das Herunterladen von ganzen Websites braucht man heute kein spezielles Programm mehr, die neuen Versionen der gängigen Browser können das bereits.

Beim Internet Explorer 6.0 geht man folgendermaßen vor:

1. Öffnen der Seite, die heruntergeladen werden soll.
2. Im Menü unter „Datei" geht man in „Speichern", dann öffnet sich ein Fenster, in dem der Speicherort und die Speicherart angegeben wird. Enthält die Seite *frames* (mehrere Rahmen, die sich gegenseitig steuern), so gibt man die Art „Webarchiv" an, damit alle Rahmen erfasst werden.

Ansonsten gibt es die Optionen „Quelltext" oder „Seite". Auch die Ebenen der zu erfassenden Hyperlinks kann angegeben werden.

Sind die Dateien auf dem eigenen Rechner, muss bei einer Verlinkung dieser Seiten natürlich der lokale Pfad und nicht die Internetadresse angegeben werden.

Zuvor muss bei den Autoren der Seiten angefragt werden, ob sie mit der Verwendung einverstanden sind.

Literatur und Software

Themenheft „Computer-Unterricht-Internet" der Zeitschrift „Pädagogik", 9/2000

Weinmann, L.: Webdesign – Tips und Tricks für die Gestaltung professioneller Web-Pages. Midas, Zürich 1998

Internetadressen

Beispiele für schülererstellte Dokumentationsseiten finden sich auf den Didaktik-Seiten der Botanik der Heinrich-Heine-Universität Düsseldorf unter „Projekte von Schülerinnen und Schülern": www.uni-duesseldorf.de//MathNat/Biologie/Didaktik/de/projekte/start.html

Internationales Rheinwasserprojekt: www.uni-duesseldorf.de/MathNat/Biologie/Didaktik/RProjekt/de/members.htm

Roman Förster

18 Schüler erstellen eine hypermediale Lernanwendung (Sek. II)

Theoretische Vorüberlegungen

„Der Lernstoff ist grundsätzlich vermittelbar.
Es gibt eine optimale Stoffvermittlung."
Thissen, 1997

Auf den ersten Blick scheinen diese Aussagen einleuchtend und sind daher oft im Alltag unterrichtlichen Handelns wiederzufinden. Diese Prämissen bilden auch implizit die Grundlage für die Erarbeitung und Präsentation einzelner Themengebiete von Projekten und Schwerpunktvorhaben in der Sekundarstufe II im Fach Biologie, wobei die arbeitsteilig organisierten Gruppen versuchen, ihr erarbeitetes Themengebiet den anderen Schülern mit Hilfe mediengestützter Vorträge zu vermitteln. Es entstehen dadurch überwiegend Kommunikationssituationen, in denen das Wissen mit Hilfe der Bild- und Wortsprache vom Lehrer (hier: Schüler als Experten) auf die lernenden Schüler übertragen werden soll. Obwohl sich Schülerinnen und Schüler oft viel Mühe bei der Gestaltung ihrer Präsentationen geben und diese auch durchaus abwechslungsreich gestalten, sind die Lernerfolge dennoch unbefriedigend, wofür hauptsächlich die grundlegende Kommunikationssituation in diesem Lehr-Lern-Prozess verantwortlich zu machen ist. Daraus ergibt sich die Frage, ob mit Hilfe des Computers der Lernprozess optimiert werden kann, damit allen Schülern ein effektiveres und nachhaltigeres Lernen im Sinne des Aufbaus von Wissen ermöglicht wird. Eine Antwort ist dabei in der Erstellung einer hypermedialen Lernanwendung zu finden, mit deren Hilfe eine intensivere und somit effektivere Auseinandersetzung aller Schüler mit den fachlichen Inhalten erreicht werden kann. Als hypermediale Struktur wird hier ein nichtlinearer Text verstanden (*Hyper*text), der verschiedene Medien in einer einzelnen Präsentation integriert (Multi*media*) und der interaktiv verwendet werden kann. Der Einsatz des Computers hilft dabei, einen Paradigmenwechsel von der passiv-rezeptiven Rolle des Lerners hin zu einer Position zu vollziehen, in der der Erkenntnis Rechnung getragen wird, dass Lernen als aktiver Prozess erfolgreicher ist. Mit Hilfe einer hypermedialen Anwendung wird eine neue Lernsituation geschaffen, in der zwar immer noch kleinere Einheiten durch den Computer „gelehrt", aber die Lerner auch zum eigenaktiven Lernen animiert werden.

Die selbstständige und eigenverantwortliche Herstellung hypermedialer Produkte stellt ein komplexes Vorhaben dar, das einer sorgfältigen Planung bedarf. Diese betrifft nicht nur den Arbeitsprozess selbst, sondern macht darüber hinaus auch Vorüberlegungen zur didaktischen Konzeption des Produktes erforderlich. Am Beispiel des Schwerpunktthemas „Herz – Motor des Kreislaufes" soll exemplarisch gezeigt werden, dass durch das gemeinsame Erstellen eigenen Unterrichtsmaterials in Form einer hypermedialen Lernanwendung einerseits die Verarbeitung des Unterthemas noch weiter vertieft und andererseits der Lerneffekt unter dem Schwerpunkt des Wissenserwerbs seitens der Rezipienten deutlich verbessert werden kann. Durch die Kombination aus Fremdsteuerung und Selbststeuerung des Lernens wird dabei die bisherige Fokussierung auf die Lern-Ergebnisse um die „stärkere Betonung des Lern-Prozesses und der Aneignung von Lernkompetenz" (Kattmann 1998, S. 178) erweitert. Mit einer hypermedialen Lernanwendung als Präsentationstechnik sollen somit neben der Weiterentwicklung fachwissenschaftlicher Kompetenzen auch allgemeine Kompetenzen gefördert werden, die letztlich dazu beitragen, die Schüler auf ein lebenslanges Lernen vorzubereiten.
Schwerpunktthemen, die in NRW in der Sekundarstufe II pro Halbjahr einmal durchgeführt werden müssen, sind *Projekte* zur Förderung des eigenständigen Lernens, die in ähnlicher Form auch in den anderen Bundesländern durchgeführt werden. Das Thema „Herz – Motor des Kreislaufes" verbindet Inhalte aus verschiedenen Teildisziplinen der Biologie (Morphologie, Physiologie, Cytologie, Anatomie, Neurologie) und lenkt gleichzeitig den Blick über den Tellerrand der Biologie hinaus auf medizinische, pathologische, ethische und sogar kulturgeschichtliche Fragestellungen. Wie im Folgenden gezeigt wird, werden klassische Präsentationstechniken – wenn es um die Darstellung der Arbeitsergebnisse der Kleingruppen geht – der inhaltlichen Vielschichtigkeit und Vernetzung nicht gerecht und reduzieren die anderen Schüler zu passiven Rezipienten.

Der konstruktivistische Ansatz des Lernens

Die zuvor dargestellte Form des Wissenserwerbs lehnt sich im Wesentlichen an die Grundzüge der kognitivistischen Position des Lehrens und Lernens an, die davon ausgeht, dass der Lehrende den Lerninhalt objektiv durch geeignete gegenstandszentrierte Lernumgebungen an den Lernenden übermitteln kann, sodass dieser ihn in ähnlicher Form anschließend selber besitzt. Neuere Forschungsergebnisse weisen darauf hin, dass das menschliche Gehirn die durch die Sinnesorgane aufgenommenen Reize strukturiert und interpretiert und sich somit ein Konstrukt der Welt schafft (Thissen 1997; Krapp 2001). Lernen im Sinne des Wissenserwerbs ist demzufolge ein *aktiver* Prozess, der an die Aktivierung bereits vorhandenen Vorwissens (Schemata) gekoppelt ist und eine Verknüpfung der neuen Information mit dem Vorwissen erfordert, wenn eine langfristige Speicherung erreicht werden soll.

Lernen ist somit eine individuelle Konstruktion, bei der neue Schemata aufgebaut oder vorhandene Schemata verändert werden. Lehren ist demzufolge *nicht* die Vermittlung und Lernen ist *nicht* die Aneignung eines extern vorgegeben Wissens. Ein Paradigmenwechsel ist erforderlich, der zu einer aktiven Position des Lernenden und zu einer reaktiven Position des Lehrenden führt. Der Lehrende wird zum unterstützenden und beratenden Herausforderer, der Lernsituationen kreiert, in denen der Lernende angeregt wird, seine Konstruktionen von Wirklichkeit zu hinterfragen, weiterzuentwickeln, zu verwerfen oder zu bestätigen (Krapp, 2001). Effektives Lernen ist der konstruktivistischen Theorie zufolge ein kontextgebundener, sozial vermittelter und situierter Prozess, der Lernumgebungen erfordert, die den Lernenden entsprechende Situationen anbieten.

Allerdings ist die Umsetzung einer rein konstruktivistisch geprägten, situierten Lernumgebung ebenfalls mit Problemen behaftet: In der praktischen Umsetzung kann eine mangelnde Anleitung und Unterstützung der Lernenden zu einer Überforderung führen, die bei Lernschwächeren eher zur Demotivation als zur Motivation führt (Krapp, 2001).

Was bedeutet das nun für die Gestaltung einer effektiven Lernumgebung? Wie so oft in der pädagogischen Praxis kommt es auf die Mischung an, da Prozesse des Lehrens (Instruktion) und des Lernens (Konstruktion) eng miteinander verknüpft sind. Das hier vorgestellte Unterrichtsprojekt versucht, die Nachteile zu vermeiden und die Vorteile zu vereinen. In einem solchen integrativen Modell soll eine Balance zwischen expliziter Instruktion und konstruktiver Aktivität der Lernenden gewährleistet werden.

Hypermedia im Lehr-Lern-Prozess

Bei der Planung medial gestützter Lehr-Lern-Prozesse gilt es zu berücksichtigen, dass Medien funktionsspezifisch eingesetzt werden sollen. Im Hinblick auf ein Unterrichtsprojekt im Sinne eines Schwerpunktvorhabens liegt die Hauptfunktion der hypermedialen Anwendung darin, die Schüler zu einer aktiven Aneignung der zuvor in einzelnen Themengruppen erarbeiteten und aufbereiteten fachlichen Inhalte zu animieren, um ihnen somit ein tieferes Verarbeiten dieser Inhalte zu ermöglichen. Dieses Ziel setzt eine adäquate Lernumgebung voraus, die im Idealfall eine Mischung aus offenem Unterricht und instruktionalen Komponenten beinhaltet (Strittmatter 1995). Es liegt in der Natur eines solchen Projektvorhabens, dass sich Teilaspekte eines fachlichen Gegenstandes überschneiden. Im Falle unseres Projekts zum Thema „Herz" wählten die Schüler beispielsweise die Unterthemen „Organspende", „Bau und Funktion des Herzens und des Blutkreislaufsystems", „koronare Herzerkrankungen" sowie „Schülerexperimente und Modelle". Das Problem der Arterienverkalkung beispielsweise fällt nun zunächst in den Themenbereich „Koronare Herzerkrankungen", es wird jedoch nur dann ein tiefes Verständnis erreicht, wenn der Bau der Gefäße bekannt ist. Somit ergibt sich eine Schnittstelle zur Untergruppe „Bau und Funktion des Herzens und des Blutkreislaufsystems". Die netzwerkartige Struktur, die aus der Verknüpfung verschiedener Themengebiete resultiert, erfordert keine bestimmte Reihenfolge, in der die Teilbereiche behandelt werden sollten. Hypermediaprodukte können eine solche Struktur angemessen repräsentieren und die kognitive Erschließung des Gesamtthemas aus den unterschiedlichsten Perspektiven ermöglichen.

Die Situation, in der gelernt wird, spielt eine große Rolle für den Wissenserwerb, da sie aus wissenschaftstheoretischer Sicht konstitutiver Bestandteil des Lernens ist (Mandl 1995). „Situation" ist dabei kein einheitlicher Begriff, sondern umfasst sowohl das Lernen im Kontext als auch die soziale Umwelt des Lernenden (Interaktion mit anderen Schülern). Sämtliche Ansätze situierten Lernens schlagen deshalb eine Lernumgebung vor, in der die Schüler in Gruppen komplexe Probleme aktiv lösen, wobei sich die kooperative Erarbeitung des Problems durch die Auseinandersetzung mit anderen Schülern positiv auf ein vertiefendes Verständnis des Gegenstandes auswirkt. Das kooperative Lernen soll sich aber nicht nur auf die Arbeit *am* Computer beschränken, sondern auch *mit* dem Computer erfolgen. Hier finden die Schüler thematisch gebundene Arbeitsanweisungen, die sie zu kooperativen und individuellen Aktivitäten „außerhalb des Computers" anleiten. In der Biologie und besonders beim Themenfeld „Herz" ist ein ausschließlicher Rückgriff auf den Computer nicht wünschenswert, da die Schüler hier wichtige fachwissenschaftliche Arbeitsmethoden anwenden können (z. B. die Präparation). Die von der Gruppe angefertigten digitalisierten Bilder ihrer Präparation könnten aber am Computer in der Art aufbereitet werden, dass sie die anderen Schüler bei der eigenständigen Präparation anleiten.

Lernschwierigkeiten bei der Benutzung hypermedialer Produkte

Hypermediale Unterrichtsmaterialien bergen aber auch zwei grundlegende Typen von Lernproblemen, mit denen Schüler konfrontiert sein können: *Desorientierung* und *kognitive Überlast*. Das von Conklin (1987) beschriebene Phänomen des „lost-in-cyberspace“ ist auf die Unkenntnis des Benutzers bezüglich der Organisationsstruktur des Hypertextes zurückzuführen. Dies kann zur Folge haben, dass dem Benutzer der Überblick über den aktuellen Standort innerhalb der eigenen Bearbeitung des Hyperdokuments verloren geht. Mit dem Begriff „kognitive Überlast“ wird allgemein die zusätzliche kognitive Leistung des Benutzers beschrieben, sich zu merken, welche Seiten schon aufgesucht wurden, auf welchen Wegen er zu ihnen gelangt ist und welchen Inhalt diese hatten (Tergan, 1995).

Praktische Umsetzung

Rahmenplanung

Das eigenverantwortliche und selbstständige Erstellen hypermedialen Unterrichtsmaterials ist ein komplexes, anspruchsvolles und aufwändiges Vorhaben. Um das Produkt effektiv im Unterricht im Rahmen des Projektvorhabens einsetzen zu können, bedarf es deshalb einer langfristigen und sorgfältigen Vorbereitung durch die Schüler.
Das gesamte Vorhaben kann in drei Phasen unterteilt werden (s. die Abbildung 173):

- In einer ersten kurzen Einführungsphase wird der Arbeitsprozess in Gang gesetzt. Gemeinsam werden im Plenum Rahmenbedingungen für ein erfolgreiches Arbeiten geschaffen.
- Dann folgt eine lange Gruppenarbeitsphase. Die Schüler sammeln in Kleingruppen Material zu ihrem Thema, führen Experimente, Präparationen, Interviews etc. durch. Sie bereiten diese Erfahrungen und Ergebnisse für das Hypermediaprodukt auf und erstellen schließlich ihre Seiten. Als verbindendes Element dienen dabei die sog. Redaktionssitzungen, in denen die einzelnen Kleingruppenarbeiten von den Schülern im Hinblick auf das Endprodukt koordiniert und Probleme – soweit es geht – selbstständig gelöst werden.

- In der dritte Phase werden dann die Seiten der verschiedenen Gruppen zusammengeführt und die fachlichen Inhalte der anderen Unterthemen mit Hilfe der hypermedialen Lernanwendung. Die abschließende Evaluation des Produktes dient seiner Weiterentwicklung und Verbesserung für eine weitere Verwendung in anderen Lerngruppen.

Erste Phase – Initiieren des Arbeitsprozesses

Der Beginn eines solchen Vorhabens sollte nicht zu früh im Schuljahr liegen, da dieses Vorhaben ein hohes Maß an Teamwork erfordert. Der Einstieg in das Vorhaben kann etwa zwei Stunden umfassen. In dieser Phase

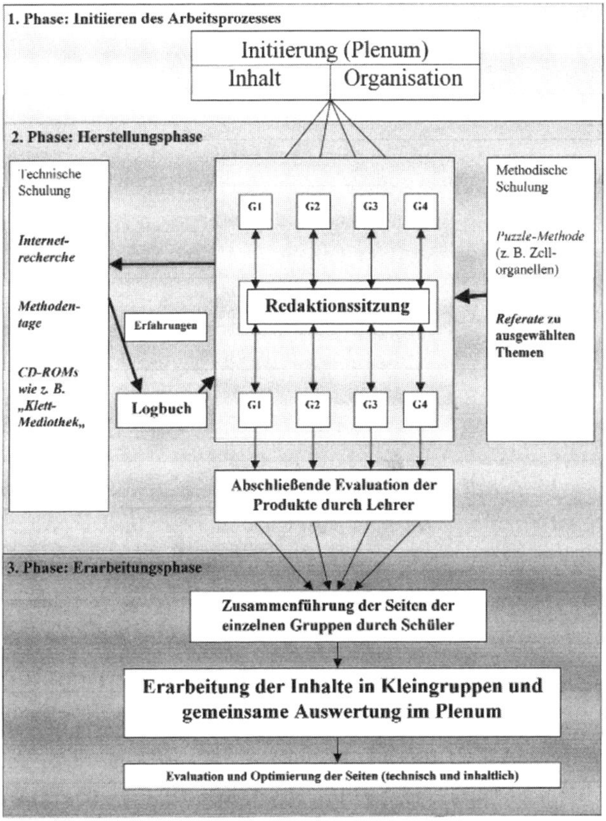

Schematische Darstellung der Rahmenplanung zur Erstellung der Hypermedia-Lernanwendung

werden die organisatorischen und inhaltlichen Rahmenbedingungen sowie die Arbeitsbedingungen und Zielvorstellungen geklärt. Die wichtigsten Vorgehensweisen sollten den Schülern in schriftlicher Form ausgehändigt werden, sodass zu jeder Zeit ein Zugriff auf diese möglich ist und sie gleichzeitig als verbindliche Richtlinien für das eigene Arbeiten anerkannt werden.

Organisatorische Rahmenbedingungen

Nachdem die wesentlichen Züge des Gesamtablaufs erläutert sind (v. a. Redaktionssitzung mit alternierendem Sprechersystem, Logbuch, s. u.), werden den Schülern die Themengebiete zur Auswahl angeboten. In unserem Fall fand eine Aufteilung des Gesamtthemas in die folgenden vier Themengruppen großes Interesse:

- Organspende
- Bau und Funktion des Herzens und des Blutkreislaufsystems
- Koronare Herzerkrankungen
- Schülerexperimente und Modelle

Die Schüler können sich frei für das Thema entscheiden, das sie am liebsten bearbeiten möchten. Dabei sollte aber auf ähnliche Gruppengrößen geachtet werden. Ideal ist es, wenn sich in jeder Gruppe zumindest ein Schüler befindet, der eine gewisse Erfahrung im Umgang mit Editoren hat, da so die Gestaltung der Seiten erheblich erleichtert werden kann.
Im Hinblick auf die Sichtung und Auswahl des Materials sollte den Schülern bereits an dieser Stelle bewusst gemacht werden, dass – wenn eine Publikation im Internet angestrebt wird – urheberrechtliche Bestimmungen berücksichtigt werden müssen. Texte und Abbildungen dürfen nicht einfach kopiert und auf der eigenen Homepage veröffentlicht werden. Die Schüler können sie aber als Grundlage zur Erstellung eigener Texte bzw. Abbildungen verwenden.

Inhaltliche Rahmenbedingungen

Mit dem Ziel einer Verbesserung des Lernerfolgs muss die konkrete inhaltliche Gestaltung der Seiten in den einzelnen Kleingruppen aus den Vorstellungen *aller* Schüler erwachsen. Dazu werden die Unterthemen an der Tafel oder mit Hilfe eines anderen Mediums visualisiert. In einem Brainstorming können die Schüler im Plenum frei und unverbindlich ihre Assoziationen artikulieren. Dabei sind sämtliche das Thema betreffende Äußerungen erlaubt und werden kommentarlos und ohne erkennbare Zuordnung zu einem bestimmten Unterthema schriftlich fixiert. Auf diese Weise entsteht ein unstrukturiertes Bild, das von den Gruppen später strukturiert werden muss. Dazu setzen sich die Schüler zunächst in ihren Kleingruppen zusammen und suchen sich die Begriffe und Fragen aus der Sammlung heraus, die ihrer Meinung nach zu ihrem Themengebiet gehören.

Die Gestaltung orientiert sich somit am Vorwissen der Schüler und ermöglicht Lernwege, die bestimmte bereits vorhandene Vorstellungen erweitern *(kontinuierliche Lernwege)* oder zu einer Revision des vorhandenen Wissens führen (*diskontinuierliche Lernwege;* Duit 1995).

Dass bei der Auswahl der Begriffe auch einige Aspekte von zwei oder mehr Gruppen zu ihrem Unterthema zugeordnet werden können, ist ebenfalls ein wichtiger und wünschenswerter Gesichtspunkt, da hier schon Vernetzungen der Unterthemen auftreten, die später in den Redaktionssitzungen thematisiert und durch Links in der Produktions- und Anwendungsphase manifestiert werden können.

Zweite Phase – Erstellen der Hypermedia-Lernanwendung

In dieser Phase arbeiten sich die Schüler nun in den Kleingruppen selbstständig in das Thema ein, wählen Material aus und bereiten es für die Anwendung auf. In unserem Fall fand diese Arbeit großenteils außerhalb des Biologieunterrichts statt, den Schülern wurden aber einzelne Stunden zur Verfügung gestellt, da einige wichtige Arbeiten in der Schule durchgeführt werden mussten (z. B. für die Präparation des Schweineherzens, Kolbenversuch).

Im Hinblick auf die Erstellung des gemeinsamen Endproduktes ist es notwendig, die einzelnen Gruppenarbeiten aufeinander abzustimmen. Dies geschieht in den Redaktionssitzungen. Erfahrungen, die im Zusammenhang mit der technischen und methodischen Schulung gesammelt wurden (s. u.), fließen direkt in die Gruppenarbeiten und indirekt über das Sprechersystem (s. u.) auch in die Redaktionssitzungen ein und geben den Schülern das nötige technische und methodische Werkzeug an die Hand, mit dem die Herstellung der hypermedialen Lernanwendung erleichtert wird. Die anfangs vagen Vorstellungen werden so durch mehrfachen Wechsel zwischen Kleingruppenarbeit und Redaktionssitzungen immer weiter konkretisiert.

Am Ende dieser Phase, die sich über mehrere Monate erstrecken kann, hat jede Gruppe ihr Unterthema in Form von HTML-Seiten erstellt, die abschließend vom Lehrer auf ihre fachliche Richtigkeit hin überprüft werden.

Methodische Schulung

Neben der Schulung sozialer Kompetenzen bietet die Teamarbeit eine Möglichkeit, die Fähigkeit zur Reduktion fachlicher Inhalte auf das Wesentliche und ihre angemessene Präsentation zu üben.

Technische Schulung

Die technische Umsetzung der Gruppenergebnisse in eine hypermediale Form stellt die größte Schwierigkeit im gesamten Prozess dar. Es ist dabei von den unterschiedlichsten Voraussetzungen seitens der Schüler auszugehen, weshalb ein langfristig angelegter und sich wiederholender Einsatz des Computers im Biologieunterricht notwendig ist.
Der Umgang mit dem Internet als Informationsquelle sollte geübt werden, wobei die Schüler neben dem Suchen und Extrahieren von gewünschten Informationen zu ihrem Thema die Internetseiten auch auf einer Metaebene kritisch bewerten sollten. Dabei sollten sie sich bewusst machen, was die Informationsentnahme fördert (z. B. kurze Texte, erklärende Abbildungen etc.) und was sie behindert (z. B. lange Ladezeiten aufgrund zu großer Bilder, zu umfangreiche Texte etc.). So werden die Schüler für Fragen des Designs der Seiten als auch für die Art und Weise der Präsentation von Informationen sensibilisiert. Die Erfahrungen werden schriftlich im Logbuch (s. u.) festgehalten. Mit Hilfe dieser Aufzeichnungen fällt es den Schülern dann leichter, Erwartungen an die Gestaltung der eigenen Seiten zu formulieren und letztlich auch umzusetzen.
Für das Erstellen von Hypertexten ist eine Einführung in die HTML-Technik (Hypertext Markup Language, s. Kapitel 10 und 17) heutzutage glücklicherweise nicht mehr erforderlich, da es mittlerweile eine Vielzahl von Editoren gibt, die keine Kenntnisse in der HTML-Technik voraussetzen. Viele dieser Editoren (z. B. Netscape Composer, Pagemill) sind relativ einfach zu handhaben und mit ihrer Hilfe können Schüler schon nach kurzer Zeit Hypertexte selbst erstellen. Sie entwickeln zunächst einmal Entwürfe ihrer Seiten auf Papier, bevor diese in das HTML-Format übertragen werden. Dadurch wird absehbar, welche Programmfunktionen sie kennen müssen. Diese können dann durch Instruktion des Lehrers oder auch durch andere Schüler beispielsweise in den Redaktionssitzungen erklärt werden.
Eventuell können auch fächerübergreifende Methodentage dazu verwendet werden, die Schüler im Vorfeld mit einem Editor vertraut zu machen. Von einer solchen fachunabhängigen Einführung in diese Technik können auch andere Fächer profitieren.

Logbuch

Jede Kleingruppe führt ein Logbuch, dessen Hauptfunktion darin besteht, Erfahrungen, Erwartungen, Probleme und Zwischenergebnisse, die den Arbeitsprozess betreffen, zu dokumentieren, um den Schülern somit eine Orientierung über die gesamte Dauer des Projekts hinweg zu ermöglichen. Es bietet Platz für die Verschriftlichung der Erfahrungen im Umgang mit dem Internet oder einer Lernsoftware sowie für Ideen und Entwürfe. In das Logbuch sollten auch die Adressen der ausgewerteten Internetseiten eingetragen werden (s. auch Internettagebuch, Kapitel 19).

Redaktionssitzungen

An den regelmäßig stattfindenden Redaktionssitzungen nimmt die Lehrperson und je ein Sprecher aus den Kleingruppen teil. Die Termine werden jeweils in der vorangegangenen Sitzung beschlossen und können z. B. in Unterrichtsphasen gelegt werden, in denen die anderen Schüler in Kleingruppen Material sichten und aufbereiten (oder auch in eine große Pause). Bei diesen Redaktionssitzungen werden die Arbeiten der Kleingruppen koordiniert und aufeinander abgestimmt. Hier werden z. B. Handlungsanweisungen formuliert und Hinweise zu Informationsquellen gegeben.
Probleme, die in der Gruppenarbeit auftauchen, werden in der Sitzung thematisiert. Solche Probleme können sich auf die konkrete Gestaltung der Seiten, die Recherche oder ganz allgemein die Arbeit in den Kleingruppen beziehen. Die Schüler sollen hier selber Strategien zur Problemlösung entwickeln, sich gegenseitig helfen und Erfahrungen mit Lösungsansätzen in der eigenen Gruppe austauschen.
Zudem sollten sich die Schüler in diesen Redaktionssitzungen frühzeitig auf gestalterische und organisatorische Merkmale ihres Endprodukts einigen. Diese Vorgaben sind dann für alle Gruppen verbindlich und können beispielsweise folgende Punkte umfassen: konsistente Gestaltung der Seiten (Schriftart, Seitenaufbau etc.), funktionsgerechter Aufbau der Seiten (Vermeidung überflüssiger technischer Spielereien), Kürze und Prägnanz der Texte (verhindert unnötiges Scrollen am Bildschirm), Verknüpfung von Text und Bild. Darüber hinaus werden in den Redaktionssitzungen

- übergeordnete Seiten (Start- und Navigationsseite, Inhaltsverzeichnis) geplant,
- Grundprinzipien für die Gestaltung der Situationsseiten (s. u.) erarbeitet und
- die Vernetzung der Gruppenseiten geplant.

Für die Vernetzung müssen die Sprecher der Gruppen den groben Inhalt und die Struktur ihrer Seiten vorstellen. Auf diese Weise kann das Redaktionsgremium gemeinsam Verknüpfungsmöglichkeiten erarbeiten und festlegen, z. B. mit Hilfe von Karteikarten, auf denen der grobe Inhalt jeder einzelnen Seite skizziert wird. Diese werden dann an die Tafel geklebt und Vernetzungen mit Strichen aufgezeigt, die spätere Links symbolisieren. Generelle Devise sollte hierbei sein, dass das Endprodukt nicht durch zu viele Links „zerpflückt" wird. *Hinweis:* Es ist sehr wichtig, *alle* Seiten im Vorfeld zu planen, eine einheitliche und eindeutige Benennung vorzunehmen sowie die Ordnungsprinzipien (wie Bilderordner, HTML-Ordner etc.) festzulegen. Ohne diese Grundlage, die mit allen Teilnehmern abgesprochen werden sollte, gerät die spätere Zusammenfügung der Dateien leicht zu einem einzigen Chaos!
Ein kurzes Ergebnisprotokoll zu jeder Redaktionssitzung gibt den Schülern wichtige Anleitung für ihre Gruppenarbeit.

Alternierendes Sprechersystem

Wichtiges Element der Redaktionssitzungen ist das alternierende Sprechersystem: Bei jeweils zwei aufeinander folgenden Sitzungen ist die Zusammensetzung des Redaktionsgremiums gleich, danach werden die Sprecher der Gruppen ausgetauscht. Auf diese Weise sind alle Schüler zu einer intensiven Mitarbeit auch in den Kleingruppen angehalten. Sie müssen ständig über den Stand der Arbeit informiert sein und können sich nicht zurückziehen. Die Sprecher müssen die Ergebnisse der Redaktionsbesprechungen an die Gruppe weiterleiten (das Protokoll stellt nur eine Gedächtnisstütze dar) und umgekehrt den aktuellen Stand der Gruppenarbeit in der Redaktionssitzung vertreten. Dieses System bewirkt eine vertiefte inhaltliche Auseinandersetzung und fördert zugleich die Kommunikation der Schüler untereinander.

Dritte Phase – Erarbeitung, Auswertung, Evaluation

Am Ende der zweiten Phase sind die Seiten der einzelnen Gruppen fertig und vom Lehrer ob ihrer fachlichen Korrektheit begutachtet. In der dritten Phase werden sie nun am Computer zusammengeführt und die Inhalte der anderen Gruppen von den Schülern mit Hilfe des fertigen Produkts im Unterricht erarbeitet.
Man sollte die Zeit, die für die Fertigstellung und Vernetzung aller Seiten

benötigt wird, nicht unterschätzen. Für ca. sechs Seiten braucht ein Ungeübter erfahrungsgemäß etwa zwanzig Stunden. Als Abschluss sichten die Schüler in kleineren Gruppen (drei bis vier Schüler) das fertige Produkt, gehen auf Fehlersuche und werten die Ergebnisse aus (je nach Größe des Projekts mindestens zwei Schulstunden). Nach der Endkorrektur werden die verbliebenen Mängel (z. B. fehlende Informationen) gesammelt und schriftlich festgehalten. Bei einem Einsatz in einem anderen Kurs ist diese Liste dann für die Lehrperson eine Hilfe, um den Unterricht entsprechend der Stärken und Schwächen des Produkts zu gestalten. Man kann auch die Option berücksichtigen, dass das Projekt durch andere Lerngruppen erweitert wird. Die Publikation im Internet (z. B. auf der Schul-Homepage) erfolgt dann außerhalb des Unterrichts mit interessierten Schülern und in Absprache mit der verantwortlichen Lehrperson.

Die konkrete Gestaltung des Hypermediaprodukts

Ein situativer, individueller und problemorientierter Umgang mit dem Endprodukt macht folgende Seiten erforderlich: eine Startseite, eine Navigationsseite und sog. Situationsseiten (s. u.) für die jeweiligen Untergruppen. Start- und Navigationsseite werden in den Redaktionssitzungen erstellt, da sie einen richtungsweisenden Einfluss auf die Bearbeitung der gesamten hypermedialen Lernanwendung haben und somit für alle Benutzer wichtig sind.

Startseite und Navigationsseite

Die Startseite bildet den ersten Kontakt mit der hypermedialen Lernanwendung. Sie soll Informationen bereitstellen, die den Benutzer über das übergeordnete Thema und den Zusammenhang aufklärt, in dem diese Seiten entstanden sind. Dies ist v. a. im Hinblick auf eine Publikation im Internet wichtig. Unabdingbar sind auf dieser Seite Informationen über das Ziel und die Handhabung der Seiten. Insbesondere muss die Bedeutung der Situationsseiten in diesem Zusammenhang erläutert werden. In der Abbildung auf S. 180 ist in ganz simpler Weise ein möglicher Einstieg in die Bearbeitung der Unterthemen dargestellt. Ausgehend vom übergeordneten Thema „Herz – Motor des Kreislaufes“ sind vier Links aufgeführt, die zu den Situationsseiten der vier Arbeitsgruppen führen. Die Schüler können von der Startseite aus nur über die Situationsseiten zu den weiteren Inhalten gelangen und entscheiden an dieser Stelle individuell, mit welchem Unterthema sie sich zuerst beschäftigen wollen. Für die Veröffentlichung im Internet empfiehlt es sich, zusätzlich Links zur Schul-Homepage aufzulisten, um Internetsurfer auf die eigene Schule aufmerksam zu machen. Für die Publikation im Internet ergibt sich demzufolge auch, dass auf der Schul-Homepage auch Links zum Hypermediaprodukt zu finden sein sollten. Die weitere Gestaltung der Startseite (z. B. Counter, ausführliches Impressum ...) bleibt den Schülern überlassen. Doch auch hier gilt es, die Seite nicht mit Informationen zu überfrachten oder durch zu viele Bilder oder Grafiken eine lange Ladezeit zu provozieren. Denn besonders die erste Seite ist entscheidend für den weiteren Zugriff und Benutzer sollen nicht beim Anblick der ersten Seite abgeschreckt werden.

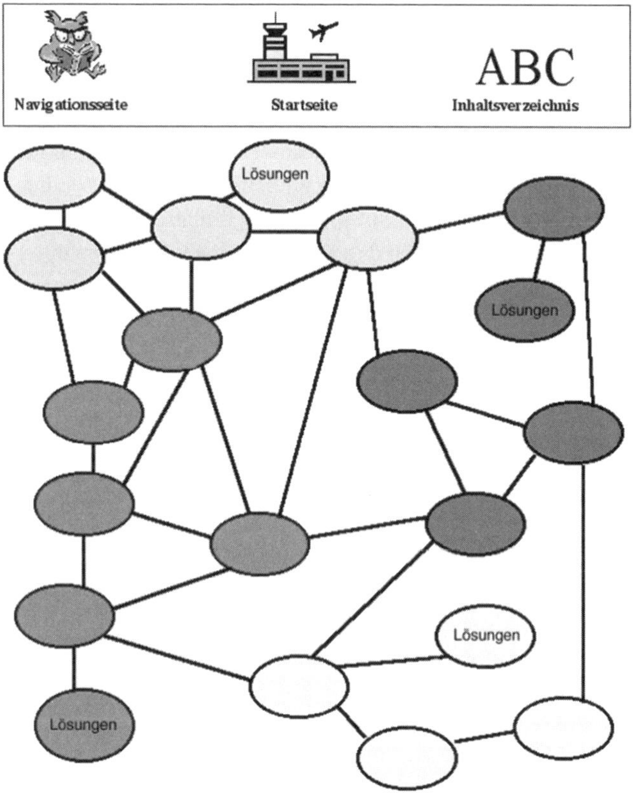

Beispiel für die Navigationsseite (Die Ellipsen symbolisieren die Schwerpunkte der Gruppenseiten; Links sind durch Striche dargestellt; die Lösungen beziehen sich auf den Abschlusstest.)

Die Navigationsseite ist von der Startseite aus und auch von jedem Punkt des Hypermediaprodukts direkt erreichbar. Sie stellt die Organisationsstruktur der gesamten hypermedialen Lernanwendung grafisch dar, sodass Benutzer sich über das Angebot informieren und auch direkt gewünschte Informationen finden und auf sie zugreifen können, ohne erst „per Zufall" durch richtiges Klicken zu ihnen zu gelangen (s. die Abbildung links). Dies soll ihnen die Orientierung in der gesamten Struktur erleichtern und der möglichen Desorientierung und kognitiven Überlast entgegenwirken. Auf dieser Navigationsseite sollten allerdings nur Schwerpunkte dargestellt werden, da die Darstellung aller Seiten wahrscheinlich zu einer unübersichtlichen und daher wenig hilfreichen Struktur führen würde. Jede der vier Situationsseiten führt zu der Navigationsseite, mit deren Hilfe sich die Schüler nun über die weitere Vorgehensweise bei der Bearbeitung des Problems verständigen sollen.
Beide Seiten – Startseite und Navigationsseite – sind von jedem Punkt aus aufrufbar. Dazu sollte eine Menüleiste integraler Bestandteil jeder einzelnen Seite sein, über die beim Anklicken entsprechender Symboltasten diese Seiten aufgerufen werden. Zudem sollte, um die Orientierung und das gezielte Suchen von Informationen zu unterstützen, von dieser Menüleiste aus ein Stichwortverzeichnis aufrufbar sein, das alle wichtigen Begriffe auflistet und beim Anklicken eines Begriffes die Seite aufruft, auf der dieser Begriff eine wichtige Rolle spielt. Startseite, Navigationsseite und die Menüleiste werden in den Redaktionssitzungen erstellt und ausgearbeitet.

Situationsseiten

Eine problemorientierte Vorgehensweise und eine situierte Lernumgebung helfen, Lernen im Sinne des Wissenserwerbs zu optimieren. Dies kann mit Hilfe der sog. Situationsseiten ermöglicht werden. Jede Gruppe erstellt eine solchen, den informationstragenden Gruppenseiten vorgeschaltete Seite, die eine „Einstiegsluke" in die weitere Bearbeitung der hypermedialen Lernanwendung darstellt. Auf diesen Seiten werden die Schüler mit einer Situation und/oder einem Problem konfrontiert, das von ihnen zunächst diskutiert bzw. mit Hilfe ihres Vorwissens gelöst werden soll. Auf diese Weise werden Meinungen generiert, wird fachliches Vorwissen rekapituliert und Spannung in den Schülern aufgebaut.
Als Beispiel dient hier die Situationsseite der Themengruppe „Organspende". Das dargestellte Problem bietet den Schülern ein hohes Identifikationspotenzial, da theoretisch jeden Einzelnen ein solches Schicksal erei-

len kann. Die Fragen, die sich die Eltern stellen, bleiben absichtlich unbeantwortet, um die Schüler zu einer intensiven Auseinandersetzung mit der schwierigen Entscheidung zu animieren. Vorläufige Ergebnisse werden knapp schriftlich festgehalten. Die Schüler merken jedoch schnell, dass ihnen wichtige Informationen (z. B. die aktuelle Rechtslage zu Transplantationen) fehlen, diese Wissenslücken aber anscheinend mit Hilfe der hypermedialen Lernanwendung gefüllt werden können.

Situationsseite „Organspende"

Es war ein ganz normaler Samstagabend. Der 17-jährige Peter fuhr mit seinem Freund, der seit ein paar Monaten seinen Führerschein besaß, von der Disko nach Hause, als dieser plötzlich die Kontrolle über sein Fahrzeug verlor. Das Auto fing an zu schleudern und prallte gegen einen Baum. Peter erlitt bei diesem Aufprall so schwere Kopfverletzungen, dass er seitdem im Koma lag. Eine Woche nach dem Unfall diagnostizierte der behandelnde Arzt bei Peter den Hirntod, da die gesamte Hirndurchblutung ausgefallen war und er nur noch durch Maschinen am Leben erhalten werden konnte. Der Arzt fragte die Eltern, ob sie einer Herzentnahme zustimmen würden, da Untersuchungen gezeigt hatten, dass Peters Herz das ideale Spenderherz für einen anderen Patienten sei, der dringend ein neues Herz benötige.

Die Eltern plagen Zweifel, ob sie einer Organentnahme zustimmen sollen. Sie stellen sich viele Fragen:

- Ist unser Kind wirklich tot?
- Dürfen wir das überhaupt entscheiden?
- Gibt es denn kein anderes Herz?

Stellt euch vor, ihr seid ein guter Freund der Familie. Diskutiert in der Gruppe, was ihr den Eltern raten würdet? Macht euch ein paar Notizen und versucht dann erst, mehr Informationen, die eure Überlegungen unterstützen oder ihnen widersprechen, auf den Herz-Seiten zu finden.
Ja, wir sind so weit und möchten jetzt auf die Herz-Seiten.

ENTER

Gruppenseiten

Die Auswahl der Inhalte dieser Seiten liegt in gewissen Grenzen im Ermessen der Gruppen, jedoch muss der Lehrer natürlich dafür Sorge tragen, dass durch das Endprodukt eine angemessene Lernprogression möglich ist. Für die Gestaltung der einzelnen Seiten gilt es zu berücksichtigen, dass die Arbeit am Computer kein Selbstzweck, sondern eine Hilfe beim Erarbeiten neuer Inhalte sein soll, außerdem soll sie die Schüler zum eigenen Handeln anregen. Die detaillierte Gestaltung der Seiten liegt dann im Ermessen der Schüler, allerdings haben diese sich an die Vorgaben des Redaktionssgremiums zu halten.
Im Folgenden werden exemplarisch Möglichkeiten aufgelistet, wie innerhalb der einzelnen Themengruppen diesen Forderungen Rechnung getragen werden kann – und zwar getrennt nach informativem *(Information für Schüler)* und aktivierendem Charakter *(Aktivierung der Schüler).*

Gruppenseiten „Organspende"

Informationen für Schüler

- Statistiken zu Herztransplantationen, Spendebereitschaft, Wartelisten
- Gesetzesauszüge (Transplantationsgesetz), Stellungnahmen der Kirchen
- Links zu Adressen im Internet, die weitere Informationen zu diesem Thema anbieten.

Beispiele:
- Deutsches Herzzentrum Berlin (www.dhzb.de)
- Bundeszentrale für gesundheitliche Aufklärung (www.bzga.de)
- Eurotransplant (International Foundation für Organspendeverfahren) (www.eurotransplant.nl)
- Verein Sportler für Organspende e. V. (www.vso.de)

- Medizinische Ursachen des Hirntods (Definition Hirntod)
- Vordruck des Organspendeausweises (zu finden über die Homepage der Bundeszentrale für gesundheitliche Aufklärung, s. o.)

Aktivierung der Schüler

Rollenspiel: Mit Hilfe der Informationsseiten und weiterer Adressen im Internet können in der Bearbeitungsgruppe Rollenkarten vorbereitet werden, mit deren Hilfe ein Rollenspiel zu dem auf der Situationsseite vorgestellten Problem innerhalb der Organspende-Gruppe durchgeführt wird. In der Auswertungsphase kann dann ein Rollenspiel exemplarisch im Plenum vorgeführt werden und als Grundlage für weitere Diskussionen dienen.

Gruppenseiten „Bau und Funktion von Herz und Blutkreislaufsystem"

Informationen für Schüler

- (Schematische) Abbildungen der Herzen von Säugetieren und anderen Tiergruppen, Venen/Arterien
- Fotos/Abbildungen einer Herzmuskelzelle
- Links zu Adressen im Internet, die weitere Informationen zu diesem Thema anbieten. Beispiele:
  - www.eduvinet.de/mallig/bio/Repetito/Blut.html
  - für gute 3D-Grafiken und Präparationsbilder: www9.biostr.washington. edu/da.html

Aktivierung der Schüler

Anleitung zur Mikroskopie von Herzmuskelzellen (z. B. an Dauerpräparaten). Die Schüler können die Zellen zeichnen und mit Hilfe der Informationen aus Internet oder Lernsoftware beschriften.

Anleitung zur Präparation des Schweineherzens: Die Erfahrungen bei der Präparation eines Schweineherzens in der Herstellungsphase können den anderen Schülern zugänglich gemacht werden, die nun ebenfalls eine Präparation durchführen sollen. Dazu kann eine ausdruckbare Präparationsanleitung angefertigt werden, mit deren Hilfe eine möglichst selbstständige Präparation möglich ist. Um dies zu unterstützen, werden zuvor angefertigte und digitalisierte Bilder einer Präparation so eingesetzt, dass mit ihrer Hilfe die Strukturen am Originalobjekt identifiziert werden können.

Gruppenseiten „Koronare Herzerkrankungen"

Informationen für Schüler

- Definition „koronare Herzerkrankungen" und die verschiedenen klinischen Bilder
- Statistiken über Herzinfarkte in BRD; prophylaktische Maßnahmen
- Risikofaktoren (Nennung und Erläuterung ihres negativen Einflusses)
- Links zu Adressen im Internet, die weitere Informationen zu diesem Thema anbieten. Beispiele:
  - www.meinherzinfarkt.de
  - www.netdoktor.de/krankheiten/Fakta/herzinfarkt.htm

Aktivierung der Schüler

- Messung des Blutdrucks und Vergleich mit Normalwerten
- Erarbeitung von Verhaltensregeln für eine effektive Prophylaxe

Gruppenseiten „Schülerexperimente und Modelle"

Informationen für Schüler

- Bergmann'sche Regel mit einem Experiment zum Wärmeverlust von Körpern (Kolbenversuch)
- Luftpumpe als Funktionsmodell des Herzens zur Verdeutlichung von Systole und Diastole
- Erläuterung des Elektrokardiogramms (EKG)

Aktivierung der Schüler

- Erstellung eines Modells zur relativen Körperoberfläche
- Abhören des Pulses, Messung des Blutdrucks
- Modellexperiment zur Körpertemperatur (Kolbenversuch)

Abschlusstest

Um den eigenen Lernerfolg kontrollieren zu können, sollte jede Gruppe vorab z. B. fünf Fragen mit Multiple-Choice-Charakter formulieren, die überwiegend nicht direkt aus den Gruppenseiten heraus zu beantworten sind und ein Verständnis der fachlichen Inhalte voraussetzen. Auf diese Weise werden die Inhalte noch einmal intensiv besprochen und es wird nicht einfach die Stelle aufgerufen, wo die Antwort nur abzulesen ist. Eine solche Frage könnte z. B. so aussehen:

Welche Reihenfolge bezüglich der Herzschlagfrequenz der folgenden Tiere ist richtig (beginnend mit der höchsten Frequenz)?

1. Löwe	**2. Elefant**	**3. Maus**	
A) 1, 2, 3	B) 1, 3, 2	C) 2, 1, 3	D) 2, 3, 1
E) 3, 2, 1	F) 3, 1, 2		

Der Abschlusstest sollte erst bearbeitet werden, nachdem die gesamte hypermediale Struktur von allen Situationsseiten aus bearbeitet worden ist. Die richtige Lösung wird dann in der Auswertungsphase gemeinsam erarbeitet. Um einen selbstständigen Umgang mit dem Test zu ermöglichen, sollte jede Gruppe eine Seite mit den Lösungen ihrer Teilaufgaben einrichten. Dies ist besonders dann notwendig, wenn die Seiten über das Internet aufgerufen werden.

Resümee

Die Herstellung eines Hypermediaproduktes ist eine komplexe und zeitintensive Aufgabe. Vielleicht wirkt der immense zeitliche Aufwand (für Lehrer und Schüler) und die für viele unbekannte Technik noch abschreckend, sodass es bis heute nur vereinzelt Berichte gibt, die über die Erfahrungen mit ähnlichen Vorhaben im regulären Unterricht berichten.

Die Planung und Herstellung eigener hypermedialer Produkte ermöglicht den Schülern aber nicht nur eine tiefere Verarbeitung fachlicher Inhalte, sondern fördert darüber hinaus auch viele wichtige Schlüsselqualifikationen. Besonders durch die Redaktionssitzungen mit ihrem alternierenden Sprechersystem wird die Kommunikationsfähigkeit im gesamten Kurs verbessert. Alle Schüler arbeiten letztendlich an *einem* Produkt und sind für eine erfolgreiche Umsetzung verantwortlich. Das große Maß an geforderter Selbstständigkeit, eigenverantwortlichem Organisieren und gemeinsamem Arbeiten im Team fördert die Bereitschaft und Fähigkeit der Schüler zum selbstgesteuerten Lernen und hilft somit, die positive Einstellung zum lebenslangen Lernen zu fördern.

Literatur

Aufenanger, S.: Lernen mit neuen Medien – Was bringt es wirklich? In: medien praktisch 4/1999, S. 4–8

Dichanz, H.: Vernetzte Lehr- und Lernwelten. In: medien praktisch, 4/1999, S. 20–22

Duit, R.: Zur Rolle der konstruktivistischen Sichtweise in der naturwissenschaftsdidaktischen Lehr- und Lernforschung. In: Zeitschrift für Pädagogik, Jg. 71, 6/1995, S. 905–923

FWU – Institut für Film und Bild in Wissenschaft und Unterricht: Modellversuch SEMIS – Multimediale interaktive Software unter schulischen Gesichtspunkten, Kriterienkatalog. Pinus, Augsburg 1998

Haack, J.: Interaktivität als Kennzeichen von Multimedia und Hypermedia. In: Issing, L. J. / Klimsa, P. (Hrsg.): Information und Lernen mit Multimedia. Psychologie Verlags Union, Weinheim 1995, S. 151–166

Hannappel, H.: Lehren lernen. Kamp, Düsseldorf 1998

Kattmann, U. (Hrsg.): Fachdidaktik Biologie. Aulis Verlag Deubner, 4. Aufl. Köln 1998

Krapp, A. / Weidenmann, B. (Hrsg.): Pädagogische Psychologie. Psychologie Verlags Union, Weinheim 2001

Mandl, H. / Gruber, H. / Renkl, A.: Situiertes Lernen in multimedialen Lernumgebungen. In: Issing, L. J. / Klimsa, P. (Hrsg.): Information und Lernen mit Multimedia. Psychologie Verlags Union, Weinheim 1995, S. 167–178

Strittmatter, P. / Mauel, D.: Einzelmedium, Medienverbund und Multimedia. In: Issing, L. J. / Klimsa, P. (Hrsg.): Information und Lernen mit Multimedia. Psychologie Verlags Union, Weinheim 1995, S. 47–61

Thissen, F.: Das Lernen neu erfinden – konstruktivistische Grundlagen einer Multimedia-Didaktik. In: Beck, U. / Sommer, W. (Hrsg.), LEARNTEC 97, Europäischer Kongress für Bildungstechnologie und betriebliche Bildung. Tagungsband, Karlsruhe 1997, S. 69–79

Tulodziecki, G.: Medien in Erziehung und Bildung. Klinkhardt, Bad Heilbrunn 1997

Tulodziecki, G.: Multimediale Angebote – verbessern sie Lernen und Lehren? In: medien praktisch, 4/1999, S. 10–13

Christina Hourticolon

19 Internetdokumentation einer Exkursion durch Schüler (Sek. I)

In diesem Kapitel soll ein konkretes Unterrichtsbeispiel vorgestellt werden, das sicherlich leicht auf andere Themen übertragbar ist: Die Schüler einer Klasse 7 haben als Produkt einer Exkursion in ein Zooaquarium eine *Internetpräsentation* zum Thema „Angepasstheiten von Fischen an ihre Lebensräume“ erstellt. Die Unterrichtseinheit fand zunächst zwei Wochen lang im Rahmen der normalen Biologieunterrichtszeiten statt, dann folgte eine zweiwöchige Phase, in der die Schüler außerhalb der Unterrichtszeiten recherchierten. In der darauf folgenden Woche wurden die Ergebnisse zusammengefügt.

Didaktisch-methodische Vorüberlegungen

Für die Jahrgangsstufe 6 oder 7 des Gymnasiums sehen die Lehrpläne der meisten Bundesländer die Behandlung der drei Wirbeltierklassen Fische, Amphibien und Reptilien vor. Neben ökologischen Aspekten sind Gesichtspunkte der Evolution von gleicher Wichtigkeit.

Es kann davon ausgegangen werden, dass jeder Schüler bereits Vorwissen zum Thema „Fische“ besitzt. So wird „Fisch“ bei vielen zu Hause auf dem Speiseplan stehen und fast jeder Schüler weiß von der Gefährlichkeit des weißen Haies. Vor allem Fische, die den Reiz des Gefährlichen haben, wecken das Schülerinteresse.

Im Gegensatz zu Kröten oder Schlangen als exemplarische Vertreter der Amphibien und Reptilien ist bei Fischen die Aufteilung des gemeinsamen Lebensraumes in unterschiedliche Nischen, die in Zusammenhang mit der Formen- und Artenvielfalt steht, sehr leicht zu erkennen. Fische eignen sich besonders gut zur Schulung der genauen Beobachtung von Bewegungsabläufen und zum exemplarischen Kennenlernen der vielfältigen phänotypischen Angepasstheiten an die Bedingungen der Lebensräume.

Ziel des hier beschriebenen Unterrichtsvorhabens war es, die komplexen Zusammenhänge von Gestalt, Lebensraum und Lebensweise am Beispiel der Fische von Schülerinnen und Schülern selbstständig erarbeiten zu lassen. In Gruppen wurden Beobachtungen und Untersuchungen angestellt, um herauszufinden, ob es phänotypische Gemeinsamkeiten von Fischen gibt, die in ähnlichen Zonierungen leben. Vier arbeitsteilige Gruppen unter-

suchten Anpassungsformen von Fischen der Bodenzone, der Freiwasserzone, der Wasseroberfläche und des Riffs. Eine weitere Gruppe beschäftigte sich mit besonderen Formen der Angepasstheit, mit Symbiosen.
Die Gruppenergebnisse sollten im Anschluss an die Exkursion ausgewertet und zu einer gemeinsamen Dokumentation zusammengefügt werden.
Voraussetzung für diese Exkursion waren Kenntnisse über den inneren und äußeren Aufbau des Fischkörpers, über Bau und Funktion von Schuppen, Flossen und Kiemen sowie über unterschiedliche Fortpflanzungs- und Entwicklungsstrategien. Im Vorfeld wurden Besonderheiten bei der Fortpflanzung und Aufzucht am Beispiel von Seepferd, Aal, Bitterling, Stichling und Maulbrüter behandelt.
Zur Thematik „Innerer und äußerer Aufbau des Fischkörpers" präparierten die Schüler unter anderem in Gruppenarbeit Forellen, die sich wegen ihrer Größe und leichten Erhältlichkeit gut eignen.

Der außerschulische Lernort

Für das hier behandelte Thema „Besondere ökologische Anpassungsformen bei Fischen" ist es sinnvoll, über die *originale Begegnung* eine intensive Auseinandersetzung zu initiieren, um die komplexen Zusammenhänge von Gestalt, Lebensweise und Lebensraum von den Schülern selbstständig erschließen zu lassen. Dazu fand eine Exkursion in den Aquazoo Düsseldorf statt, bei der die Schülerinnen und Schüler die Formen der Anpassung von Fischen an ihre Lebensräume erarbeiten sollten. Ein außerschulischer Lernort wie der Aquazoo ist besonders dazu geeignet, neben der Thematisierung von Inhalten auch fachmethodische Arbeitsweisen zu erlernen. Der Kontakt mit den Originalobjekten in ihrem (künstlichen) Lebensraum liefert anschauliche Ergebnisse und ist damit besonders einprägsam.
Sicherlich kann bei einem Zooaquarium nicht von einem natürlichen Habitat gesprochen werden. Der Aquazoo Düsseldorf präsentiert jedoch sehr gelungen verschiedene Biotope in unterschiedlichen Becken und bietet eindrucksvolle Einblicke in die Welt unter Wasser, was keine Fischbeobachtung in freier Natur leisten könnte.
Das Thema „Anpassung der Fische an unterschiedliche Lebensräume" beinhaltet unter anderem den Aspekt der Fortbewegung, die je nach Lebensraum zwischen vorsichtigem Manövrieren im Riff mit Hilfe der Brustflossen bis hin zu kräftigem Schwanzflossenschlag im Freiwasser variieren kann. Ein Film, der für diesen Themenapsekt ein alternatives Medium ist, hat den Nachteil, dass er zu stark lenkt, komprimiert und kommentiert. Das Zoo-

aquarium bietet den Schülern, besonders aufgrund der vorhandenen Vielfalt, die Möglichkeit, eigenständig zu forschen und zu entdecken.
Die Auswertung der Exkursion sowie eine sinnvolle *Dokumentation* sind gerade bei arbeitsteiliger Gruppenarbeit an einem außerschulischen Lernort anspruchsvoll, da die Schüler den Lerninhalt nicht gemeinsam im Klassenverband erschließen. Zu diesem Zweck haben die Schüler eine multimediale Dokumentation dieser Exkursion erstellt, die alle Beteiligten motivierte, diese Form der Auswertung und Aufbereitung erneut einzusetzen und die Möglichkeit zur Information über die nicht selbst erstellten Inhalte bot.

Die Exkursion

Eine Exkursion ist eine Sondersituation, die sorgfältige und umfangreiche Vorbereitung erfordert, wenn sie gesicherte Ergebnisse liefern soll. Um ein Aquarium oder einen Zoo als lohnenden außerschulischen Lernort wahrnehmen zu können, ist eine Vorexkursionen des Lehrenden notwendig. Besonders hilfreich ist es meist auch, wenn ein Zoopädagoge zu Rate gezogen werden kann. Während der Vorexkursion sollte man sich einen Überblick über die bestehenden Becken und die Besonderheiten der vorhandenen Tierarten verschaffen. Falls vorhanden, liefert Arbeitsmaterial einer Zooschule meist gute Anregungen für die eigene Arbeitsblattgestaltung.
Eventuell kann auch eine Fischfütterung für die Schüler organisiert werden, um die verschiedenen Arten der Nahrungsaufnahme und die Verschiedenheit der Nahrung in die Beobachtung einzubeziehen.
Neben der eigenständigen Erarbeitung von fachlichem Wissen stellte in unserem Fall die *Förderung der Selbstständigkeit* einen weiteren Schwerpunkt der Exkursion dar. Die Schüler brauchen aber sowohl in inhaltlicher als auch in fachmethodischer Hinsicht Anleitung, um selbstständig neue Lernanforderungen bewältigen zu können. Dazu wurden arbeitsteilige Gruppenarbeitsblätter mit gezielten Beobachtungsaufgaben und Arbeitsaufträgen vorbereitet. Grundlage waren Informationen des Aquazoos und Abbildungen und Sachinformationen aus der Fachliteratur. Die Arbeitsaufträge dienten in erster Linie dazu, die Schüler schrittweise zum selbstständigen Problemlösen anzuleiten, wobei die jeweilige Problemstellung die Aufklärung von Gemeinsamkeiten unterschiedlicher Fischarten in der gleichen Zonierung eines Gewässers betraf.

Fische an der Wasseroberfläche

Knochenzüngler

1. Ergänzt die Zeichnung und achtet genau auf Maulstellung und Körperform.
2. Beschreibt, wo sich der Knochenzüngler aufhält.
3. Findet heraus, wovon sich der Knochenzüngler ernährt.
4. Beschreibt die Körper- und Maulform und überlegt, inwieweit eine Angepasstheit an seinen Hauptaufenthaltsort vorliegt.

Arbeitsblatt zum Thema „Fische an der Wasseroberfläche“

Während der Gruppenarbeit konnten die Schüler auf anschauliche Weise ihre Artenkenntnis erweitern, indem sie Informationen aus den Arbeitsmaterialien und den Informationstafeln des Aquazoos mit den eigenen Beobachtungen verknüpften. Zudem mussten sie ihre Beobachtungen zum Körperbau, zur Fortbewegung und zur Ernährungsweise in einen Zusammenhang mit dem Lebensraum bringen, was ein vernetztes Denken fordert und fördert.

Zu den wichtigen Voraussetzungen für eine effektive Lernsituation gehört unbestreitbar die *Lernmotivation*. Bei der hier beschriebenen Exkursion konnten stark motivierte Schüler beobachtet werden. Gründe dafür waren der außerschulische Lernort, die Begegnung mit dem Originalobjekt Tier und der Anreiz, die Ergebnisse der Öffentlichkeit durch die Gestaltung einer Internetseite zugänglich zu machen. Aber auch bei der Dokumentation des Aquazoobesuchs zeigte sich, dass eine Anleitung nicht fehlen darf, damit die Schüler nicht überfordert werden und ihre Motivation verlieren.

Fische im freien Wasser

Löffelstör

Vorkommen: ________________ Größe: ________________

1. Beobachtet den Löffelstör eine Zeit lang und vervollständigt die Zeichnung. Achtet besonders auf das Maul.

2. Beschreibt die Körperform des Fisches.
3. Löffelstöre sind Planktonfresser. Als Plankton bezeichnet man kleinste Lebewesen, die im Wasser schweben. Beschreibt, wie der Löffelstör seine Nahrung zu sich nimmt, und macht dabei auch Angaben zum Maul.
4. Beobachtet, wo der Fisch sich im Becken aufhält und wie aktiv er ist. Beschreibt, mit welchen Flossen er seinen Hauptantrieb erzeugt.

Arbeitsblatt zum Thema „Fische im freien Wasser“

Vorteile der Digitalkamera

Ein wichtiger Motivationsfaktor war auch eine Digitalkamera, mit der sowohl die Schüler bei der Arbeit fotografiert als auch die Fische als Objekte der Beobachtung festgehalten wurden (s. das Foto vom Seewolf). Die erstellten Fotos können mit einer solchen Kamera vor Ort direkt begutachtet werden. Enthält das Bild alle gewünschten Informationen, wird es mit einem Tastendruck gesichert und kann dann in der Schule oder zu Hause auf den Computer geladen und gespeichert werden. Ist das Foto nicht gelungen, kann es gelöscht werden, sodass Platz für eine neue Aufnahme entsteht. Auf diese Weise können – je nach Speicherplatz auf der Chipkarte – mindestens 30 Fotos geschossen werden. Die Handhabung einer Digitalkamera ist so

Seewolf (eine Aufnahme aus dem Aquazoo)

benutzerfreundlich, dass Siebtklässler den Umgang mit ihr schnell beherrschen. Da die Fotos gleich sichtbar sind, können die Schüler schon während der Exkursion eine Vorstellung von ihrer späteren Dokumentation entwickeln. Allerdings verbraucht das häufige Betrachten der Bilder auf dem Display der Kamera viel Strom, sodass auf jeden Fall zusätzliche Batterien oder Akkumulatoren mitgenommen werden sollten. Viele Kameras bieten neben Standbildaufnahmen noch die Möglichkeit, kurze Filmsequenzen aufzuzeichnen. Mit dieser Option können beispielsweise Flossenbewegungen der Fische aufgezeichnet werden, die sich je nach Lebensraum stark unterscheiden.

Dokumentation der Exkursion: Erstellen einer Website

Wenn ein mit mehreren vernetzten Unterthemen angelegtes Thema arbeitsteilig bearbeitet wird, bietet die Internetdokumentation eine ideale Möglichkeit, das Thema mit seinen Verknüpfungen für alle Schüler zugänglich zu machen.

Eine derart vernetzte Struktur des Aufbaus ist kaum mit eindimensionalen Informationsträgern wie Arbeitsblättern, Plakaten oder Ähnlichem zu leisten. Zwar können Verknüpfungen auch auf einem Plakat z. B. mit Pfeilen dargestellt werden, aber dies wird häufig zu unübersichtlich. Sicherlich muss auch bei der Webseitengestaltung darauf geachtet werden, dass die Präsentation der Ergebnisse mit ihren Verknüpfungen überschaubar bleibt. Der Motivationswert einer Internetseitenerstellung ist aufgrund der Produktorientierung hoch. Das Produkt, die eigene Website, deren Inhalte leicht und mit sehr geringen Materialkosten auf CD-ROM zu brennen sind, stellte für meine Schüler einen ganz besonderen Ansporn dar.
Der erste Schritt für eine erfolgreiche Präsentation ist die gemeinsame Diskussion mit den Schülern, wie die Ergebnisse der Aquazoo-Exkursion multimedial dokumentiert werden können. Dazu müssen eine Start- bzw. Navigationsseite geplant, die einzelnen Informationsseiten in einen gemeinsamen Rahmen gestellt und ihr Aufbau vereinheitlicht werden.
Steht genug Zeit zur Verfügung, ist es möglich, alle Schüler in die Erstellung der gesamten Website schrittweise einzubeziehen. Im unserem Fall haben die Gruppen die einzelnen *Informationsseiten* geplant und erstellt, während die *Startseite* von einer Schülerin entworfen wurde, die schon Erfahrung mit dem Erstellen einer Homepage hatte und mit den zugehörigen Programmen vertraut war.

Erstellen der Start- und Navigationsseite

Bei der Gestaltung der Start- und Navigationsseite sollte darauf geachtet werden, dass sie anschaulich ist und zur weiteren Beschäftigung mit dem Projekt einlädt. Sie sollte aber nicht überladen sein. Alle anwählbaren Informationsseiten sollten leicht zu finden und wiederzufinden sein, außerdem ist es gut, wenn schon auf der Startseite alle anwählbaren Informationen (hier: Fischarten und Extraseiten) deutlich zu erkennen sind.
Unsere Schülerexpertin entwarf eine zweigeteilte Startseite mit Steuerrahmen (links) und Informationsrahmen (s. die Abbildung S. 195). Bildeinstieg im Informationsrahmen ist ein animierter Fisch. Der Steuerrahmen dient dazu, exemplarisch Fischarten der unterschiedlichen Lebensraumbereiche im Informationsrahmen zu öffnen. Das Arbeiten mit einem solchen übersichtlichen Steuerrahmen, auf dem die einzelnen Seiten sichtbar zugeordnet sind, ist gerade für Schüler der Sekundarstufe I von großem Vorteil, da er hilft, ständig den Überblick zu behalten, an welcher Stelle man sich befindet und wie man zum nächsten Menüpunkt gelangt.

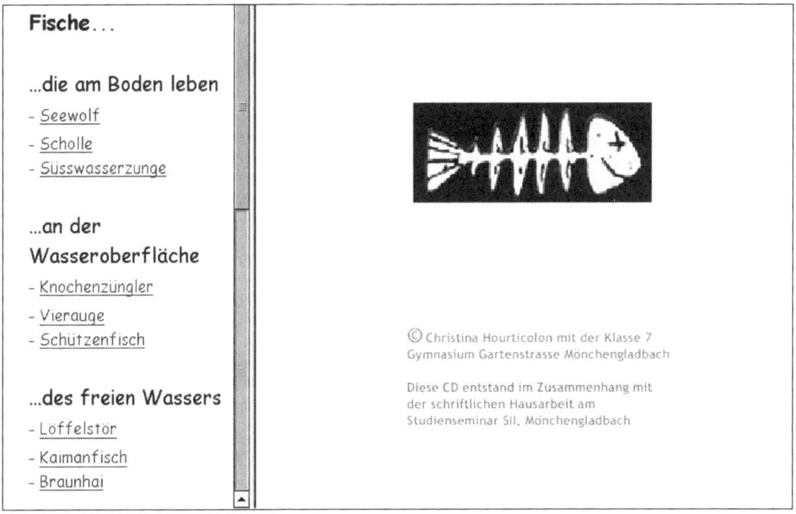

Startseite der Dokumentation zur Exkursion in den Aquazoo

Gestaltung der Informationsseiten

Die fünf Arbeitsgruppen erhielten nun den Arbeitsauftrag, den Aufbau ihrer jeweiligen Informationsseite zu planen. Im Anschluss daran wurde ein gemeinsamer Nenner gesucht. Über eines waren sich dabei alle sofort einig: Die Informationsseiten sollten bildreich und bunt sein. Darüber hinaus einigten sich die Schüler darauf, als Überschrift für ihre Seiten jeweils die *Fischart* zu nehmen und direkt darunter Abbildungen der Fische einzubauen. Dazu wurden entweder selbst erstellte Fotos aus dem Aquazoo in die Seite integriert oder Zeichnungen der Schüler eingescannt und eingebunden. Außerdem einigten sich die Schüler auf das Anfügen der allgemeinen Rubriken *Familie, Vorkommen* und *Größe* der jeweiligen Fischart. Neben diesen allgemeinen Informationen, für die keine Exkursion in den Zoo notwendig gewesen wäre, sollte der beobachtete Hauptaufenthaltsort des jeweiligen Fisches beschrieben werden:

„Das Vierauge schwimmt die meiste Zeit an der Wasseroberfläche, sodass ein Teil seiner Augen ein wenig aus dem Wasser ragt."

Den wichtigsten Punkt der Informationsseite stellt abschließend die phänotypische *Angepasstheit* dar: Unter diesem Punkt wurden die Zusammenhänge zwischen der Körperform des Fisches und dessen Lebensraum sowie seiner Lebensweise herausgestellt:

„An seinen Lebensraumbereich ist das Vierauge in besonderer Weise angepasst: Es hat eine ganz gerade *Stirn- und Rückenlinie,* die im Gegensatz zu seinen Augen nicht aus dem Wasser ragt. Ein Hautband teilt seine Augen in obere und untere Hälfte, was ihm seinen Namen eingebracht hat. Es kann jeweils sehr gut unter und über Wasser sehen und nach Insekten Ausschau halten. Mit dem *oberständigen Maul* kann es leicht von der Wasseroberfläche fressen."

Internetrecherche

Alle Schülerinnen und Schüler waren sehr motiviert, den Computer bzw. das Internet zur Recherche einzusetzen und haben so eine Menge zusätzliches Material zu unterschiedlichen Fischarten gefunden. Ein Problem war, dass die Schüler zu leicht dazu verführt werden, Texte fast wortgleich zu übernehmen und Abbildungen zu kopieren, um sie auf „ihrer" Seite zu veröffentlichen.
An dieser Stelle war es notwendig, einzugreifen und sie auf die selbst erstellten Fotos und Zeichnungen zu verweisen, die ausreichten, um die Steckbriefe der Fische mit Abbildungen zu bereichern. Es ist unbedingt notwendig, die Schüler auf das Urheberrecht im Zusammenhang mit Veröffentlichungen aufmerksam zu machen. Bilder und Texte dürfen nicht ohne ausdrückliche Erlaubnis des jeweiligen Autors kopiert und verwendet werden. Man muss also (z. B. per E-Mail) anfragen, ob man das Bild/den Text für eigene oder schulische Zwecke verwenden darf. Keinesfalls dürfen Bilder einfach kopiert und auf der eigenen Seite veröffentlicht werden.
Die zahlreichen Angebote im Internet hatten in unserem speziellen Fall zur Folge, dass sich die Schüler „wild" durch die Angebote klickten, aber vergaßen, Notizen zu den Herausgebern der Texte zu machen oder die Internetadressen (URLs) abzuspeichern, um die Seiten wieder aufrufen zu können. Um dem entgegenzuwirken, ist die Durchführung einer geführten Internetrecherche sinnvoll (s. Kapitel 11).
Alternativ kann man die Schüler auch vorab über eine sinnvolle Nutzung der Informationen im Internet aufklären. Um ihnen Hilfestellung im Umgang mit dem Internet zu geben und sie die gefundenen Informationen kritisch betrachten zu lassen, hat es sich als sinnvoll erwiesen, *Internettagebücher* zu führen. In diesen Tagebüchern werden jeweils Suchwort, Internetadresse und Stichworte zum Inhalt vermerkt. Unter der Rubrik „Kommentare" werden Anmerkungen zum Beispiel zum Aufbau, zur Übersichtlichkeit oder zu vorhandenen Illustrationen, Fotos und Grafiken gemacht.

Mit dieser Hilfe lernen Schülerinnen und Schüler Web-Informationen erst zu vergleichen und zu bewerten, anstatt sie gleich auszudrucken und/oder kritiklos zu übernehmen. Die Lehrperson erhält dadurch zusätzlich eine Übersicht über die angewählten Seiten, kann sie kontrollieren und gegebenenfalls an alle Schüler weitergeben.

Internetrecherche		**Gruppe: Fische am Riff**	**Datum:**
Suchwort/ -begriffe	**Internet-adresse**	**Stichworte zum Inhalt**	**Kommentare zur Internetseite**
Fische am Riff	3 Adressen		nur 3 Reiseberichte
Drückerfisch	320 Adressen		zu langwierige Suche
Picassodrückerfisch			
Picassodrücker	42 Adressen, z. B. www.korallenfisch.de	Bild vom Fisch	gute Seiten
s. o.	www.uni-stuttgart.de/bio/zoologie	viele Informationen	keine Abbildungen

Beispielseite eines tabellarischen Internettagebuchs

Umsetzung der Entwürfe

Nachdem die Schüler ihre Entwürfe sowohl vom Inhalt als auch vom Layout her gesichtet und besprochen hatten, wurden die einzelnen Seiten von den jeweiligen Schülergruppen zu Hause als Word-Datei vorbereitet. Dieses Vorgehen war in diesem Fall aus technischen Gründen notwendig. Steht ein Computerraum zur Verfügung, kann hier alternativ auch an mehreren Rechnern in einem HTML-Editierungsprogramm gearbeitet werden. Im Anschluss an die Vorarbeiten gaben alle Schülergruppen ihre Seiten in die Hände unserer Schülerexpertin, die die Word-Dateien in HTML-Dateien umwandelte und zu einem vom Browser lesbaren Programm zusammenfügte. Es ist ratsam, dass der Lehrer die Aufgabe übernimmt, zu korrigieren, gegebenenfalls urheberrechtlich bedenkliche Abbildungen zu entfernen und *Fotos,* die während der Exkursion erstellt werden, in die Seiten zu integrieren.

In unserem Fall hatten die Schüler während der Exkursion Fische gezeichnet oder auf Arbeitsblättern einzelne Elemente wie unter-, end- oder oberständige Maulstellung ergänzt. Einige gelungene *Zeichnungen* wurden von Schülern zu Hause eingescannt, mit einem Bildbearbeitungsprogramm aufbereitet und ebenfalls in die Informationsseiten eingebaut.

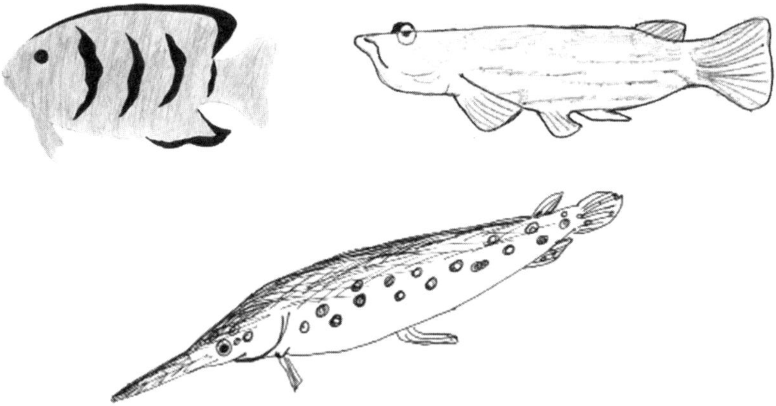

Schülerzeichnungen: Feuerzwergkaiser, Vierauge und Kaimanfisch

Auftretende Probleme und deren Lösung

Während der Erstellung der Informationsseiten hatten die Schülerinnen und Schüler zahlreiche kreative Ideen. Da viele bereits Erfahrungen mit „MS Word" hatten, lag es für sie nahe, zunächst mit diesem Programm zu arbeiten. Dabei verwendeten alle Schüler mit größtem Spaß die ausgefallensten Schriftarten aus „Wordart". Diese Schriften können von Internetbrowsern aber nicht interpretiert werden. Daher achtet man besser im Vorfeld darauf, dass die Schüler nicht zu viel Mühe in vektorbasierte Zeichenfunktionen investieren (wie z. B. in Wordart- oder Corel-Draw-Grafiken), da sich diese nur mit größerem Aufwand und entsprechenden Programmen in Pixel-Grafiken umwandeln lassen. Internetbrowser können nur GIF- und JPEG-Formate darstellen. In unserem Fall musste ich den Schülern zugestehen, dass das Layout wirklich sehr ansprechend gestaltet wurde, sich aber leider nicht zur Übertragung in ein HTML-Format eignete.

Besonders wichtig sind deshalb gemeinsame *Planungsgespräche,* in denen Ideen zur Webseitengestaltung gesammelt und diese auf die *Realisierungsmöglichkeiten* hin überprüft werden! Dabei sollten grundlegende

Aspekte der Benennung und Speicherung sowie das Anlegen von Über- und Unterordnern (z. B. für Bilddateien) angesprochen und ein einheitliches System zur Präsentation erarbeitet werden.
Die *Benennung* sollte als *8-Punkt-3-Dateinamen* jeweils einheitlich in Klein- oder Großbuchstaben ohne Umlaute, Leerzeichen und Sonderzeichen angelegt werden (ISO-Format). Ich wähle nicht ohne Grund die Form des Konjunktivs, da ich selber zunächst darauf keinen Wert gelegt hatte und die Dateien jeweils unter dem vollen Artnamen des Fisches abgespeichert wurde, weil sie so leicht wiederzufinden waren. Auf meinem privaten Rechner lief auch alles wie geplant. Ärgerlich war es dann, als die Dokumentation online gestellt werden sollte: Auf einmal funktionierten viele Links nicht mehr. Glücklicherweise gibt es Menschen, die genau wissen, woran so etwas liegt ...
Anmerkung: Unix-Server unterscheiden zwischen Groß- und Kleinschreibung. Ist dann die Bilddatei beispielsweise in Großbuchstaben abgespeichert oder auch nur der Anfangsbuchstabe groß geschrieben, die Verknüpfung aber versehentlich in Kleinbuchstaben, so wird das Bild nicht gefunden. Das Gleiche gilt für alle anderen Dateien. Ähnlich verhält es sich mit Umlauten, Leerzeichen und Sonderzeichen im Namen. Sie werden durch die Übertragung auf den Server zu fremden Zeichen verändert, wodurch diese Dateien ebenfalls nicht mehr auffindbar sind.

Durch die Korrektur der zu langen und teilweise groß- und kleingeschriebenen Buchstaben zur Benennung in kleingeschriebene 8-Punkt-3-Dateinamen konnte das Problem behoben werden.
Anmerkung: Die Länge der Dateinamen war in diesem Fall ein zusätzliches Problem, da die Dateien von Windows-Rechnern auf Mac-Rechner übertragen wurden. Beide können zwar lange Dateinamen erkennen und damit arbeiten, sind aber unterschiedlich programmiert und verstehen sich nicht untereinander. Bei der Übertragung von Windows- auf Mac-Rechner und umgekehrt werden die Dateinamen in das ISO-Format umgewandelt (acht Großbuchstaben), der Rest wird abgeschnitten. Es werden also alle Namen verstümmelt und sind somit nicht mehr erkennbar.
Die Veröffentlichung stellt in Absprache mit dem für die Schul-Homepage Zuständigen meist kein Problem dar. Die Schüler können so binnen kurzer Zeit auch Eltern und Freunden ihre eigene Website zeigen und im Zuge der Öffentlichkeitsarbeit natürlich allen interessierten Besuchern der Schul-Homepage ihr Projekt präsentieren.

Literatur und Internetadressen

Eschenhagen, D. / Kattmann, U. / Rodi, D.: Fachdidaktik Biologie. Aulis Verlag Deubner, 4. Aufl. Köln 1998
Kultusministerium des Landes Nordrhein-Westfalen (Hrsg.): Richtlinien und Lehrpläne für das Gymnasium – Sekundarstufe I in Nordrhein-Westfalen: Biologie. Verlagsgesellschaft Ritterbach, Frechen 1993
Lombscher, J.: Selbstständiges Lernen anleiten – Ein Widerspruch in sich? In: Friedrich Jahresheft: Lernmethoden, Lehrmethoden: Wege zur Selbstständigkeit, Seelze 1997
Neber, H.: Entdeckendes Lernen. Beltz, Weinheim 1981
Werning, R. / Kriwitt, I.: Problemlösendes Lernen. In: Pädagogik, 10/1999, S. 5–11

Internetadressen

Die Dokumentation findet sich auf der „Projektseite" der fachdidaktischen Institute der Heinrich-Heine-Universität Düsseldorf unter „Projekte von Schülern": www.uni-duesseldorf.de/MathNat/Biologie/Didaktik/index.html
Schul-Homepage des Gymnasiums an der Gartenstraße, Mönchengladbach: www.gymga.de
Aquazoo Düsseldorf: www.duesseldorf.de/aquazoo

MATERIAL

Leitfaden für die Beobachtung im Aquazoo

Hauptaufenthaltsort

Fische bevorzugen unterschiedlichste Aufenthaltsorte. Nach diesen Aufenthaltsorten werden eure Gruppen gebildet:
Gruppe 1: Fische, die am Boden leben
Gruppe 2: Fische an der Wasseroberfläche
Gruppe 3: Fische des freien Wassers
Gruppe 4: Fische am Riff
Gruppe 5: Fische, die in Symbiose leben (als Besonderheit)
Während des Besuchs im Aquazoo sollt ihr beobachten und herausfinden, welchen Zusammenhang es zwischen dem Lebensraum, der Körperform, der Fortbewegung und dem Ernährungstyp gibt. Dazu müsst ihr eure Beobachtungen genau auf den Arbeitsblättern notieren. Hier ein paar Hilfen:

Hauptantrieb

Die Fische bewegen sich – je nach Lebensraum und Nahrung – oft ganz unterschiedlich fort. Hauptantrieb können die Fische dabei entweder über Rücken-, Bauch-, Brust-, Schwanz- und/oder Afterflossen bekommen.
Ihr solltet die jeweiligen Fische daraufhin ganz genau beobachten.

Körperform

Bei der Körperform kann man folgende Grundformen unterscheiden:

Scheibe	Pfeil/ Torpedo	Tonne/ Kasten	Abgeflacht	„Normal"/ Ei
Stehend Liegend			am Bauch am Rücken	

Maulform/Ernährungstyp

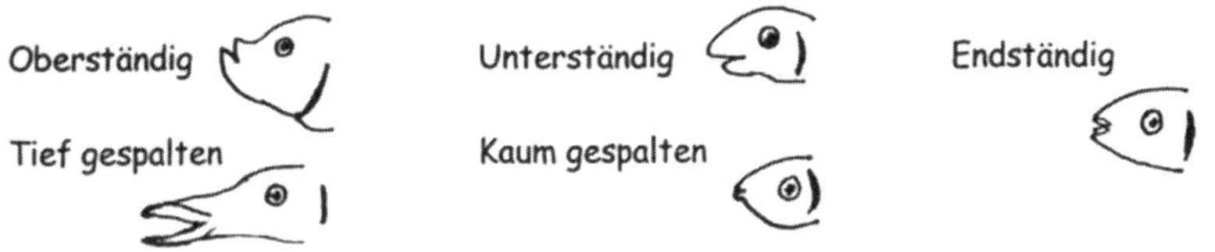

Hausaufgabe:
Erstellt euch für den Aquazoobesuch eine Spickzettel, auf dem ihr alle wichtigen Informationen zur Körperform, Maulform usw. notiert und skizziert!

Der PC als Messinstrument

Martin Lindner-Effland

20 Messungen von Nerven- und Muskelaktivitäten am Menschen (Sek. I/II)

Der PC ist als Messinstrument in vielen Bereichen der Schule zu Hause, allerdings wird er in dieser Form meist in der Physik und Technik eingesetzt, seltener in der Chemie und Biologie. In der Biologie werden dann auch oft physikalische oder chemische Messungen durchgeführt, wie Druck- und Lichtmessungen, Messungen der Veränderung des pH-Wertes etc. Nur selten werden biologische Phänomene mit dem Computer direkt erfasst. Für Letzteres eignen sich am besten die elektrischen Vorgänge bei der Funktion der Muskeln und Nerven. Eine andere Möglichkeit sind Messungen von Reaktionen, bei denen der PC wegen seiner hohen Geschwindigkeit anderen Messgeräten überlegen ist bzw. solche Messungen überhaupt erst ermöglicht.

Messungen am Menschen: Nerven- und Muskelaktivität

Grundlage der Funktion von Muskeln und Nerven sind elektrische Vorgänge. Die Veranschaulichung dieser Vorgänge im Unterricht kann das Verständnis bei Schülerinnen und Schülern entscheidend fördern. Bis vor wenigen Jahren war die Ableitung der Nervenpotentiale in der Schule nur mit einem Oszilloskop möglich, sinnvolle Auswertungen erforderten aufwändige und teure Speicheroszilloskope und X/Y-Schreiber.
Seit dem Einzug von PCs in Klassenzimmer und Biologieräume kann diese Schwierigkeit umgangen werden. Computer gestatten eine genaue Wiedergabe der Messergebnisse, die einfach zu speichern, zu vergrößern, zu berechnen oder auszudrucken sind. Schließlich kann der Computer auch

genaue Anleitungen zur Versuchsdurchführung geben und Fehler im Aufbau selbst erkennen. Falls Probleme auftreten, können ersatzweise bereits vorher gewonnene Ergebnisse aus dem Speicher aufgerufen und weiterbearbeitet werden.
Außerdem wird der Computer bei diesen Versuchen zur Darstellung von aktuellen Messergebnissen, also praktisch als Messinstrument verwendet. Dies geht über die meist üblichen Anwendungen im Biologieunterricht hinaus. Die bisher verbreiteten Programme sind vor allem Simulationsprogramme, bei denen vorher vom Programmierer eingegebene Daten dargestellt werden. Ein forschendes Lernen ist Schülern damit nicht möglich.

Welche Messungen an Muskeln und Nerven lassen sich mit dem Computer durchführen?

Am Menschen lassen sich am einfachsten Muskelaktivitäten messen. Interessant ist die Ableitung und Auswertung von EKGs (s. u.). Schwieriger ist die Messung von Gehirnwellen im EEG, die unter bestimmten Voraussetzungen aber ebenfalls gelingen kann.
Bei Tieren hat sich insbesondere die Messung der Bauchmarkaktivität beim intakten Regenwurm bewährt. Dieser Versuch, der heute in vielen Universitätspraktika zum Standard gehört, hat den großen Vorteil, dass das Tier nicht verletzt wird. Dennoch ist es möglich, die meisten Grundlagen der Neurophysiologie zu erarbeiten (Alles-oder-nichts-Gesetz, Refraktärzeit, Summation, Leitungsgeschwindigkeit, Reizstärke etc.; Übersicht bei Aulich 1995).
Wesentlich einfacher ist die Messung von Potentialen elektrischer Fische. Diese Fische liefern starke und deutliche elektrische Feldänderungen, die in einer gut messbaren Größenordnung liegen. Auch lassen sie sich leicht ableiten. (Zu Verhaltensversuchen mit diesen Fischen siehe auch Daumer 1976)

Welche Geräte benötigt man für die Messung?

Zur Messung bioelektrischer Aktivitäten benötigt man drei Komponenten:
1. das Messobjekt
2. ein Interface
3. einen Computer mit entsprechender Software (die Funktionen sind in der nachfolgenden Tabelle aufgeführt)

Leicht verfügbare Objekte	Interface (Hardware)	Computer und Programm (Hard- und Software)
Mensch: Messung von EKG EEG EMG **Elektrisch aktive Fische:** Messung des elektrischen Feldes **Regenwurm:** Aktionspotential des Bauchmarks	**Funktionen:** **1. Verstärkung** 1000- bis 10 000fach **2. Filterung** z. B. Netzbrummen **3. Umwandlung** der aufgenommenen Signale (analog-digital) **4. Sicherung** gegen Stromausgang vom Computer zum Messobjekt	**Speicherung der Messdaten** **Grafische Darstellung und Bearbeitung**

Die Komponenten der Messung bioelektrischer Aktivitäten

Wie arbeitet ein Interface?

1. Verstärkung

Das Hauptproblem bei der Messung von Muskel- und Nervenaktivitäten liegt darin, dass die Potentialänderungen an diesen Organen sehr gering sind und sehr schwache Ströme fließen. Sie müssen also hoch verstärkt werden, um für technische Geräte verwendbar zu sein. Ein Aktionspotential am markhaltigen Nerv hat eine Größe von etwa 100 mV (Millivolt), dies erhält man aber nur bei direkter Ableitung am freipräparierten Nerv. An der Außenseite von Organismen leitet man Spannungsänderungen von unter 1 mV ab. Elektronische Geräte aber arbeiten mit Spannungen im Voltbereich. Damit diese Geräte die schwachen Signale bearbeiten können, benötigen wir Verstärkungsfaktoren von 1000 bis 10 000.
Bei derart hohen Verstärkungen werden aber nicht nur die erwünschten Signale verstärkt, sondern auch alle anderen elektrischen Spannungsänderungen. Sie sind zwar unmerklich klein, können 1000- oder 10 000fach verstärkt aber starke Störungen verursachen. Die häufigsten Störung, das sog. Netzbrummen, wird durch die Wechselspannung in unserem Stromnetz verursacht. Häufig wirkt beispielsweise das Abschalten von Leuchtstoffröhren im Unterrichtsraum sehr positiv auf die Gewinnung von besseren Messergebnissen. Störungen können auch dadurch verringert werden,

dass man die Versuchsobjekte in einen umschließenden Metallkorb bringt (Faraday'scher Käfig).
Besonders aber eignen sich Differenzverstärker zur Verringerung der Störungen. Differenzverstärker haben drei Messpunkte, die wir für Messungen an Lebewesen als Ableitelektroden bezeichnen. Eine dieser Elektroden ist die Masse-Elektrode; sie wird von der elektronischen Schaltung als Nullpunkt verwendet und ist für alle Messungen der Bezugspunkt. Nun wird jeweils von den anderen beiden Elektroden ein Messwert zwischen der Null-Linie und dem Messpunkt ermittelt, verstärkt wird aber nur die Differenz zwischen beiden. Wenn man davon ausgeht, dass eine Störung auf beide Ableitstellen gleichzeitig und mit gleicher Spannung einwirkt, dann wird durch diese Schaltung die Störung vernachlässigt.

2. Filterung

Auch bei Verwendung eines Differenzverstärkers können nicht sämtliche Störungen ausgeschlossen werden. Die Signale werden deshalb zusätzlich noch gefiltert. Ein Filter wirkt prinzipiell wie ein Sieb. Dort werden nur Substanzen bestimmter Größe durchgelassen, alle anderen zurückgehalten. Bei der elektronischen Filterung geht es um Frequenzen, d. h. Spannungsschwankungen in einem speziellen Rhythmus. Eine durch Filter evtl. veränderte Darstellung der Spannungsverläufe kommt allerdings nicht nur bei der Messung mit Computern, sondern auch bei anderen Messgeräten vor.

3. Wandlung

Spannungsänderungen an Nerven erfolgen kontinuierlich. Auch ein Potentialsprung durch einen starken Ionenstrom ist ein kontinuierlicher Vorgang; deutlicher wird diese Tatsache beim langsamen Erreichen des Ruhepotentials während der Refraktärzeit. Solche kontinuierlichen Vorgänge werden von den bekannten Messinstrumenten als kontinuierliche Änderung der Zeigerstellung angezeigt. Diese Darstellungsform wird als „analog" bezeichnet.
Computer hingegen können nur zwei Zustände verarbeiten, „ein" oder „aus" (oder 0 und 1). Diese Verarbeitung bezeichnet man als „digital". Mit Kombinationen aus diesen Ein/Aus-Zuständen werden Zahlen oder Buchstaben codiert. Kontinuierliche Veränderungen müssen für eine digitale Verarbeitung in Zahlenwerte übersetzt werden, die in Abhängigkeit von der Zeit aufgetragen werden. Aus einer kontinuierlichen Veränderung wird dann quasi eine „Treppe".

Die dafür nötigen elektronischen Bausteine heißen AD-Wandler (Analog-digital-Wandler). Es versteht sich, dass die Messergebnisse nur dann zeitlich genau wiedergegeben werden, wenn der Wandler eine große Geschwindigkeit besitzt (hohe Wandlerrate). Die erwähnten Treppenstufen sind umso schmaler, je höher die Wandlerrate ist, bei sehr schnellen Wandlern werden die Stufen entsprechend schmal und nähern sich einem Kontinuum an. Übrigens arbeiten Tonwiedergaben mit CD-Spielern nach dem gleichen Prinzip. Die auf der CD digital codierte Musik wird erst in der elektronischen Verarbeitung wieder zu einem Kontinuum. Leitet man hingegen aus dem Computer Impulse aus, etwa für die Reizung eines Versuchstiers, schickt man diese durch einen entsprechenden DA-Wandler (Digital-analog-Wandler).

4. Sicherung

Werden an einen Computer Geräte angeschlossen, so bestehen in zwei Richtungen Gefahren: entweder kann *aus* dem Computer ein so hoher Strom austreten, dass ein angeschlossenes Objekt einen gefährlichen Stromschlag erhält, oder es können *in* den Computer durch eine Fehlschaltung so hohe Ströme fließen, dass der Rechner zerstört wird. Solche Stromflüsse werden durch entsprechende Schaltungen verhindert. Am wirkungsvollsten ist die vollständige Trennung der Stromkreise durch Optokoppler. Sie übertragen die Messdaten durch Lichtblitze.

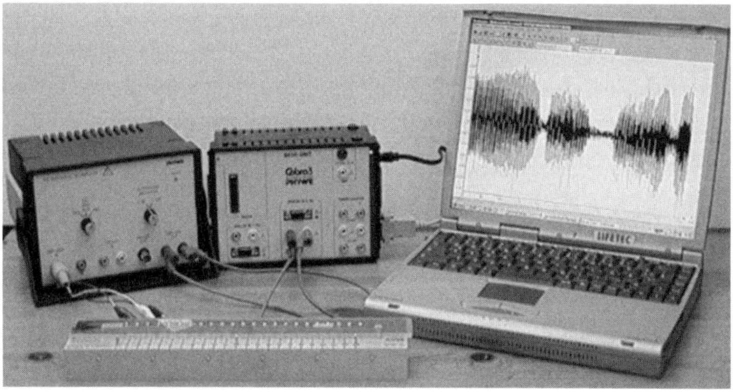

Aufbau einer Messeinrichtung (hier: Ableitung vom intakten Regenwurm) Das Messsystem der Firma Phywe besitzt einen vom Interface getrennten Verstärker.

Für die Stromversorgung des Interfaces muss eine Batterie eingesetzt werden, da es elektrisch vom Computer getrennt ist. Die von einer Batterie gelieferte Spannung ist so gering, dass eine Schädigung der Versuchsobjekte ausgeschlossen ist.

Die Verarbeitung der Messwerte im Computer

Die eingehenden Messwerte werden vom Computer zunächst im Arbeitsspeicher aufgefangen und von den entsprechenden Programmen verarbeitet. Die Programme stellen die Daten meist als eine Kurve dar. Diese Darstellungen können nun für Auswertungen genutzt werden, z. B. kann die Höhe der Spannungsänderung, die Zeitdauer oder auch die spezielle Form verschiedener Kurven analysiert werden. Die meisten Programme gestatten eine Vergrößerung von Ausschnitten und bieten die Möglichkeit, Kurven auszumessen. Auch der Vergleich verschiedener Messungen ist häufig vorgesehen.

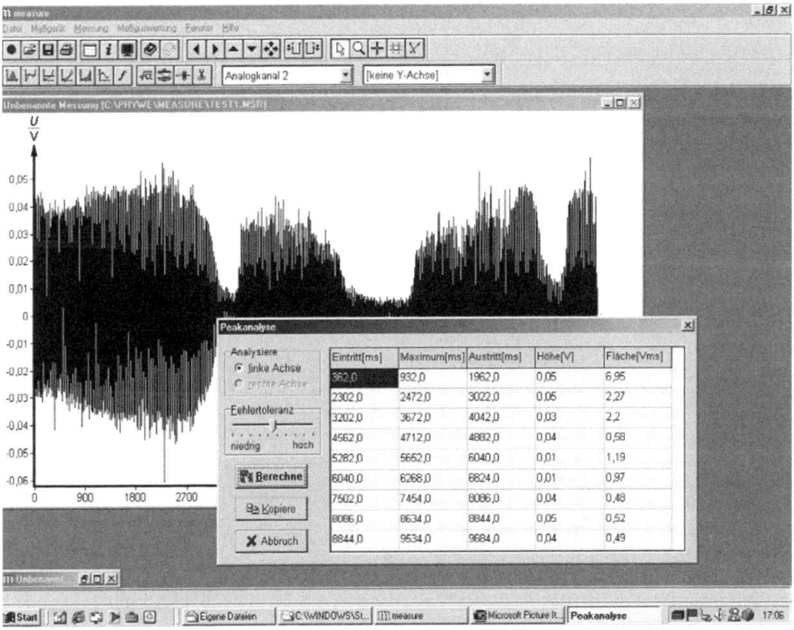

Auswertung der Messkurve mit dem Messprogramm „Messure“ von der Firma Phywe

Wir können die Ergebnisse aber auch später auswerten und zwischenzeitlich speichern. Dafür wird eine dauerhafte Kopie der Werte auf Diskette oder der Festplatte angelegt. Sollten die Versuche misslingen, so können bereits fertige Messkurven aus dem Speicher abgerufen werden und stehen dann als Ersatz für missglückte Messungen zur Verfügung. Darüber hinaus sind Vergleiche mit typischen Versuchsergebnissen möglich.
Weitere Vorteile der Benutzung eines Computers liegen darin, dass er die Arbeit in jeder Hinsicht unterstützt. Voreinstellungen für Messbereiche, bestimmte Filter, Funktionsverknüpfungen etc. werden von den Programmen jeweils vorgegeben und können nur in sinnvollen Bereichen verändert werden. In der Regel entfällt eine lange Einarbeitungszeit oder das aufwändige Studium von Handbüchern und Gebrauchsanweisungen.

Bedienung der Programme

Das zu den jeweiligen Versuchen gehörende Messprogramm wird auf einer CD-ROM geliefert. Die Installation startet in der Regel automatisch und erklärt sich auch selbst. Die zum Messprogramm gehörige Seriennummer ist die Zugangsnummer und muss sicher verwahrt werden, damit man das Programm später noch einmal installieren kann.
Auf dem Bildschirm erscheint die sog. Oberfläche des Programms. Sie weist neben dem Feld für die Messkurven die Befehle auf, die für die Anwendung wichtig sind. Die meisten Programme laufen unter der Oberfläche von Windows, ältere Programme haben noch ein eigenes Design.
Auf dem Bildschirm werden neben den Messkurven auch die Befehle angezeigt, die zum weiteren Bearbeiten nötig sind. Diese sind meist in Form von Menüs angegeben, d. h., unter einem Begriff in der Kopfzeile des Bildschirmes stehen mehrere Befehle zur Verfügung. Teilweise verzweigt sich die Befehlsstruktur auch noch weiter: Die dann erscheinenden sog. Dialogfenster bieten Wahlmöglichkeiten, wic beispielsweise die Einstellung verschiedener Messwerte.
Es ist ratsam, die Erprobung eines neuen Messsystems praktisch anzugehen. Die mitgelieferten Handbücher, Gebrauchsanweisungen etc. erübrigen sich meistens, da die Menüs alle Möglichkeiten für Messungen aufführen. Erst bei Problemfällen wird man die Anleitungen zur Hand nehmen und Details nachschlagen. Motivierender ist das Ausprobieren, das beispielsweise bei der Ableitung eines EMGs schon nach wenigen Handgriffen beginnen kann. Vor Fehlern braucht man sich nicht zu fürchten, da sie von den Programmen erkannt und gemeldet werden.

Häufige Fehlermöglichkeiten

Die meisten Probleme treten nicht in der komplexen Hard- oder Software auf, sondern bei den vergleichsweise simplen Anschlüssen des Gerätes. Wichtig ist der gute Kontakt der Elektroden mit der Haut. Auch sollte man mit Kabelbrüchen, gelösten Steckverbindungen und wackeligen Anschlüssen an Batterien rechnen. Bei manchen Versuchen werden die Batterien recht schnell geleert, manchmal bereits nach zwei Stunden. Ratsam ist ein Vorrat an Batterien oder Akkus. Bei einem Teil der Versuchstiere kann es schließlich zu starken Abweichungen vom gewohnten Bild kommen, wofür zahlreiche physiologische Gründe verantwortlich sein können.

Diese knappe Aufzählung zeigt, dass die Fehlermöglichkeiten zwar vielfältig sind, durch recht einfache Überprüfung der Versuchsaufbauten aber leicht umgangen werden können. Wie bei allen Versuchen ist eine gewisse Einarbeitung nötig; mit zunehmender Erfahrung hat man die Fehlermöglichkeiten dann im Griff.

Wer bietet Messgeräte an?

Die wichtigsten Anbieter von Messgeräten sind in der Tabelle auf S. 210 angegeben. Neben den genannten stellen auch andere Anbieter solche Geräte her (vgl. Anzeigen in Fachzeitschriften), die angegebenen Hersteller liefern jedoch auch Ersatzteile und führen einen Reparaturservice – ein wichtiges Kriterium für den Dauereinsatz. Die tabellarische Übersicht ist nicht als vergleichende Bewertung der Systeme zu verstehen.

Die meisten Messsysteme arbeiten mit einem Interface, das an einen Computerausgang, die sog. Schnittstelle, angeschlossen wird. Ältere Systeme benötigen manchmal auch eine Wandlerkarte, die in den PC eingebaut werden muss. Bei diesem Einbau sollte man sich gegebenenfalls von erfahrenen Schülern oder Kollegen bzw. Kolleginnen helfen lassen, er ist aber an sich wenig aufwändig.

Die meisten Messsysteme sind modular aufgebaut, d. h., für die verschiedenen Messungen werden jeweils spezielle Messverstärker mit einem für alle Versuche gemeinsamen Wandler verbunden. Mit diesen modularen Systemen sind außer biologischen auch Messungen in der Chemie oder Physik möglich. Hier liegt ein grundsätzliches Problem für die Konstrukteure und Anbieter auf der einen und die Lehrer und Schüler auf der anderen Seite: Soll man ein universelles System anbieten, das viele verschiedene Messungen ermöglicht, dafür aber auch zur Unübersichtlichkeit neigt, oder bietet ein „narrensicherer", einfacher Versuchsaufbau die schnellere Ein-

satzmöglichkeit? Letztlich ist dies natürlich auch eine Kostenfrage: Während die modularen Systeme mehr als tausend Euro kosten, sind einfache Messgeräte für Pulsmessungen schon für etwa 180 Euro zu beziehen. Sie sind nicht so universell, dafür aber leichter zu bedienen. Die Entscheidung dürfte je nach Interessenlage der Lehrenden fallen: Computerliebhaber sind durch längere Einarbeitungszeiten und Misserfolge nicht abzuschrecken, Neulinge, die erstmalig nicht nur Texte am PC verarbeiten, neigen zu leicht durchführbaren Versuchen. Außerdem ist bei preisgünstigeren Optionen auch die Anschaffung mehrerer Geräte möglich, sodass Arbeiten in Schülergruppen durchgeführt werden können.
Die Messsysteme der Lehrmittelfirmen bieten Module an. Dies ist für alle Schulen von Vorteil, in denen auch in anderen Fächern Mess- und Regelvorgänge mit dem PC überwacht werden. Hier bietet sich Erweiterung auf biologische Messungen an. Ist die Programmoberfläche bekannt, wird die Einarbeitungszeit kürzer. Eine hohe Stabilität, Betriebssicherheit und Bedienungsfreundlichkeit kann erwartet werden, spiegelt sich allerdings auch im Preis wieder.

System, Hersteller	Versuch: EMG, EKG, EOG, EEG	Versuche: Regenwurm	Erweiterbar: Physik, Chemie	Einbau Wandlerkarte nötig	Preis für einen Messplatz
Cobra Phywe Systeme GmbH, 37070 Göttingen, Tel. 0551/604-0	ja	ja	ja	nein	ab 1200 €
Cassy Leybold Didactic GmbH, Leyboldstr. 1, 50354 Hürth, Tel. 02233/604-0	ja	nein	ja	ja	ab 1400 €
Weidner Weidner Elektronik, Krögerstr. 69, 38124 Braunschweig, Tel. 0531/611061	nur EKG/ EMG	nein	nein	nein	ca. 180 €

Messgeräte, Firmen und Preise

Zwei Beispiele für Messungen

Beispiel 1: Wie schnell sind unsere Nerven?

Dieser Versuch ist bisher nur mit den Geräten der Firma Phywe durchführbar. Der Aufbau geht aus der Abbildung unten hervor. Auf die technischen Details soll hier nicht eingegangen werden, sie sind aus der Anleitung zu den Geräten ersichtlich. Darüber hinaus ist auf guten Hautkontakt der Messelektroden und sichere Steckverbindungen zu achten.

Hier soll der Sinn und die Bedeutung des Versuches hervorgehoben werden, denn mit diesem Experiment ist eine unmittelbar verwendbare Messung am Menschen möglich. Die Auswertung ergibt verblüffende Resultate und zeigt deutlich, wie schnell die Nerven beim Menschen leiten. Andererseits ist dieses Experiment ein eindeutiges Beispiel dafür, dass manche Erkenntnisse nur mit dem Computer zu gewinnen sind, andere Messmethoden wären dafür einfach zu langsam.

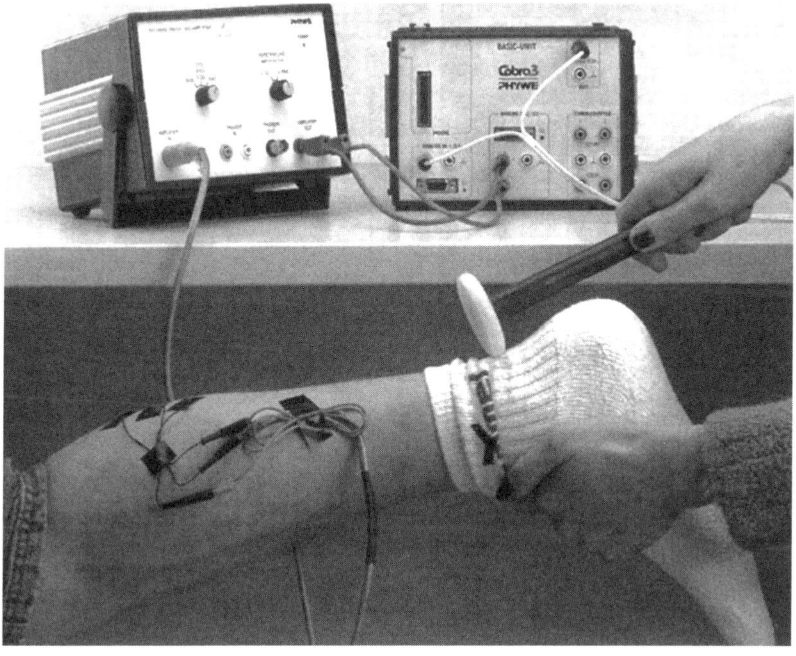

Abbildung des Versuchsaufbaus zur Messung der Leitungsgeschwindigkeit von Nerven (aus dem Handbuch Cobra 3 der Firma Phywe)

Hinweise zur Versuchsdurchführung und -auswertung

Dieses Experiment ist nicht nur vergleichsweise einfach durchzuführen, es liefert auch interessante und gut auswertbare Ergebnisse. Die Durchführung dieses Experiments ist in arbeitsteiliger Gruppenarbeit möglich.
Zur Durchführung des Versuches hat es sich bewährt, den Kontakt zwischen Haut und Elektroden durch untergelegte, angefeuchtete Filterpapierstreifen zu verbessern. Auch sollte den Schülern klar sein, dass die Messung mit dem „Hammer" gestartet wird und er entsprechend beherzt eingesetzt werden muss, natürlich ohne die Mitschüler zu verletzen.
Zur Auswertung sollte der monosynaptische Reflex, der der Messung zugrunde liegt, kurz thematisiert werden (etwa mit den klassischen Abbildungen aus Schulbüchern). Auch die reflektorische Einstellung der Körperhaltung über die Stellreflexe sollte den Schülern geläufig sein. Dazu gehören die Funktionen der Muskelspindeln als reizaufnehmende Organe, die über die Länge der Muskeln Auskunft geben. Nach der passiven Verlängerung des Wadenmuskels durch den Schlag auf die Achillessehne werden solche Spindeln gereizt, senden ihr Signal an das Rückenmark, wo es dann über eine Synapse auf die motorische Bahn geleitet wird, die wiederum zum Wadenmuskel führt.
Bei der Auswertung sollte es darum gehen, die Geschwindigkeit der Nervenleitung in eine vom Autofahren bekannte Geschwindigkeit umzurechnen. Meist erhält man eine Reaktionszeit von rund 40 Millisekunden (ms). Daraus ergibt sich bei einer Laufstrecke des Nervenimpulses von der Wade (Spindel) zum Rückenmark und zurück zur Wade (Muskel) von rund 1,5 m eine Geschwindigkeit von 40 ms/1,5 m. In die bekannten Größen km/h umgerechnet bedeutet dies: [1,5 / 1000] / [40 / 1000] · 3600 oder 1,5 / 40 · 3600 = 135 km/h. Dieses Ergebnis zeigt eine Leitungsgeschwindigkeit, die in etwa der Durchschnittsgeschwindigkeit auf der Autobahn entspricht.

Beispiel 2: Aufnahme eines EKGs mit einem einfachen Messsystem

Dieses Messverfahren ist wegen seiner einfachen Bedienung für „Einsteiger" besonders geeignet. Das vorgestellte EKG-Messsystem (Fa. Weidner Elektronik, Bezug s. o.) ist einfach anzuschließen. Es liefert interessante Ergebnisse im Themenbereich „Kreislauf des Menschen", die Rückschlüsse auf die Arbeitsweise des Herzens zulassen und über die sonst übliche Beobachtung der Pulsfrequenz hinausgehen. Die Messung von EKG-Kurven ist ohne Computereinsatz im Unterricht nicht möglich. Mit den Systemen von Phywe und Leybold können ähnliche Messungen vorgenommen werden.

Eingebettet ist dieser Versuch in die Unterrichtseinheit „Kreislauf des Menschen“, die in den 9. oder 10. Klassen allgemeinbildender Schulen durchgeführt wird. Sie kann auch in der Kollegstufe (Studienstufe) beim Thema „Physiologie“ angeboten werden. Die Versuchsergebnisse lassen sich unter verschiedenen Aspekten auswerten (s. u.).
Es sei von vornherein darauf hingewiesen, dass eine einfache Messung des EKG keine medizinischen Aussagen über die Versuchspersonen zulässt. Interpretationen, die auf eventuelle Krankheiten schließen lassen, sollten sehr sorgfältig vermieden werden.

Vorbereitung des Versuchs

Folgende Vorbereitungen sind erforderlich:

- Einkauf von zwei 9V-Blockbatterien pro Versuchsset.
- Überspielen des Programms auf eine freie Diskette oder auf die Festplatte des Computers. Die Originaldiskette sollte nicht für die Versuche verwendet werden, damit das Programm bei eventuellen Beschädigungen oder Bedienungsfehlern nicht zerstört wird.
- Bestellen von Ersatzelektroden (Lieferzeit wenige Tage). (Statt der Einmalelektroden können auch Dauerelektroden verwendet werden, die jedoch extra bestellt werden müssen.)

Grundsätzlich sollte den Anweisungen des Handbuchs gefolgt werden.
Nachdem die Batterien in das Batteriefach des EKG-Messgeräts eingesetzt wurden, verbindet man das Messgerät mit dem Computer (serielle Schnittstelle), schließt das Netzteil an und steckt den Stecker mit den Elektrodenkabeln ein. Dann schließt man die Elektroden an und setzt sie bei der Versuchsperson an (gelbes Kabel: rechtes Handgelenk, grünes Kabel: linkes Handgelenk, schwarzes Kabel: rechtes Fußgelenk).
Hinweise: Die Klebeelektroden sind in der Mitte mit einer leitenden Flüssigkeit getränkt. Diese Fläche muss der Haut eng aufliegen. Es muss auf festen, einwandfreien Sitz geachtet werden. Haare dürfen an der Ansatzstelle nicht vorhanden sein. Die Klebeelektroden können zwei- bis dreimal verwendet werden; wenn sie ausgetrocknet sind oder nicht mehr haften, kann man sie wegwerfen. Bei Metallelektroden verwendet man ein Elektrodengel, das auf die vorher entfettete Haut aufgetragen wird.
Sollten Sie keine guten Ergebnisse erhalten, empfiehlt es sich, unter die Elektroden feuchte Filterpapierstreifen zu legen. Eine gute Übertragung der Potentiale von der Hautoberfläche auf die Elektroden ist Voraussetzung für das Funktionieren der Messung.

Starten der Messung

Zum Starten der Programme reicht es, den Programmnamen EKG im Explorer doppelzuklicken. Falls das Gerät an der Schnittstelle 2 angeschlossen ist, muss das Programm über die DOS-Box (Start/Programme/Ausführen „EKG/1“, Klick auf „OK“) gestartet werden.

Das Programm weist bei falscher Eingabe darauf hin. Bei korrekter Eingabe erscheint auf dem Bildschirm ein tanzendes EKG-Symbol.

Um ins Hauptmenü zu kommen, drückt man am Messgerät die Taste „Vorstufe“ und auf der Computertastatur eine beliebige Taste. Hier ist nun eine Auswahl von Einstellungen möglich (z. B. Name der Versuchsperson). Wenn diese Daten eingegeben wurden, wird die Messung mit der Eingabetaste gestartet. Für einen ersten Versuch ist es nicht nötig, die Einstellungen zu ändern, was ohnehin nur mit Hilfe der Angaben aus dem Handbuch ratsam ist.

Nach dem Start des Programms sollten Sie ein Bild erhalten, wie es in der Abbildung unten dargestellt ist. Mitunter dauert es einige Zeit, bis die Mes-

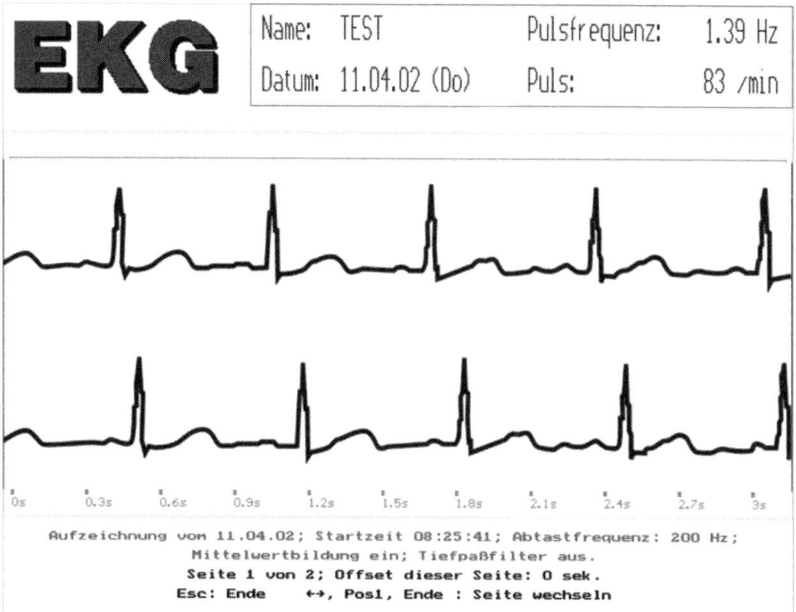

Bildschirmdarstellung des EKG-Monitors (aus dem Handbuch für das EKG-Messgerät der Fa. Weidner)

sung einwandfrei verläuft. Regeln Sie die Verstärkung mit dem Regler ein. Das Programm benötigt einige Zeit, um Neueinstellungen zu verarbeiten, deshalb sollten Sie nicht zu ungeduldig sein.

Fehlermöglichkeiten und Lösungsansätze

Auf dem Bildschirm erscheint nur eine gerade Linie:
- Ist die Vorstufe eingeschaltet?
- Sind die Batterien geladen?
- Ist die Verstärkung zu niedrig eingestellt?
- Sind die Elektrodenkabel richtig an das Messgerät angeschlossen?

Es erscheint keine Linie:
- Ist das Messgerät an den Computer angeschlossen?
- Ist das Netzgerät angeschlossen?
- Ist die Stromzuführung eingeschaltet (Hauptschalter)?

Verlauf der Linie stark gestört, Sprünge in der Darstellung:
- Ist die Verstärkung zu hoch? (Die Kurve sollte nicht oben und unten an die Begrenzungslinien stoßen.)
- Hält die Versuchsperson die Arme ruhig? (Grundsätzlich Arme auflegen, Muskeln entspannen.)
- Sind die Elektroden fest angebracht?
- Steht ein elektrisches Gerät in der Nähe, sind Leuchtstoffröhren im Raum angeschaltet?

Oft genügt ein Drehen des Messgerätes, um die Störungen zu verringern. Auch das Abschalten der Leuchtstoffröhren ist hilfreich.

Auswertung des Versuchs

Das Ausdrucken der Kurven ist nur unter dem System Windows möglich (s. Angaben im Handbuch). Man kann die Ergebnisse auf einer Diskette abspeichern und die Kurven später ausdrucken oder diese Arbeit versierten Schülern überlassen.

Bei der Auswertung können verschiedene Aspekte herausgearbeitet werden:

1. Unser Körper zeigt elektrische Aktivität.
2. Der charakteristische Kurvenverlauf lässt Rückschlüsse auf die einzelnen Arbeitsschritte des Herzmuskels zu (vgl. Unterrichtsbücher für die Oberstufe).
3. Die Herzschlagfrequenz lässt sich mit dem Rechner bestimmen.

Hinweise zu 1.: Elektrische Aktivität

Die autonome Erregungsbildung des Herzens ist für den regelmäßigen Herzschlag wichtig. Sie geht vom Sinusknoten in der Wand des rechten Vorhofs aus und wird vom Atrioventrikularknoten aufgenommen. Fällt die Erregungsbildung aus oder wird sie unregelmäßig, können Herzschrittmacher ihre Aufgabe übernehmen.

Die elektrische Aktivität bei der Erregung des Herzmuskels ist so stark, dass man sie auf der Oberfläche des Körpers messen kann – bei entsprechend hoher Verstärkung. Dies geschieht mit der vorgestellten Messapparatur.

Hinweise zu 2.: Rückschlüsse auf Arbeitsschritte des Herzmuskels

Der Kurvenverlauf des EKG ist nur verständlich, wenn man sich die räumliche Situation bei der Ableitung vor Augen hält: Das Herz im Zentrum des Brustkorbes und die Elektroden an den Seiten des Körpers. Die Abbildung auf dem Computerbildschirm zeigt die zeitliche Veränderung eines elektrischen Feldes. Gemessen wird nur die Veränderung in der senkrechten Richtung; wenn sich ein Feld waagerecht verändert, kann dies bei der gegebenen Anordnung der Elektroden nicht gemessen werden.

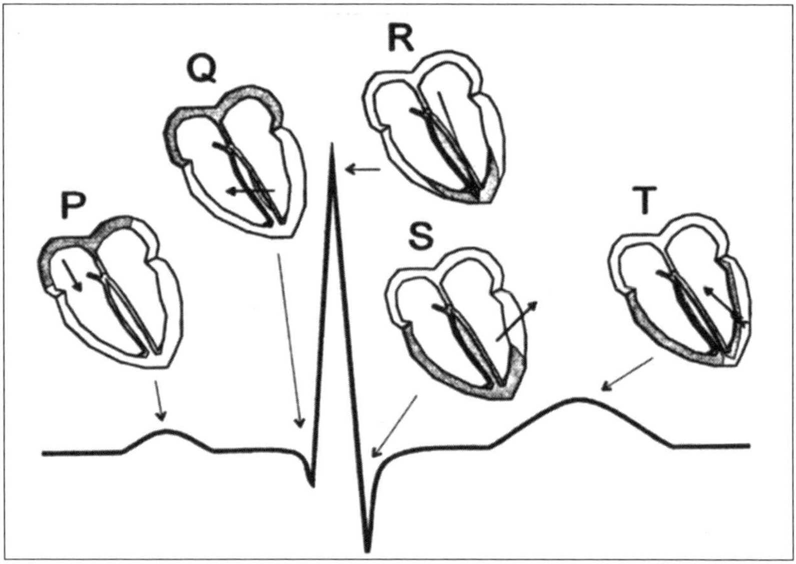

Charakteristischer Verlauf des EKGs in Abhängigkeit von der Erregungsausbreitung im Herzen (aus dem Handbuch für das EKG-Messgerät der Fa. Weidner)

Die komplexen Zusammenhänge sollen hier nicht erläutert werden. Einige Hinweise auf die Ausbreitung der Erregung im Herzen mögen für die Erklärung des Kurvenverlaufs genügen. Der Aufbau des Herzens sollte hier mit Hilfe eines Schulbuchs wiederholt werden.

P-Zacke: Die Erregung des Vorhofes breitet sich vom Sinusknoten nach unten und zur Seite aus.

PQ-Strecke: Vorhof erregt; da keine Potentialänderung stattfindet, ist auch keine Abweichung von der Null-Linie messbar. Der Erregungsabbau in den Vorkammern wird nicht messbar, da dieser Vorgang von der Erregung in den Hauptkammern überlagert wird.

Q-Zacke: Die Erregung wurde während der Entleerung der Vorkammern in die Mitte des Herzens weitergeleitet. Nun breitet sie sich ein wenig nach oben aus, die Messung zeigt damit einen negativen Ausschlag

R-Zacke: Die Ausbreitung der elektrischen Aktivität über die gesamten Hauptkammerwände läuft auf die Herzspitze zu. Die Strecke ist relativ lang und erzeugt deshalb ein großes Potential. Da die Kontraktion schnell erfolgen muss, ist auch die Ausbreitungszeit des Potentials recht kurz.

S-Zacke: Am Ende der Hauptkammerkontraktion läuft die Erregung in den Wänden wieder aufwärts, damit entsteht wieder ein negativer Ausschlag.

ST-Strecke: Vollständige Erregung der Hauptkammern – da sich keine Potentialänderung ergibt, misst man auch keine Abweichung von der Null-Linie.

T-Zacke: Bei der Erregungsrückbildung in den Hauptkammern bildet sich das elektrische Feld zurück. Dies geht in einer komplizierten räumlichen Aufeinanderfolge so vonstatten, dass die Messeinrichtung wiederum einen positiven Ausschlag zeigt und nicht – wie erwartet – eine entgegengesetzte Potentialänderung.

Literatur

Aulich, D.: Neurophysiologische Experimente am intakten Regenwurm. In: Praxis der Naturwissenschaften – Biologie H. 3/44, 1995, S. 42–45

Daumer, K.: Das Experiment: Verhaltensphysiologische Versuche mit elektrischen Fischen. In: Biologie in unserer Zeit, 1/1976, S. 22–29

Deetjen P. / Speckmann, E.-J.: Physiologie. Urban & Schwarzenberg, München 1994

Lindner-Effland, M.: Messung von Nervenaktivitäten mit dem Computer. In: Unterricht Biologie, Themenheft „Computer im Biologieunterricht“, H. 221, 1/1997, S. 19–22

Lindner-Effland, M.: EKG-Messung mit dem Computer. Unterricht Biologie, „Atmung und Kreislauf", CD-ROM, Friedrich, Seelze 2002
Mörike, K. / Betz, E. / Mergenthaler, W., u. a.: Biologie des Menschen. eBook. Quelle & Meyer, Wiebelsheim 2001
Röpke, R.: Messen und Experimentieren, Anleitungen und Versuche zur biologischen Messwerterfassung. Computer-Praxis Biologie. Dümmler, Bonn 1990

Die Autorinnen und Autoren

Claudia van den Berg, jüngste Mitautorin dieses Buches, hat an der Heinrich-Heine-Universität Düsseldorf Biologie und Sport für das Lehramt studiert. Sie schloss ihr Studium mit einer Staatsexamensarbeit im Bereich Multimedia ab, nämlich mit der Programmierung und Evaluation der interaktiven Unterrichtseinheit „Moleküle beeinflussen das Nervensystem". Derzeit setzt sie ihre Studien in Spanien (Barcelona) fort.

Dr. Susanne Bickel-Sandkötter ist Außerplanmäßige Professorin am Institut für Biochemie der Pflanzen und leitet die Fachdidaktik der Botanischen Institute der Heinrich-Heine-Universität Düsseldorf. Sie besitzt eine Zusatzausbildung im Multimedia-Management und hat u. a. bei der Entwicklung erfolgreicher Lehr- und Lernsoftware für Biologie sowie als Koordinatorin preisgekrönter biologischer Internetprojekte mitgewirkt.

Roman Förster unterrichtet die Fächer Biologie und Englisch an der Bischöflichen Marienschule Mönchengladbach.

Dr. Erwin Graf ist stellvertretender Direktor am Studienseminar (Realschulen) in Freiburg und Fachleiter für Biologie. Er ist Autor zahlreicher fachdidaktischer Publikationen für die Fächer Biologie und Chemie sowie Schulbuchautor.

Christina Hourticolon unterrichtet die Fächer Biologie und Kunst am Maximilian-Kolbe-Gymnasium in Wegberg.

André Lehnen unterrichtet Biologie, Erdkunde und Informatik an einer Realschule. Er ist außerdem als Moderator der Bezirksregierung für den Zertifikationskurs Informatik und als Fortbildner im Bereich „Neue Medien im Biologieunterricht" für einen Schulbuchverlag tätig.

Dr. Martin Lindner-Effland unterrichtete zunächst an einem Gymnasium. Danach war er am IPN (Institut für die Pädagogik der Naturwissenschaften), an der Universität Kiel und an der Universität Flensburg tätig. Zurzeit koordiniert er in Schleswig-Holstein das SINUS-Programm, ein bundesweites Unterrichts-Entwicklungsprojekt zur Steigerung der Effizienz im mathematisch-naturwissenschaftlichen Unterricht.

Karsten Schillies studierte Biologie und Geographie für Sek. I/II und leitet derzeit an einer Hauptschule den Bereich „Neue Medien“ mit den Schwerpunkten Integration der neuen Medien in den Regelunterricht aller Fächer sowie projektorientierte Medienproduktion.

Monika Stührenberg ist Gymnasiallehrerin und unterrichtet an einer Gesamtschule im Aufbau die Fächer Biologie, Chemie und Naturwissenschaften.

Britta Wedershoven unterrichtet Biologie und Englisch an einem Gymnasium und ist Autorin einiger fachdidaktischer Veröffentlichungen für das Fach Biologie.

Register